职业教育·道路运输类专业教材

Luji Lumian Yanghu Jishu
路基路面养护技术

黄 娟 主编

人民交通出版社股份有限公司

北京

内容提要

本教材为职业教育·道路运输类专业教材。本教材根据高等职业院校道路养护与管理专业开设的"路基路面养护技术"课程教学大纲编写而成。本教材结合现行公路行业规范，主要介绍了路基路面技术状况评定、路基养护、沥青路面养护、水泥混凝土路面养护、公路养护安全作业等方面的知识。

本教材可作为高等职业院校道路养护与管理专业教材，也可供公路养护管理相关人员使用和参考。

本教材配有丰富的视频资源，读者可通过扫二维码免费观看和学习；本教材配教学课件，教师可通过加入"职教路桥教学研讨群"（QQ:561416324）获取课件。

图书在版编目(CIP)数据

路基路面养护技术 / 黄娟主编. — 北京：人民交通出版社股份有限公司，2021.6（2025.7重印）
ISBN 978-7-114-17200-7

Ⅰ.①路… Ⅱ.①黄… Ⅲ.①公路养护—高等职业教育—教材 Ⅳ.①U418

中国版本图书馆 CIP 数据核字(2021)第 063717 号

职业教育·道路运输类专业教材

书　　名：	路基路面养护技术
著 作 者：	黄　娟
责任编辑：	任雪莲
责任校对：	孙国靖　魏佳宁
责任印制：	张　凯
出版发行：	人民交通出版社股份有限公司
地　　址：	(100011)北京市朝阳区安定门外外馆斜街 3 号
网　　址：	http://www.ccpcl.com.cn
销售电话：	(010)85285911
总 经 销：	人民交通出版社股份有限公司发行部
经　　销：	各地新华书店
印　　刷：	北京虎彩文化传播有限公司
开　　本：	787×1092　1/16
印　　张：	14
字　　数：	335 千
版　　次：	2021 年 6 月　第 1 版
印　　次：	2025 年 7 月　第 4 次印刷
书　　号：	ISBN 978-7-114-17200-7
定　　价：	38.00 元

(有印刷、装订质量问题的图书由本公司负责调换)

编审委员会

主　　　任：杨云峰

副　主　任：王天哲　薛安顺

委　　　员：张　鹏　魏　锋　王愉龙　田建辉
　　　　　　邹艳琴　焦　莉　殷青英　周庆华
　　　　　　王少宏　王学礼　张　建　米国兴
　　　　　　尚同羊　石雄伟　李芳霞　赵仙茹
　　　　　　赵国刚　李彩霞　赵亚兰　柴彩萍
　　　　　　王亚利　李青芳　黄　娟　李　艳
　　　　　　张军艳　李婷婷　张丽萍　王万平
　　　　　　张松雷　李晶晶

编审委员会

序
―――― PREFACE ――――

建设教育强国是中华民族伟大复兴的基础工程。交通运输是国民经济基础性、先导性、战略性产业。交通高等职业教育鼎力支持交通运输事业,弘扬劳模精神和工匠精神,营造"劳动光荣、技能宝贵、创造伟大"的社会风尚和精益求精的敬业风气,建设知识型、技能型、创新型劳动者大军,培养德智体美全面发展的社会主义建设者和接班人。

习近平总书记明确指出,"十三五"是交通运输基础设施发展、服务水平提高和转型发展的黄金时期,要抓住这一时期,加快发展,不辱使命,为实现中华民族伟大复兴的中国梦发挥更大的作用。当前,在我国经济发展进入新常态后,交通运输作为国民经济重要的基础性、先导性、服务性行业的基础地位没有改变,在经济社会发展中先行官的职责和使命没有改变,在稳增长、促投资、促消费中的重要作用没有改变,由基本适应向适度超前发展的阶段性特征和态势没有改变。我国正由"交通大国"向"交通强国"迈进。交通高等职业教育肩负着交通运输人才培养、科学研究、社会服务、文化传承创新的神圣使命,在实现"两个一百年"奋斗目标的伟大进程中必须有担当、有作为。

陕西交通职业技术学院是国家优质高职院校立项建设单位、陕西省优秀示范性高职院校,被誉为中国西部"交通建设管理人才的摇篮"。学校以全国交通运输示范专业——道路桥梁工程技术专业为核心,构建公路工程专业集群,弘扬"吃苦实干,爱岗敬业,默默奉献,图强创新"的"铺路石"精神,秉持"立足交通,服务交通,引领交通"的发展理念,坚持"校企合作实践育人,提升能力内涵发展"的建设思想,锻造"公在心中,路在脚下,铁肩担当,道存目击"的精神文化,开展"大专业小方向"的专业改革,实施"岗位导向,学训交替,能力递进,分组顶岗"的人才培养模式,紧密对接交通运输行业转型升级,紧紧围绕交通基础设施建设与管理的产业需求,培养热爱交通、扎根基层、吃苦实干的公路交通技术技能人才。

近年来,陕西交通职业技术学院不忘初心、拼搏奋斗,深化教育教学改革,优化专业体系结构,加强师资队伍建设,完善质量保证体系,始终致力于提升内涵建设品质,提高人才培养质量,增强社会服务能力。公路工程专业集群以道路桥梁工程技术专业为引领,先后获得国家级教学团队、全国职业院校交通运输类示范专业、高等职业教育创新发展行动计划骨干专业、陕西高职院校"一流专业"、陕西省重点专业、陕西省示范院校建设重点专业、陕西高职院校综合改革试点专业等重大荣誉和政策支持。"十三五"是交通运输基础设施加速成网的黄金时期,也是我国交通运输基础设施集中建设、扩大规模的重要时期,更是交通运输优化结构、提升服务水平的关键时期。在这样的背景下,陕西交通职业技术学院成立"新时期交通土建类高职高专规划教材"编审委员会,以长期教育教学改革实践为基础,系统总结教学内涵建设经验,编写系列教材,期望以此形式固化、展示、应用、分享改革建设的成果,培养符合新时期交通运输发展需求的高质量技术技能人才。

"新时期交通土建类高职高专规划教材"以提高人才培养质量为根本目标,贯彻高等职业教育教学改革发展新理念,对接交通运输行业最新颁布标准、规范、规程,努力从内容到形式上都有所创新。教材丛书依据专业集群的核心课程而规划,体现产教融合特色。教材突出工匠精神、职业道德、职业技能和就业创业能力教育的完美融合,注重学生全面培养。教材功能基于服务课程教学的基本载体和直观媒介而定位,凸显学生主体地位;教材内容按照职业岗位知识和能力需求而取舍,突出实践能力培养;教学方法遵循高职学生学习特点和认知规律而设计,强调理实一体教学。我们期待这套教材能在新时期交通土建类高职人才培养中起到积极的作用。

向支持交通高职教育教材建设的人民交通出版社表示衷心感谢。向关心、支持、帮助教材编审的合作企业、专家学者、校友致以崇高敬意和诚挚谢意。

2017 年 12 月

前 言
FOREWORD

"路基路面养护技术"是道路养护与管理专业的必修课程。经企业调研,根据当前公路养护市场的需要,结合行业专家对道路养护与管理专业所涵盖的岗位群进行的任务和职业能力分析,明确了本课程教学目标,在具备公路路基路面施工技术与管理的专业知识基本理论和基本方法的基础上,培养学生进行公路路基路面养护施工的能力,以及运用国家现行养护、检测规范、规程、标准处治路基路面常见病害的能力,加强对路基路面养护维修新技术、新材料及新工艺的应用与探讨,以提高学生现场路基路面养护维修的能力。

本教材编写团队与行业和企业专家合作,以路基路面养护岗位能力与素质要求为目标,以充分挖掘和调动高职学生学习主动性为前提,按"教、学、做"一体化的模式实施教学,以学生就业为导向,遵循高等职业院校学生的认知规律,紧密结合职业资格证书中的相关考核要求,紧紧围绕完成工作任务的需要选择教材内容,包括:路基路面技术状况评定、路基养护、沥青路面养护、水泥混凝土路面养护、公路养护安全作业等方面,并加入了数字化资源,突出培养学生的养护专业技术能力和职业能力,充分体现了基于职业岗位分析和职业岗位能力培养的教学设计理念,满足道路养护与管理专业人才培养的需要,以及公路养护管理相关人员的工作需求。

本教材的编写具有以下特色:

1. 知识与技能并重

根据路基路面养护岗位核心能力要求,基于公路养护工作过程,教材内容选取以养护技术应用能力培养为主线,紧密跟踪当前养护施工的新材料、新技术、新工艺。突出以学生为主体,教师的工作重点在于"引"与"导",培养学生主动获取知识、分析问题和解决问题的能力;将"吃苦实干、爱岗敬业、默默奉献、图强创新"的"铺路石"精神融入教材内容,培养学生面向一线、扎根基层的思想观念,理论联系实际、实事求是的思想作风,踏实肯干、任劳任怨的工作态度。

2. 数字化资源丰富

教材图文并茂、清晰美观,教学课件、习题、视频、音频、动画等数字化资源丰富,通过网络平台实现资源共享,有利于线上线下混合式教学,方便师生之间交流互动,提高学生的学习兴趣,有助于加深学生对路基路面养护技术的认识和理解,有效服务教学内容和教学目的,教学效果好,课程资源利用率高。

3. 最新规范标准对接

紧密结合国家现行养护、检测规范、规程、标准进行编写,主要有公路行业标准《公路养护技术规范》(JTG H10—2009)、《公路技术状况评定标准》(JTG 5210—2018)、《公路路基养护技术规范》(JTG 5150—2020)、《公路沥青路面养护设计规范》(JTG 5421—2018)、《公路沥青路面养护技术规范》(JTG 5142—2019)、《公路水泥混凝土路面养护技术规范》(JTJ 073.1—2001)、《公路养护安全作业规程》(JTG H30—2015)等。

本教材由陕西交通职业技术学院黄娟担任主编,并负责统稿。项目一由陕西交通职业技术学院王菲编写;项目二、项目四、项目五由陕西交通职业技术学院黄娟编写;项目三由陕西交通职业技术学院赵仙茹编写。

本教材在编写过程中参考了与路基路面养护技术相关的标准规范及文献,特此向相关作者表示衷心的感谢。由于编者水平有限,加之编写时间仓促,错漏之处在所难免,恳请广大读者批评指正。

编　者
2021年1月

本教材配套资源索引

序号	编号及名称	资源类型	页码
1	1-1 沿江高速十三五路况检测视频	视频	5
2	1-2 路面自动化检测技术	视频	5
3	1-3 多功能道路综合检测车	视频	6
4	1-4 公路技术状况评价指标	视频	17
5	1-5 我国公路技术状况检测现状	视频	19
6	2-1 开挖换土法施工	视频	42
7	2-2 植被防护	视频	48
8	2-3 坡面防护	视频	48
9	2-4 坡面防护	视频	48
10	2-5 路基地表排水设施类型及构造	视频	66
11	2-6 地下排水设施类型及构造	视频	67
12	2-7 黄土地区路基施工	视频	70
13	2-8 季节性冻土地区路基施工	视频	73
14	2-9 路基拓宽改建施工	视频	88
15	2-10 路基加宽结合部强夯施工工法	视频	90
16	2-11 喷射粉体搅拌法	视频	93
17	3-1 沥青路面损坏识别	视频	103
18	3-2 稀浆封层	视频	116
19	3-3 路面微表处养护施工	视频	117
20	3-4 沥青路面纵缝冷接缝施工处理	视频	123
21	3-5 沥青路面热再生施工技术	视频	129
22	4-1 抗滑构造制作及养护	视频	135
23	4-2 水泥混凝土路面病害识别	视频	136
24	4-3 水泥路面坑洞快速修补	视频	146
25	4-4 混凝土路面切割机	视频	148
26	4-5 水泥混凝土路面接缝施工	视频	161

资源使用方法:可以采用移动端(手机、平板电脑等)微信进入观看视频,也可以采用电脑端(电脑)微信进入观看视频。

1.移动端。打开微信—扫一扫右方的二维码—关注公众号—注册登录后需要再次扫描下方二维码进行激活;单击"我的"—在"我的阅读"单击本书—根据页码找到对应视频—单击观看。

2.电脑端。打开微信—扫一扫下方的二维码—关注公众号—注册登录后需要再次扫描下方二维码进行激活;在浏览器输入 www.yuetong.cn—第三方微信登录—单击"个人中心"—在"我的书架"单击本书—根据学习的内容找到对应编号的视频—单击观看。

目 录
CONTENTS

项目一 路基路面技术状况评定 ········· 1
  模块一 路基路面技术状况检测与调查 ········· 1
  模块二 路基技术状况评定 ········· 16
  模块三 路面技术状况评定 ········· 19

项目二 路基养护 ········· 33
  模块一 路基养护的基本知识 ········· 33
  模块二 路肩养护 ········· 36
  模块三 路堤与路床养护 ········· 41
  模块四 边坡养护 ········· 47
  模块五 既有防护及支挡结构物养护 ········· 59
  模块六 排水设施养护 ········· 65
  模块七 特殊路基养护 ········· 69
  模块八 路基病害防治 ········· 75
  模块九 路基拓宽改建 ········· 87
  模块十 路基养护技术 ········· 92

项目三 沥青路面养护 ········· 98
  模块一 沥青路面养护对策 ········· 98
  模块二 沥青路面日常养护 ········· 100
  模块三 沥青路面常见病害及处治 ········· 103
  模块四 养护工程 ········· 113
  模块五 绿色养护 ········· 129

项目四 水泥混凝土路面养护 ········· 132
  模块一 水泥混凝土路面养护内容 ········· 132
  模块二 水泥混凝土路面病害及处治 ········· 136
  模块三 水泥混凝土路面改善 ········· 148
  模块四 水泥混凝土路面修复 ········· 154
  模块五 水泥混凝土预制块路面养护与维修 ········· 166

项目五 公路养护安全作业 ········· 170
  模块一 公路养护作业 ········· 170
  模块二 公路养护作业控制区 ········· 171

模块三　公路养护安全设施···175
　　模块四　高速公路及一级公路养护作业控制区布置·····························177
　　模块五　二、三级公路养护作业控制区布置···································187
　　模块六　四级公路养护作业控制区布置·······································198
　　模块七　特殊路段及特殊气象条件养护安全作业·······························202
附录A　公路养护安全设施图表···204
附录B　公路养护安全设施及交通引导人员符号···································211
参考文献···212

项目一　路基路面技术状况评定

模块一　路基路面技术状况检测与调查

1. 掌握路基路面技术状况检测与调查的内容与方法;
2. 掌握检测与调查单元的划分方法;
3. 掌握路基路面损坏类型、分级及计量方法。

1. 能够编制路基路面技术状况检测与调查方案;
2. 能够识别路基路面损坏类型。

路基路面技术状况评定是科学评价路基、路面技术状况,制订合理的养护计划和方案的基础,其评定结果可用于公路全资产管理、公路养护科学决策和公路养护全寿命设计。通常,一条公路的路基路面技术状况评定要经检测与调查、检测数据分析与整理、路基和路面技术状况指标的计算与评定、报告编制这些核心环节。本单元将介绍如何进行路基路面技术状况的检测与调查。

一、检测与调查内容

路基技术状况检测与调查的内容是路基及其构造物的损坏状况。

路面技术状况检测与调查内容包括:路面损坏、路面平整度、路面车辙、路面跳车、路面磨耗、路面抗滑性能和路面结构强度。

二、检测与调查的依据

(1)《公路技术状况评定标准》(JTG 5210—2018)。
(2)《公路沥青路面养护技术规范》(JTG 5142—2019)。
(3)《公路水泥混凝土路面养护技术规范》(JTJ 073.1—2001)。
(4)《公路路基路面现场测试规程》(JTG 3450—2019)。
(5)国家及交通运输部颁布的相关规范、规程、办法等。

三、检测与调查单元的划分

(1)路基路面技术状况检测与调查应以1000路段长度为基本检测(或调查)单元。在行政等级、技术等级、路面类型、路面宽度、交叉口、出入口和养护与管理单位等变化处,检测(或调查)单元的长度可不受此规定限制。在非整千米路段处,检测(或调查)单元长度通常为100~1900m。

(2)公路技术状况检测与调查应按上行(桩号递增方向)和下行(桩号递减方向)两个方向分别实施,二、三、四级公路可不分上下行检测与调查。

四、检测与调查频率

一般情况下,路基路面技术状况检测与调查的最低频率应按表1-1的规定执行,有条件的省(区、市)可根据养护管理工作需要,增加部分或全部指标的检测与调查频率。

路基路面技术状况检测与调查频率　　　　表1-1

检测与调查内容		沥青路面		水泥混凝土路面	
		高速公路、一级公路	二、三、四级公路	高速公路、一级公路	二、三、四级公路
路面技术状况指数PQI	路面损坏	1年1次	1年1次	1年1次	1年1次
	路面平整度	1年1次	1年1次	1年1次	1年1次
	路面车辙	1年1次			
	路面跳车	1年1次		1年1次	
	路面磨耗	1年1次			
	路面抗滑性能	2年1次		2年1次	
	路面结构强度	抽样检测	抽样检测		
路基技术状况指数SCI		1年1次			

注:现有条件下,大规模、高频率的路面结构强度检测在技术上有一定难度,各级公路管理机构或高速公路经营企业应根据路面养护需要,科学规划公路网路面结构强度检测比例和检测路线,准确掌握公路网的路面结构性能,年度最低检测规模不应小于公路网列养里程的20%,每2~5年应完成一次整个公路网所有路线路面结构强度的全面检测。

五、路基技术状况检测与调查

1.调查方式

随着路基检测技术的进步,部分路基损坏类型,如路肩损坏、路缘石缺损、路基沉降等,可采用自动化设备快速检测,其他可采取人工调查。

2.路基损坏类型

路基损坏包括路肩损坏、边坡坍塌、水毁冲沟、路基构造物损坏、路缘石缺损、路基沉降、排水不畅7类(图1-1~图1-7)。

(1)路肩损坏:路肩上出现的各种损坏。
(2)边坡坍塌:路堤、路堑边坡表面松散及破碎引起的边坡坡面局部坍塌。
(3)水毁冲沟:路基上雨水冲刷形成的冲沟。
(4)路基构造物损坏:路基挡墙等圬工体出现的表面、局部和结构等损坏。
(5)路缘石缺损:路缘石缺失或损坏。
(6)路基沉降:深度大于30mm的沉降。
(7)排水不畅:路基边沟、排水沟、截水沟等排水系统淤塞。

在进行路基损坏调查时,应根据损坏程度进行分级,各损坏类型的分级及计量方法具体见表1-2。

图1-1 路肩损坏

图1-2 边坡坍塌

图1-3 水毁冲沟

图1-4 路基构造物损坏（挡土墙坍塌）

图1-5 路缘石缺损

图1-6 路基沉降

图1-7 排水不畅

路基损坏分级及计量方法　　表1-2

序号	损坏类型	分级	判别标准	计量方法
1	路肩损坏	轻	沥青路面和水泥混凝土路面路肩所有轻、中度损坏	按面积计算,累计面积不足1m²按1m²计算
		重	沥青路面和水泥混凝土路面路肩所有重度损坏	
2	边坡坍塌	轻	边坡坍塌长度小于5m	按处计算
		中	边坡坍塌长度在5~10m之间	
		重	边坡坍塌长度大于10m	
3	水毁冲沟	轻	冲沟深度小于20cm	按处计算
		中	冲沟深度在20~50cm之间	
		重	冲沟深度大于50cm	
4	路基构造物损坏	轻	勾缝损坏、沉降缝损坏、表面破损、钢筋外露和锈蚀等	按处计算,每10m计1处,不足10m按1处计算
		中	局部基础淘空、墙体脱空、轻度裂缝、鼓肚、下沉	
		重	整体开裂、倾斜、滑移、倒塌	按处计算
5	路缘石缺损	—	—	按长度(m)计算
6	路基沉降	轻	路基沉降长度小于5m	按处计算
		中	路基沉降长度在5~10m之间	
		重	路基沉降长度大于10m	
7	排水不畅	轻	边沟、排水沟、截水沟等排水系统存在杂物、垃圾	按处计算,每10m计1处,不足10m按1处计算
		中	边沟、排水沟和截水沟等排水系统全截面堵塞,出现衬砌剥落、破损、圬工体破裂、管道损坏等	
		重	路基排水系统与外部排水系统不连通	按处计算

3. 路基损坏调查结果的记录

路基损坏调查按100m为单元记录,记录表格式见表1-3。

路基损坏调查表　　表1-3

调查时间:　　　　调查人员:

路线编码名称:　　调查方向:　　起点桩号:　　单元长度:　　路面宽度:

损坏类型	程度	单位扣分	权重 w_i	计量单位	百米损坏										累计损坏
					1	2	3	4	5	6	7	8	9	10	
路肩损坏	轻	1	0.10	m²											
	重	2													
边坡坍塌	轻	20	0.25	处											
	中	50													
	重	100													
水毁冲沟	轻	20	0.15	处											
	中	30													
	重	50													

续上表

损坏类型	程度	单位扣分	权重 w_i	计量单位	百米损坏										累计损坏
					1	2	3	4	5	6	7	8	9	10	
路基构造物损坏	轻	20	0.10	处											
	中	50													
	重	100													
路缘石缺损	—	4	0.05	m											
路基沉降	轻	20	0.25	处											
	中	30													
	重	50													
排水不畅	轻	20	0.10	处											
	中	50													
	重	100													

六、路面技术状况检测与调查

1. 调查方式(资源1-1)

路面技术状况应采用先进的自动化检测设备,不具备自动化检测条件的路线或路段可采用人工调查方式,人工调查应采用具有现场记录和现场实时无线数据传输功能的便携式装置,包括移动终端等。

2. 路面技术状况自动化检测(资源1-2)

(1)路面技术状况自动化检测内容应包括路面损坏、路面平整度、路面车辙、路面跳车、路面构造深度、路面抗滑性能及路面结构强度。

(2)路面技术状况自动化检测设备应满足国家现行标准《多功能路况快速检测设备》(GB/T 26764)和《公路路面技术状况自动化检测规程》(JTG/T E61)的要求,具体的检测指标和要求见表1-4。

路面技术状况自动化检测指标及要求　　表1-4

序号	检测内容	自动化检测指标	要求
1	路面损坏	路面破损率DR	①每10m应计算1个DR统计值; ②路面损坏应纵向连续检测,横向检测宽度不应小于车道宽度的70%; ③检测设备能分辨宽约1mm的路面裂缝,检测数据宜采用机器自动识别,识别准确率应达到90%以上
2	路面平整度	国际平整度指数IRI	①应采用断面类检测设备; ②每10m应计算1个IRI统计值; ③超出设备有效检测速度或有效减速度范围的数据应为无效数据

续上表

序号	检测内容	自动化检测指标	要　　求
3	路面车辙	路面车辙深度 RD	①应采用断面类检测设备； ②每 10m 应计算 1 个 RD 统计值； ③当横断面数据出现异常或横断面数据不完整时，该检测断面应视为无效断面
4	路面跳车	路面跳车 PB	①应采用断面类检测设备； ②每 10m 应计算 1 个 PB 统计值
5	路面磨耗	路面构造深度 MPD	①应采用断面类检测设备； ②每 10m 应计算 1 个 MPD 统计值； ③检测位置应为车道的左轮迹带、右轮迹带和无磨损的车道中线
6	路面抗滑性能	横向力系数 SFC	①应采用横向力系数检测设备或其他具有有效相关关系的自动化检测设备，相关系数不应小于 0.95； ②每 10m 应计算 1 个 SFC 统计值
7	路面结构强度	路面弯沉 l_0	①应采用与贝克曼梁具有有效相关关系的高效自动化弯沉检测设备，相关系数不应小于 0.95； ②每 20m 应计算 1 个统计值； ③路面弯沉检测应满足现行行业标准《公路路基路面现场测试规程》(JTG 3450) 的规定

路面技术状况自动化检测设备与检测结果如图 1-8～图 1-13 所示。（资源 1-3）

图 1-8　Pathway 公司多功能道路数据检测车——检测路面破损、平整度、构造深度、车辙

图 1-9　多功能路况快速检测系统（CiCS）

注：该检测系统由交通运输部公路科学研究院公路养护管理研究中心研究开发，是我国第一套具有完全自主知识产权和世界先进水平的路况快速检测装备（相关资源见资源 1-3）。

图 1-10　车载落锤式弯沉仪

图 1-11　多功能检测车路面损坏 3D 识别

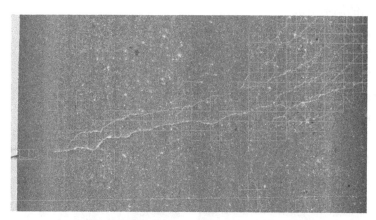

图 1-12　多功能检测车路面损坏图像网格识别结果

（3）采用自动化检测时，每个检测方向应至少检测一个主要行车道。主要行车道是指单车道全幅路面、双向双车道混合行驶的全幅路面、双向双车道分道行驶的上行或下行车道、双向四车道分道行驶的外侧车道、双向六车道分道行驶的中间车道、双向八车道以上分道行驶的中间两个或多车道。二、三、四级公路的路面技术状况检测宜选择技术状况相对较差的方向。

（4）路面损坏采用机器自动识别时，识别准确率应达到 90% 以上，高速公路宜采用 95% 以上的识别准确率。

图 1-13　横向力系数检测车 SFC-2004

3. 路面损坏状况人工调查

在不具备自动化检测条件的路线或路段,可采用人工调查路面损坏情况。

(1) 沥青路面损坏。

沥青路面损坏包括龟裂、块状裂缝、纵向裂缝、横向裂缝、沉陷、车辙、波浪拥包、坑槽、松散、泛油和修补(图 1-14 ~ 图 1-25)。

①龟裂:在路面上表现为相互交错的小网格状裂缝,因其形状类似乌龟背,而被称为龟裂。

②块状裂缝:将路面分割成较大块状的纵横交错的裂缝。

③纵向裂缝:路面上与行车方向基本平行的裂缝。

④横向裂缝:路面上与行车方向基本垂直的裂缝。

⑤沉陷:路面的局部下沉。

⑥车辙:在行车荷载的反复作用下,路面发生的不可恢复的永久变形。

⑦波浪拥包:沥青路面推移拥包,产生波峰和波谷的损坏。

⑧坑槽:在行车作用下,路面集料局部脱落而产生的坑洼。

⑨松散:沥青路面表面磨耗,沥青减少,细集料散失。

⑩泛油:沥青路面表面出现薄油层。

⑪修补:对沥青路面裂缝、坑槽、松散、沉陷、车辙等损坏的修复。注意:长度大于 5m 的整车道修复不计为路面损坏修补。

图 1-14　龟裂

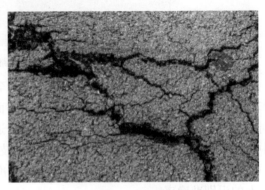

图 1-15　块状裂缝

图 1-16 纵向裂缝

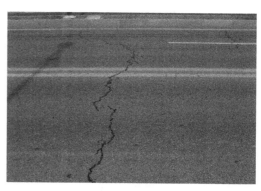
图 1-17 横向裂缝

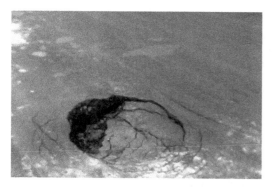
图 1-18 沉陷

图 1-19 车辙

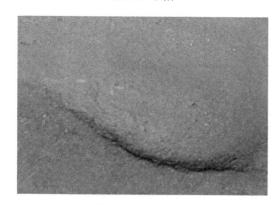
图 1-20 波浪拥包

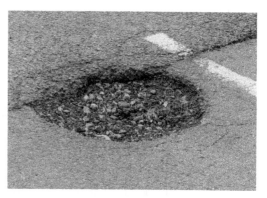
图 1-21 坑槽

图 1-22 松散

图 1-23 泛油

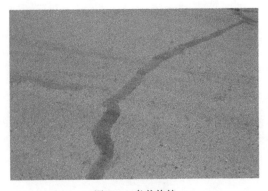
图 1-24 条状修补

图 1-25 块状修补

沥青路面损坏分级及计量方法见表 1-5。

沥青路面损坏分级及计量方法　　　　　表 1-5

序号	损坏类型	分级	判别标准	计量方法
1	龟裂	轻	主要裂缝块度在 0.2～0.5m 之间,平均裂缝宽度小于或等于 2mm	按面积计算
		中	主要裂缝块度小于 0.2m,平均裂缝宽度在 2～5mm 之间	
		重	主要裂缝块度小于 0.2m,平均裂缝宽度大于 5mm	
2	块状裂缝	轻	主要裂缝块度大于 1.0m,平均裂缝宽度在 1～2mm 之间	按面积计算
		重	主要裂缝块度在 0.5～1.0m 之间,平均裂缝宽度大于或等于 2mm	
3	纵向裂缝	轻	主要裂缝宽度小于或等于 3mm	应按长度(m)计算,检测结果用影响宽度(0.2m)换算成损坏面积
		重	主要裂缝宽度大于 3mm	
4	横向裂缝	轻	主要裂缝宽度小于或等于 3mm	应按长度(m)计算,检测结果用影响宽度(0.2m)换算成损坏面积
		重	主要裂缝宽度大于 3mm	
5	沉陷	轻	沉陷深度在 10～25mm 之间,行车无明显颠簸感	按面积计算
		重	沉陷深度大于 25mm,行车有明显颠簸感	
6	车辙	轻	车辙深度在 10～15mm 之间	按长度(m)计算,检测结果应用影响宽度(0.4m)换算成损坏面积
		重	车辙深度大于或等于 15mm	
7	波浪拥包	轻	波峰波谷高差在 10～25mm 之间	按面积计算
		重	波峰波谷高差大于 25mm	
8	坑槽	轻	坑槽深度小于 25mm,或面积小于 0.1m^2	按面积计算
		重	坑槽深度大于或等于 25mm,或面积大于或等于 0.1m^2	

续上表

序号	损坏类型	分级	判 别 标 准	计 量 方 法
9	松散	轻	路面表面细集料少量散失、脱皮、麻面等	按面积计算
		重	路面表面粗集料大量散失、脱皮、麻面、露骨、表面剥落	
10	泛油	—	沥青路面表面出现薄油层	按面积计算
11	修补	—	修补应为裂缝、坑槽、松散、沉陷、车辙等损坏的修复。修补范围内再次发生损坏，按新的损坏类型计算。长度大于5m的整车道修复不计为路面修补损坏	条状修补应按长度(m)乘以0.2m影响宽度换算成损坏面积

注：为避免重复扣分，同一位置存在多种路面损坏时，应计最大权重的路面损坏。

（2）水泥混凝土路面损坏。

水泥混凝土路面损坏共有以下11类(图1-26～图1-37)。

①破碎板：水泥混凝土路面板块被裂缝分为3块及以上，破碎板有松动、沉陷和唧泥等现象。

②裂缝：水泥混凝土路面板块上只有一条裂缝的情况。

③板角断裂：裂缝与纵横接缝相交，且交点距板角小于或等于板边长度一半的损坏。

④错台：水泥混凝土接缝两边出现的超过5mm的高差。

⑤拱起：横缝两侧板体高度大于10mm的抬高。

⑥边角剥落：沿接缝方向板边上出现的碎裂和脱落，裂缝面与板面成一定角度。

⑦接缝料损坏：水泥混凝土路面接缝填料老化、脱空、不密水，甚至被砂、石、土等填塞的损坏。

⑧坑洞：水泥混凝土路面的板面出现直径大于30mm、深度大于10mm的坑槽。

⑨唧泥：板块接缝处有基层泥浆涌出。

⑩露骨：板块表面细集料散失、粗集料暴露或表层松疏剥落。

⑪修补：裂缝、板角断裂、边角剥落和坑洞等损坏的修复。注意长度大于5m的整车道修复不计为路面修补损坏。

图1-26 破碎板

图1-27 裂缝

图 1-28 板角断裂

图 1-29 错台

图 1-30 拱起

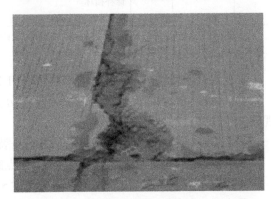
图 1-31 边角剥落

图 1-32 接缝料损坏

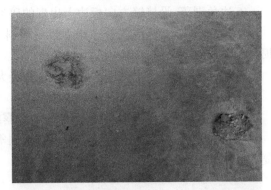
图 1-33 坑洞

图 1-34 唧泥

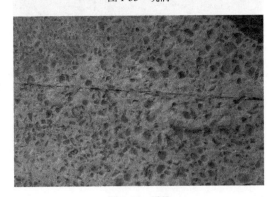
图 1-35 露骨

图 1-36 条状修补

图 1-37 块状修补

水泥混凝土路面损坏分级及计量方法见表 1-6。

水泥混凝土路面损坏分级及计量方法　　　　表 1-6

序号	损坏类型	分级	判别标准	计量方法
1	破碎板	轻	板块被裂缝分为 3 块及以上，破碎板未发生松动和沉陷	按破碎的板块面积计算
		重	板块被裂缝分为 3 块及以上，破碎板有松动、沉陷和唧泥等现象	
2	裂缝	轻	裂缝宽度小于 3mm，一般为未贯通裂缝	按长度(m)计算，检测结果应用影响宽度 1.0m 换算成损坏面积
		中	裂缝宽度在 3～10mm 之间	
		重	裂缝宽度大于 10mm	
3	板角断裂	轻	裂缝宽度小于 3mm	按断裂板角的面积计算
		中	裂缝宽度在 3～10mm 之间	
		重	裂缝宽度大于 10mm	
4	错台	轻	接缝两侧高差在 5～10mm 之间	按长度(m)计算，检测结果应用影响宽度(1.0m)换算成损坏面积
		重	接缝两侧高差大于 10mm	
5	拱起	—	横缝两侧板体抬高高度大于 10mm	按拱起涉及板块的面积计算
6	边角剥落	轻	板边上的碎裂和脱落	按长度(m)计算，检测结果应用影响宽度(1.0m)换算成损坏面积
		中	板边上的碎裂和脱落，接缝附近水泥混凝土有开裂	
		重	板边上的碎裂和脱落，接缝附近水泥混凝土多处开裂，开裂深度超过接缝槽底部	
7	接缝料损坏	轻	填料老化，不密水，尚未剥落脱空，未被砂、石、土等填塞	按长度(m)计算，检测结果应用影响宽度(1.0m)换算成损坏面积
		重	1/3 以上接缝出现空缝或被砂、石、土填塞	
8	坑洞	—	坑的直径大于 30mm、深度大于 10mm	按坑洞或坑洞群的包络面积
9	唧泥	—	板块接缝处有基层泥浆涌出	按长度(m)计算，检测结果应用影响宽度(1.0m)换算成损坏面积

续上表

序号	损坏类型	分级	判别标准	计量方法
10	露骨	—	板块表面细集料散失、粗集料暴露或表层松疏剥落	按面积计算
11	修补	—	修补应为裂缝、板角断裂、边角剥落和坑洞等损坏的修复；修补范围内再次损坏的按新的损坏类型计算；长度大于5m的整车道修复不计为路面修补损坏	块状修补应按面积计算，裂缝类的条状修补应按长度(m)乘以0.2m影响宽度计算

(3) 损坏调查表的填写。

沥青路面和水泥混凝土路面损坏调查的结果应以100m为单位，按损坏程度分别记录在相应的调查表中(表1-7和表1-8)。

沥青路面损坏调查表　　　　表1-7

调查时间：　　　　调查人员：

路线编码名称：　　调查方向：　　起点桩号：　　单元长度：　　路面宽度：

损坏类型	程度	权重 w_i	单位	百米损坏											累计损坏
				1	2	3	4	5	6	7	8	9	10	
龟裂	轻	0.6	m^2											
	中	0.8												
	重	1.0												
块状裂缝	轻	0.6	m^2											
	重	0.8												
纵向裂缝	轻	0.6	m											
	重	1.0												
横向裂缝	轻	0.6	m											
	重	1.0												
沉陷	轻	0.6	m^2											
	重	1.0												
车辙	轻	0.6	m											
	重	1.0												
波浪拥包	轻	0.6	m^2											
	重	1.0												
坑槽	轻	0.8	m^2											
	重	1.0												
松散	轻	0.6	m^2											
	重	1.0												
泛油	—	0.2	m^2											
修补	—	0.1	块状m^2											
			条状m											

水泥混凝土路面损坏调查表　　　　　表1-8

调查时间：　　　　　调查人员：

路线编码名称：　　调查方向：　　起点桩号：　　单元长度：　　路面宽度：

调查内容	程度	权重 w_i	单位	百米损坏										累计损坏
				1	2	3	4	5	6	7	8	9	10	
破碎板	轻	0.8	m²											
	重	1.0												
裂缝	轻	0.6	m											
	中	0.8												
	重	1.0												
板角断裂	轻	0.6	m²											
	中	0.8												
	重	1.0												
错台	轻	0.6	m											
	重	1.0												
拱起		1.0	m²											
边角剥落	轻	0.6	m											
	中	0.8												
	重	1.0												
接缝料损坏	轻	0.4	m											
	重	0.6												
坑洞	—	1.0	m²											
唧泥	—	1.0	m											
露骨		0.3	m²											
修补	—	0.1	块状 m²											
			条状 m											

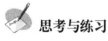

思考与练习

一、选择题

1. 沥青路面块状裂缝、坑槽、松散、沉陷、泛油、波浪拥包应按（　　）计算。
   A. 面积　　　　B. 长度　　　　C. 面积　　　　D. 当量面积

2. 沥青路面车辙损害按长度计算，检测结果要用影响宽度（　　）换算成面积。
   A. 0.2m　　　　B. 0.4m　　　　C. 0.1m　　　　D. 1m

3. 水泥混凝土路面坑洞损坏是指（　　）的局部坑洞。
   A. 直径大于30mm，深度大于30mm
   B. 直径大于10mm，深度大于10mm

C. 有效直径大 30mm,深度大于 30mm

D. 有效直径大于 30mm,深度大于 10mm

4. 错台是指水泥混凝土路面接缝两边出现的高差大于( )的损坏。

A. 1mm　　　　B. 3mm　　　　C. 5mm　　　　D. 6mm

5. 路基路面技术状况调查与评定应以( )作为基本检测(或调查)单元。

A. 100m　　　　B. 500m　　　　C. 1000m　　　　D. 2000m

二、判断题

1. 公路技术状况检测与调查应按上行和下行两个方向分别实施。　　　　　　(　　)

2. 路面技术状况应采用先进的自动化检测设备,不具备自动化检测条件的路线或路段可采用人工调查方式。　　　　　　　　　　　　　　　　　　　　　　　　(　　)

3. 路面结构强度必须每年检测 1 次。　　　　　　　　　　　　　　　　　(　　)

4. 路面损坏人工调查时,应以 50m 为单位,按损坏程度,每 100m 计一个损坏。(　　)

5. 路面平整度检测的指标为路面跳车 PB。　　　　　　　　　　　　　　　(　　)

三、问答题

1. 路基路面技术状况检测与调查的内容是什么?

2. 路基路面技术状况检测与调查的频率有何要求?

3. 路面技术状况自动化检测的指标是什么?对仪器有何要求?

4. 某高速公路为国道主干线连接段,全长 32.85km,面层为沥青混凝土,设计速度 120km/h。其中,K15+500~K28+000 为双向六车道、K28+000~K48+350 为双向四车道。如何划分调查单元?

四、实践题

选择校园内某 1000m 路段,组织实施路面损坏状况的检测与调查。

模块二　路基技术状况评定

1. 掌握路基技术状况指数 SCI 的计算方法;
2. 掌握路基技术状况的评定方法。

1. 能够对路基技术状况检测与调查数据进行分析处理;
2. 能够依据行业标准《公路技术状况评定标准》(JTG 5210—2018)进行路基技术状况评定。

一、评定指标及评定标准

路基技术状况的评定指标为路基技术状况指数(Subgrade Condition Index,SCI)。SCI 的值域为 0~100,SCI 根据不同分值,分为优、良、中、次、差五个等级(表1-9)。(资源1-4)

SCI 评定标准　　　　　　　　　　　　　表1-9

评价等级	优	良	中	次	差
SCI	≥90	≥80,<90	≥70,<80	≥60,<70	<60

二、路基技术状况指数 SCI 的计算方法

路基技术状况采用路基技术状况指数 SCI 评定,按下式计算:

$$SCI = \sum_{i=1}^{7} w_i (100 - GD_{iSCI}) \tag{1-1}$$

式中:GD_{iSCI}——第 i 类路基损坏的累计扣分(Global Deduction),最高扣分为100,按表1-10的规定计算;

　　　w_i——第 i 类路基损坏的权重,按表1-10取值;

　　　i——路基损坏类型。

路基损坏扣分标准　　　　　　　　　　　　　表1-10

类型 i	损坏名称	损坏程度	计量单位	单位扣分	权重(w_i)	备注
1	路肩损坏	轻	m²	1	0.10	
		重		2		
2	边坡坍塌	轻	处	20	0.25	边坡坍塌为重度且影响交通安全时,该评定单元的公路技术状况指数 MQI 值应取0
		中		50		
		重		100		
3	水毁冲沟	轻	处	20	0.15	
		中		30		
		重		50		
4	路基构造物损坏	轻	处	20	0.10	路基构造物损坏为重度时,该评定单元的 SCI 值应取0
		中		50		
		重		100		
5	路缘石缺损	—	m	4	0.05	
6	路基沉降	轻	处	20	0.25	
		中		30		
		重		50		
7	排水不畅	轻	处	20	0.10	
		中		50		
		重		100		

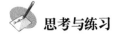

思考与练习

一、问答题

路基技术状况的评定指标和评定标准是什么?

二、计算题

假设你是S省道××公路管理段的养护管理人员,2019年3月10日对省道×××K0+000~K0+1000上行方向进行了路况调查,该路段为二级公路,沥青路面,有效路面宽度为7.5m。采集到的路基损坏数据见表1-11,请完成该表,并对该路段的路基技术状况进行评定。

路基损坏调查表　　　　　　　　　　　　　　　　表1-11

调查时间:　　　　　调查人员:

路线编码名称:　　调查方向:　　起点桩号:　　单元长度:　　路面宽度:

损坏类型	程度	单位扣分	权重 w_i	计量单位	百米损坏										累计扣分
					1	2	3	4	5	6	7	8	9	10	
路肩损坏	轻	1	0.10	m²		4		4		6					
	重	2			2		4		4					10	
边坡坍塌	轻	20	0.25	处			5		5		10	10			
	中	50				1									
	重	100													
水毁冲沟	轻	20	0.15	处						1					
	中	30								1			1		
	重	50					1								
路基构造物损坏	轻	20	0.10	处											
	中	50				1									
	重	100						1							
路缘石缺损	—	4	0.05	m											
路基沉降	轻	20	0.25	处									20		
	中	30											1		
	重	50			1										
排水不畅	轻	20	0.10	处											
	中	50				10						10			
	重	100						1							

模块三　路面技术状况评定

知识目标

1. 掌握路面技术状况指数 PQI 及其分项指标的含义及计算；
2. 掌握路面技术状况评定方法。

能力目标

1. 能够对路面技术状况检测与调查数据进行分析计算；
2. 能够依据现行行业标准《公路技术状况评定标准》(JTG 5210)进行路面技术状况评定。

一、评定指标和评定标准

1. 路面技术状况评定指标体系（资源 1-5）

路面技术状况评定指标体系包括路面技术状况指数 PQI 和相应分项指标（路面损坏状况指数 PCI、路面行驶质量指数 RQI、路面车辙深度指数 RDI、路面跳车指数 PBI、路面磨耗指数 PWI、路面抗滑性能指数 SRI 和路面结构强度指数 PSSI），如图 1-38 所示。

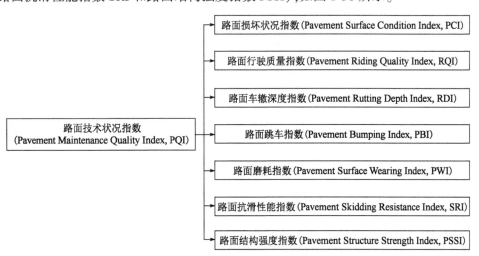

图 1-38　路面技术状况评定指标体系

2. 路面技术状况评定标准

路面技术状况指数 PQI 和相应分项指标值域为 0~100，按分值分为优、良、中、次、差五个等级。各分项指标的等级划分标准应符合表 1-12 的规定。

PQI 及其分项指标等级划分标准　　　　表 1-12

评价等级	优	良	中	次	差
PCI、RQI、RDI、PBI、PWI、SRI、PSSI	≥90	≥80，<90	≥70，<80	≥60，<70	<60

注：1. 高速公路路面损坏状况指数 PCI 等级划分标准应为："优"大于或等于 92，"良"在 80~92 之间，其他保持不变。
　　2. 水泥混凝土路面行驶质量指数 RQI 等级划分标准应为："优"大于或等于 88，"良"在 80~88 之间，其他保持不变。

二、沥青路面技术状况评定

沥青路面技术状况评定应包括路面损坏、路面平整度、路面车辙、路面跳车、路面磨耗、路面抗滑性能和路面结构强度 7 项内容。

根据《公路技术状况评定标准》(JTG 5210—2018),沥青路面技术状况指数 PQI 按式(1-2)计算,结果保留两位小数。

$$PQI = w_{PCI}PCI + w_{RQI}RQI + w_{RDI}RDI + w_{PBI}PBI + w_{PWI}PWI + w_{SRI}SRI + w_{PSSI}PSSI \quad (1-2)$$

式中:w_{PCI}——PCI 在 PQI 中的权重,按表 1-13 取值;
w_{RQI}——RQI 在 PQI 中的权重,按表 1-13 取值;
w_{RDI}——RDI 在 PQI 中的权重,按表 1-13 取值;
w_{PBI}——PBI 在 PQI 中的权重,按表 1-13 取值;
w_{PWI}——PWI 在 PQI 中的权重,按表 1-13 取值;
w_{SRI}——SRI 在 PQI 中的权重,按表 1-13 取值;
w_{PSSI}——PSSI 在 PQI 中的权重,按表 1-13 取值。

沥青路面 PQI 分项指标权重 表 1-13

路面类型	权重	高速公路、一级公路	二、三、四级公路	备注
沥青路面	w_{PCI}	0.35	0.60	
	w_{RQI}	0.30	0.40	
	w_{RDI}	0.15	—	
	w_{PBI}	0.10	—	
	$w_{SRI(PWI)}$	0.10	—	按公式(1-2)计算 PQI 时,路面抗滑性能指数 SRI 和路面磨耗指数 PWI 应二者取一
	w_{PSSI}	—	—	路面结构强度指数 PSSI 为抽检指标,因此不参与 PQI 的评定

三、水泥混凝土路面技术状况评定

水泥混凝土路面技术状况评定应包括路面损坏、路面平整度、路面跳车、路面磨耗和路面抗滑性能 5 项内容。

根据现行《公路技术状况评定标准》(JTG 5210),水泥混凝土路面技术状况指数 PQI 按式(1-3)计算,结果保留两位小数。

$$PQI = w_{PCI}PCI + w_{RQI}RQI + + w_{PBI}PBI + w_{PWI}PWI + w_{SRI}SRI \quad (1-3)$$

式中:w_{PCI}——PCI 在 PQI 中的权重,按表 1-14 取值;
w_{RQI}——RQI 在 PQI 中的权重,按表 1-14 取值;
w_{PBI}——PBI 在 PQI 中的权重,按表 1-14 取值;
w_{PWI}——PWI 在 PQI 中的权重,按表 1-14 取值;
w_{SRI}——SRI 在 PQI 中的权重,按表 1-14 取值。

水泥混凝土路面 PQI 分项指标权重 表1-14

路面类型	权重	高速公路、一级公路	二、三、四级公路	备注
水泥混凝土路面	w_{PCI}	0.50	0.60	
	w_{RQI}	0.30	0.40	
	w_{PBI}	0.10	—	
	$w_{SRI(PWI)}$	0.10	—	按公式(1-3)计算 PQI 时,路面抗滑性能指数 SRI 和路面磨耗指数 PWI 应二者取一

四、分项指标的计算

1. 路面损坏状况指数 PCI

路面损坏状况指数 PCI 应按式(1-4)和式(1-5)计算。

$$PCI = 100 - a_0 DR^{a_1} \tag{1-4}$$

$$DR = 100 \times \frac{\sum_{i=1}^{i_0} w_i A_i}{A} \tag{1-5}$$

式中:DR——路面破损率(Pavement Distress Ratio),为各种损坏的折合损坏面积之和与路面调查面积之百分比(%);

a_0——沥青路面采用15.00,水泥混凝土路面采用10.66;

a_1——沥青路面采用0.412,水泥混凝土路面采用0.461;

A_i——第 i 类路面损坏的面积(m^2);

A——自动检测或人工调查的路面面积(调查长度与有效路面宽度之积,m^2);

w_i——第 i 类路面损坏的权重或换算系数,沥青路面按表1-15取值,水泥混凝土路面按表1-16取值;

i——考虑损坏程度(轻、中、重)的第 i 项路面损坏类型;

i_0——包含损坏程度(轻、中、重)的损坏类型总数,沥青路面取21,水泥混凝土路面取20。

沥青路面损坏类型、权重及换算系数 表1-15

类型 i	损坏名称	损坏程度	计量单位(m^2)	权重 w_i(人工调查)	换算系数 w_i(自动检测)
1	龟裂	轻	面积	0.6	1.0
2		中		0.8	
3		重		1.0	
4	块状裂缝	轻	面积	0.6	1.0
5		重		0.8	
6	纵向裂缝	轻	长度×0.2m	0.6	2.0
7		重		1.0	
8	横向裂缝	轻	长度×0.2m	0.6	2.0
9		重		1.0	

续上表

类型 i	损坏名称	损坏程度	计量单位 (m^2)	权重 w_i（人工调查）	换算系数 w_i（自动检测）
10	沉陷	轻	面积	0.6	1.0
11		重		1.0	
12	车辙	轻	长度×0.4m	0.6	—
13		重		1.0	
14	波浪拥包	轻	面积	0.6	1.0
15		重		1.0	
16	坑槽	轻	面积	0.8	1.0
17		重		1.0	
18	松散	轻	面积	0.6	1.0
19		重		1.0	
20	泛油	—	面积	0.2	0.2
21	修补	—	面积或长度×0.2m	0.1	0.1(0.2)

注：1. 人工调查时，应将条状修补的调查长度(m)乘以影响宽度(0.2m)换算成面积。
　　2. 自动化检测时，块状修补的换算系数 w_i 为0.1，条状修补的换算系数 w_i 为0.2。

水泥混凝土路面损坏类型、权重及换算系数　　表1-16

类型 i	损坏名称	损坏程度	计量单位 (m^2)	权重 w_i（人工调查）	换算系数 w_i（自动检测）
1	破碎板	轻	面积	0.8	1.0
2		重		1.0	
3	裂缝	轻	长度×1.0m	0.6	10
4		中		0.8	
5		重		1.0	
6	板角断裂	轻	面积	0.6	1.0
7		中		0.8	
8		重		1.0	
9	错台	轻	长度×1.0m	0.6	10
10		重		1.0	
11	拱起	—	面积	1.0	1.0
12	边角剥落	轻	长度×1.0m	0.6	10
13		中		0.8	
14		重		1.0	
15	接缝料损坏	轻	长度×1.0m	0.4	6
16		重		0.6	
17	坑洞	—	面积	1.0	1.0

续上表

类型 i	损坏名称	损坏程度	计量单位（m²）	权重 w_i（人工调查）	换算系数 w_i（自动检测）
18	唧泥	—	长度×1.0m	1.0	10
19	露骨	—	面积	0.3	0.3
20	修补	—	面积或长度×0.2m	0.1	0.1(0.2)

注：1. 人工调查时，应将条状修补的调查长度(m)乘以影响宽度(0.2m)换算成面积。
2. 自动化检测时，块状修补的换算系数 w_i 为0.1，条状修补的换算系数为 w_i0.2。

2. 路面行驶质量指数 RQI

路面行驶质量指数 RQI 表征车辆在路面上行驶时颠簸程度，是反映道路舒适性的一个评定指标。从路面状况的角度看，影响路面行驶质量的主要因素是路面平整度。不平整的路面会使乘客舒适性降低，同时增加行车阻力、加大油耗，影响行车安全性。因此，路面行驶质量指数 RQI 是路面技术状况的一个重要评定指标。其计算公式为：

$$RQI = \frac{100}{1 + a_0 e^{a_1 IRI}} \tag{1-6}$$

式中：IRI——国际平整度指数(m/km)；
  a_0——高速公路、一级路采用0.026，其他等级公路采用0.0185；
  a_1——高速公路、一级路采用0.65，其他等级公路采用0.58。

3. 路面车辙深度指数 RDI

沥青路面车辙是路面结构各层永久变形的积累，其变形对路面平整、使用性能、行车安全和舒适均有重要影响，因此采用路面车辙深度指数 RDI 反映沥青路面车辙的情况，计算公式如下：

$$RDI = \begin{cases} 100 - a_0 RD & (RD \leq RD_a) \\ 90 - a_1(RD - RD_a) & (RD_a < RD \leq RD_b) \\ 0 & (RD > RD_b) \end{cases} \tag{1-7}$$

式中：RD——车辙深度(mm)；
  RD_a——车辙深度参数，采用10.0；
  RD_b——车辙深度限值，采用40.0；
  a_0——模型参数，采用1.0；
  a_1——模型参数，采用3.0。

路面车辙深度 RD 值越大，表明渠化交通导致的路面变形越严重，路面车辙深度指数 RDI 评分越低，两者之间的相关关系见表1-17。

车辙深度指数 RDI 与路面车辙深度 RD 的对应关系 表1-17

指　　标	优	良	中	次	差
RDI	[90,100]	[80,90)	[70,80)	[60,70)	[0,60)
RD	[0,10]	(10,13.33]	(13.33,16.67]	(16.67,20]	(20,∞)

4. 路面跳车指数 PBI

路面跳车是指由路面异常突起或沉陷等损坏引起的车辆突然颠簸，评价指标为路面跳车

指数 PBI,按下式计算:

$$PBI = 100 - \sum_{i=1}^{i_0} a_i PB_i \qquad (1-8)$$

式中:PB_i——第 i 类程度的路面跳车数;
a_i——第 i 类程度的路面跳车单位扣分,按表 1-18 的规定取值;
i——路面跳车类型;
i_0——路面跳车类型总数。

路面跳车扣分标准　　　　　　　　　　　　　表 1-18

类 型 i	跳车程度	计量单位	单位扣分
1	轻	处	0
2	中		25
3	重		50

知识拓展:路面跳车数 PB_i 的计算方法

路面跳车是根据 10m 路面纵断面高差来判别的。路面纵断面高程通常采用自动化设备开展检测,每 0.1m 计一个高程,10m 路面纵断面共计 100 个高程数据。路面纵断面高差指的是这 100 个高程数据中的最大值与最小值之差,计算公式如下:

$$\Delta h = \max\{h_1, h_2, \cdots, h_i, \cdots, h_{100}\} - \min\{h_1, h_2, \cdots, h_i, \cdots, h_{100}\} \qquad (1-9)$$

式中:Δh——路面纵断面高差(cm);路面纵断面高差应为 10m 路面纵断面最大高程和最小高程之差;
h_i——第 i 点的路面纵断面高程,计算时应通过数据预处理剔除桥梁伸缩缝等处可能存在的异常高程值,消除路面纵坡对路面纵断面高差计算的影响。

路面纵断面高差 $\Delta h < 2cm$ 时,该 10m 路面纵断面应计为无路面跳车;当 $\Delta h \geq 2cm$ 时,按表 1-19 将路面跳车分为轻度、中度和重度。

路面跳车程度划分标准　　　　　　　　　　　　　表 1-19

检测指标	轻度	中度	重度
路面纵断面高差 Δh(cm)	$\geq 2, <5$	$\geq 5, <8$	≥ 8

路面跳车按处计量,若 10m 路面纵断面存在轻度、中度或重度的路面跳车,则该 10m 路面纵断面应计为 1 处路面跳车。最后,分别统计该评定路段的轻、中、重度路面跳车数,即为 PB_i。

5. 路面磨耗指数 PWI

路面磨耗指数 PWI 是反映路面表面构造磨损情况的指标。如图 1-39 所示,在渠化交通明显的道路上,车道中心线通常保持了最初的路面构造,而在轮迹带的位置,由于长期轴载作用,路面构造发生了较明显变化。

路面磨耗指数 PWI 按下式计算:

$$PWI = 100 - a_0 WR^{a_1} \qquad (1-10)$$

$$WR = 100 \times \frac{MPD_C - \min\{MPD_L, MPD_R\}}{MPD_C} \qquad (1-11)$$

式中：WR——路面磨耗率(%)；

a_0——模型参数,采用1.696；

a_1——模型参数,采用0.785；

MPD_C——路面构造深度基准值,采用无磨损的车道中线路面构造深度(mm)；

MPD_L——左轮迹带的路面构造深度(mm)；

MPD_R——右轮迹带的路面构造深度(mm)。

图1-39 轮迹带处加重的路面磨耗

路面磨耗率WR越大，表明路面磨耗越严重，路面磨耗指数PWI值越小，二者之间的对应关系见表1-20。

路面磨耗指数PWI与路面磨耗率WR之间的关系 表1-20

指标	优	良	中	次	差
PWI	[90,100]	[80,90)	[70,80)	[60,70)	[0,60)
WR	[0,9.58]	(9.58,23.17]	(23.17,38.85]	(38.85,56.05]	(56.05,100]

6.路面抗滑性能指数SRI

路面抗滑性能指数SRI是反映道路安全性的指标,其计算公式如下：

$$SRI = \frac{100 - SRI_{min}}{1 + a_0 e^{a_1 SFC}} + SRI_{min} \quad (1-12)$$

式中：SFC——横向力系数(Side-way Force Coefficient)；

SRI_{min}——标定参数,采用35.0；

a_0——模型参数,采用28.6；

a_1——模型参数,采用-0.105。

7.路面结构强度指数PSSI

$$PSSI = \frac{100}{1 + a_0 e^{a_1 SSR}} \quad (1-13)$$

$$SSR = \frac{l_R}{l_0} \quad (1-14)$$

式中：SSR——路面结构强度系数(Pavement Structure Strength Ratio),为路面容许弯沉与路面实测代表弯沉之比；

l_R——路面容许弯沉(mm)；

l_0——实测代表弯沉(mm);
a_0——模型参数,采用 15.71;
a_1——模型参数,采用 -5.19。

案例 某干线公路路面技术状况检测与评定

某干线公路是 S 省公路网中的重要组成部分,为了及时了解和全面掌握该路路面技术状况,提高养护工作和管理决策的科学性,受 S 省公路局委托,×交通运输养护公司于 2013 年对该干线公路开展了路面技术状况检测与评定工作。

1. 基本状况

检测和评定路线共两条,检评长度总计为 407.944km,路面类型为沥青路面。路线详细信息汇总于表 1-21。

路 线 概 况 表 表 1-21

路 线 名 称	技 术 等 级	检评里程 (km)	检评长度 (上下行合计,km)
SH 高速公路	高速公路	53.462	106.924
TJ 高速公路	高速公路	150.51	301.02
合计		203.972	407.944

2. 工作流程

路面技术状况检测评定流程如图 1-40 所示。

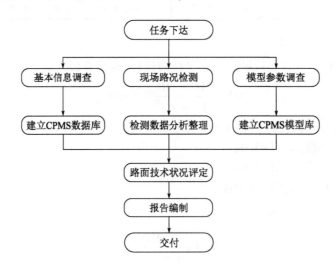

图 1-40 路面技术状况检测评定流程
注:CPMS 为公路资产管理系统的缩写。

3. 检测设备——多功能路况快速检测系统(CiCS)

检测设备采用目前国内先进的多功能路况快速检测系统(CiCS)(图 1-41)。CiCS 系统由交通运输部公路科学研究院公路养护管理研究中心研制开发,它能够在正常车流速度下,一次性完成路面损坏状况、路面平整度和前方图像等多项技术指标的检测工作。

图1-41 多功能路况快速检测系统(CiCS)

CiCS系统的主要技术性能指标见表1-22。

CiCS系统主要技术性能指标 表1-22

序号	检测指标	技术性能
1	路面损坏	1. 检测宽度:260cm、290cm、360cm,标准配置为260cm; 2. 图像分辨率:(1±0.05)mm(能够分辨的裂缝宽度); 3. 识别精度:正常路面识别准确率达到90%以上; 4. 图像处理:机器自动识别处理; 5. 图像存储:约2m一帧,每帧图像不小于2048像素(纵向)×2968像素(260cm横向),按JPEG格式纵向连续存储
2	道路平整度	1. 检测指标:国际平整度指数IRI; 2. 相对高程测点准确度小于0.5mm; 3. 纵向测点间距不大于10cm; 4. 数据处理方式:实时处理并显示路面平整度
3	前方图像	1. 图像格式:以彩色图像按JPEG格式存储; 2. 分辨率:不小于1440像素(宽)×1080像素(高); 3. 检测频率:50~100帧/km,可设定
4	路面车辙	1. 检测宽度:检测宽度≥350cm; 2. 传感器数量:13个激光传感器,非均匀对称分布,平均测点间距小于25cm; 3. 纵向检测密度不大于25cm; 4. 数据处理方式:实时处理
5	检测速度	0~100km/h,车流速度,实际运营速度取决于路面状况、交通流量和公路线形条件

4.检测内容

(1)路面损坏状况检测和识别。

路面损坏检测通过采用高分辨线阵相机和带状照明装置,以车流速度(非稳态速度)纵向连续不间断地自动检测路面原始图像,指标完全满足现行行业标准《多功能路况快速检测设备》(GB/T 26764)的相关规定。

CiCS 系统既能识别沥青路面病害,也能识别水泥路面病害。检测时,实时显示集的路况图像,并以 2m 为单位、JPEG 格式长期存储。CiCS 将检测路面划分 $0.1m \times 0.1m$ 的网格,系统快速提取裂缝位置和损坏的长度,通过裂缝所占的网格数与检测路面网格数的比例,计算路面破损率。CiCS 可以识别宽度 1mm 及以上的裂缝,对于正常路面的识别准确率达到 90% 以上。

对于沥青路面,CiCS 能识别纵向裂缝、横向裂缝、龟裂、块裂、裂缝修补等病害。图 1-42 为典型的 CiCS 自动识别病害结果,左侧为路面图像原图、右侧为路面病害识别结果。(扫图右侧二维码可看彩色图)

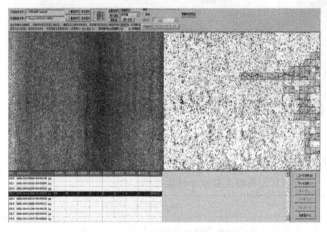

图 1-42　CiCS 系统沥青路面识别界面

对于水泥路面,CiCS 可准确识别裂缝、板角断裂、破碎板、裂缝修补等损坏,并自动剔除刻槽及接缝等非病害类裂缝,如图 1-43 所示。(扫图右侧二维码可看彩色图)

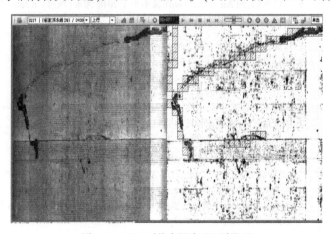

图 1-43　CiCS 系统水泥路面识别界面

根据 CiCS 系统采集的路面损坏图像和自动识别结果,获取损坏类型、损坏位置和损坏数量,从而计算得到路面破损率 DR,同时自动生成路面破损信息记录文本,以 10m 为单位、TXT 格式长期保存。

路面损坏图像自动识别及路面破损率的计算是由与 CiCS 系统配套的路面损坏自动识别系统完成。路面破损自动识别及质量控制流程如图 1-44 所示。

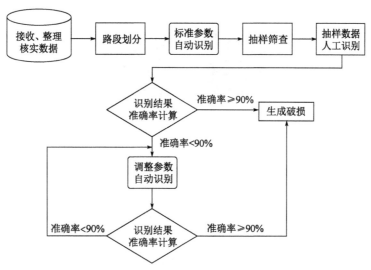

图1-44 路面破损自动识别及质量控制流程图

(2)路面平整度检测。

路面平整度检测利用 CiCS 系统配备的高性能激光传感器和加速度计等检测及惯性补偿装置,以车流速度(0~100km/km)纵向不间断地采集精确的沥青、水泥或砂石等不同类型路面右轮迹带中心线位置的纵断面高程数据,纵向采样间距小于100mm,最大检测能力(国际平整度指数 IRI)大于10m/km,激光传感器分辨率小于0.5mm。采集数据后通过 CPMS 提供的标准计算程序可以计算得到 IRI,如图1-45 所示。

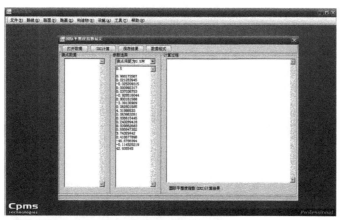

图1-45 国际平整度指数 IRI 计算程序

(3)路面车辙数据。

路面车辙检测是按车道连续采集横断面高程数据,然后根据 CPMS 提供的标准算法计算左右轮迹处的车辙深度(RD_L 和 RD_R)、平均车辙深度 RD 和最大车辙深度 RD_{max}。路面车辙深度检测数据按车道以10m为单位记录保存,然后分别按上行方向和下行方向统计100m 路段和1000m 路段的代表值。车辙深度 RD 采集界面如图1-46 所示。

(4)前方图像采集。

多功能路况快速检测系统 CiCS 采用面阵相机,以车流速度(非稳态速度)纵向连续不间断地自动检测道路前方图像(图1-47,扫二维码可看彩色图),检测频率为100 帧/km。每帧图像分辨率不小于1600 像素×1200 像素。路面图像包含路基、路面、桥隧构造物及沿线设施等道路前方的可视信息,检测时图像实时显示,并以 10m 为单位、JPEG 格式长期存储。

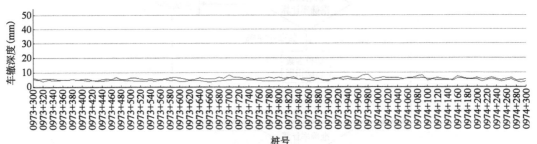

a) 采集的左右车辙的原始数据

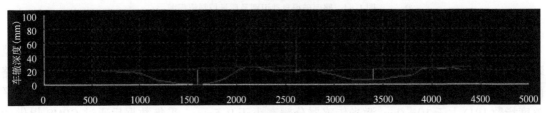

b) 每100m的路段平均值分析

图 1-46　车辙深度 RD 采集界面

图 1-47　公路前方图像

结合前方图像,可以对典型路段进行路况核对。核实对象主要包括:无破损路段、平整度异常路段及路面平整度与破损水平相差较大的路段。

5. 检测过程

本次路况检测时间累计约 2d。检测过程中,由经验丰富的专业技术人员组成检测小组,并成立了质量监督小组,严格按照相关规范要求进行测试,以保证检测数据的质量。

对于使用的检测设备按规范要求进行校准、标定。检测人员每天将检测图片和数据发送回养管中心进行室内的检验分析,以便及时发现问题并予以纠正,对可疑和奇异数据点进行校核,必要时进行重复测量。

6. 检测结果

结合养管中心之前进行路面跳车、路面磨耗和路面结构强度检测的结果,对该路线路面技术状况评定结果汇总,见表1-23。

路面技术状况评定汇总表　　　　　　　　　　　　　表1-23

所属政区:S省　　　　主管单位:S省公路局　　　　2013年9月15日

路线名称	起点桩号	评定长度(km)	调查方向	技术等级	路面类型	PQI	PQI 分项指标评定结果							PQI 分布(km)					PQI 统计(%)		
							PCI	RQI	RDI	PBI	PWI	SRI	PSSI	优	良	中	次	差	优等路率	优良路率	次差路率
SH高速公路	K0+000	53.462	全幅	高速公路	沥青	91.2	89.1	91	91.6	87.4	92.6	89.3	91	22.571	27.427	1.071	1.151	1.242	42.22	93.52	4.48
TJ高速公路	K53+462	150.51	全幅	高速公路	沥青	94.7	94	94.2	89.1	94.1	93.5	90.3	90.2	102.112	48.398	0	0	0	67.84	100	0

思考与练习

一、选择题

1. 沥青路面使用性能评价中,路面的(　　)为抽样评定指标,单独计算与评定。
   A. 平整度　　　　B. 结构强度　　　　C. 抗滑性能　　　　D. 车辙
2. 计算 PQI 时,水泥混凝土路面不需要考虑(　　)。
   A. 路面磨耗　　　B. 路面损坏　　　　C. 抗滑性能　　　　D. 车辙
3. 二级公路的沥青路面在进行路面技术状况评定时,PCI 的权重为(　　)。
   A. 0.6　　　　　　B. 0.5　　　　　　C. 0.4　　　　　　D. 0.3

二、判断题

1. 计算路面破损率 RD 时,需要路面的调查面积 A,A 为调查长度与路面宽度之积。　　　　　　　　　　　　　　　　　　　　　　　　　　　　　　(　　)
2. 路面技术状况分为优、良、中、差四个等级。　　　　　　　　　　(　　)
3. 计算 PQI 时,路面抗滑性能指数 SRI 和路面磨耗指数 PWI 应二者取一。(　　)
4. 路面结构强度指数 PSSI 应根据抽检数据单独评定,不参与 PQI 计算。(　　)

三、问答题

1. 路面技术状况评定指标和评定标准是什么?
2. RQI、RDI、PBI、WR、SRI、PSSI 分别指什么?各自反映了路面的什么性能?

四、计算题

2018年4月18日,张三和李四对S315省道进行了人工调查,调查路段为一级公路,沥青路面,起点桩号为 K1+300,调查长度 1km,有效宽度 30m;路面损坏调查结果见表 1-24,请将表格填写完整。

经自动化设备检测,该路段国际平整度指数 IRI=3.5;横向力系数 SFC=0.034;车辙深度 12mm;路面跳车有轻度 1 处,试计算路面技术状况指数。

沥青路面损坏调查表　　　　　　　　表 1-24

调查时间:　　　　　调查人员:

路线编码名称:　　调查方向:　　起点桩号:　　单元长度:　　路面宽度:

损坏类型	程度	权重 w_i	单位	百米损坏										累计损坏
				1	2	3	4	5	6	7	8	9	10	
龟裂	轻	0.6	m²		1	1			1					
	中	0.8					1							
	重	1.0												
块状裂缝	轻	0.6	m²		1			1			1			
	重	0.8												
纵向裂缝	轻	0.6	m	5	6		10		5			9		
	重	1.0												
横向裂缝	轻	0.6	m	1		2	9	10	5	5	10	7	8	
	重	1.0												
沉陷	轻	0.6	m²				1	2						
	重	1.0												
车辙	轻	0.6	m							1				
	重	1.0						1						
波浪拥包	轻	0.6	m²									2		
	重	1.0						1						
坑槽	轻	0.8	m²		1		2							
	重	1.0											1	
松散	轻	0.6	m²				1			1				
	重	1.0												
泛油		0.2	m²				1							
修补		0.1	块状 m²	2								2		
			条状 m			1		1						

项目二　路基养护

路基是公路的重要组成部分,是路面的基础,与路面共同承受车辆荷载。路基的强度和稳定性是保证路面结构与使用功能的基本条件。

路基养护工作对象应包括公路用地范围内的路肩、路堤与路床、边坡、既有防护及支挡结构物、排水设施、特殊路基等。路基养护工作内容应包括路况调查与评定、养护决策、日常养护、养护工程设计、养护工程施工、养护工程质量验收、跟踪观测和技术管理。其中,路况调查与评定应包括病害调查、技术状况评定、安全性评估等内容。应定期进行路基病害调查、技术状况检测与评定,并对存在较大病害隐患的路基的安全性进行评估。

模块一　路基养护的基本知识

知识目标

1. 了解路基养护工作对象及路基养护工作内容;
2. 了解路基养护的基本原则与目的;
3. 熟悉路基养护的基本要求;
4. 掌握路基养护对策的选用。

能力目标

能够根据路基技术状况评定结果采取相应的养护对策。

路基养护应包括日常养护和养护工程。日常养护应包括日常巡查、日常保养和日常维修;养护工程应包括预防养护、修复养护、专项养护和应急养护。对养护工程分述如下:

(1)预防养护。预防养护是对存在病害隐患、暂未影响正常运营的路基及其附属结构物,以预防病害隐患过快发展、提高安全运行为目的进行的主动性养护工程。预防养护应贯彻路基预防养护理念,遵循"预防为主、主动施策"的原则。对路基存在病害隐患的路段应实施定点观测或监测,及时掌握病害发展趋势,并根据定点观测或监测结果,确定预防养护时机。在确定预防养护时机的基础上,根据路基病害隐患特点及发展趋势等,确定预防养护措施。

(2)修复养护。修复养护是在路基出现明显病害或部分丧失服务功能的情况下,以恢复良好的路基状况为目的进行的维修加固性养护工程。应及时对路基病害进行维修加固,实施修复养护工程。

(3)专项养护。专项养护是为恢复、保持或提升路基服务功能而集中实施的路基维修、加固、专项处治、灾后恢复等养护工程。

(4)应急养护。应急养护是在路基严重损坏或损毁,并危及或已造成交通中断等突发情况下,以快速恢复安全通行能力为目的进行的应急性抢通、保通和抢修养护工程。

应急养护应遵循"快速反应、有效抢险、及时处治、保障安全"的原则,制订路基应急抢险预案,建立应急抢险工作机制,合理配备应急抢险队伍、设备、物资等。对存在重大病害隐患的路基,应加强监测、及时预警,并增设相应的交通安全警示标志。对影响交通安全的突发性灾害路段,应启动应急预案,及时开展应急抢通、保通和抢修工作,安排灾后修复养护工程。实施应急养护时,应设置交通安全设施;需中断交通的,应合理采取分流措施。应急抢通、保通和抢修工程的先期临时方案,应与后期修复养护工程方案相结合。

一、路基养护的基本原则与目的

1. 路基养护的基本原则

坚持"以防为主,防治结合,积极改善,保障畅通"的原则,以经常性、预防性维护为主,以修补性维护为辅;先重点、后一般,对危及道路通行安全及对公路设施会造成严重损坏的,应优先考虑。在保证道路正常功能的情况下,绿化、美化道路环境。

2. 路基养护的目的

保持或恢复路基各部分原有状态和技术标准,确保路基处于正常使用状态;对原来达不到技术要求的部分进行改善提高,弥补路基缺陷,完善和提高路基使用功能。

二、路基养护的基本要求

(1)路基日常养护应加强路基日常巡查和保养工作,及时清除零星塌方、碎落石、积水和杂物等,及时修剪杂草、疏通排水系统,定期整理路肩、边坡、排水系统及结构物泄水孔,及时维修路肩、边坡、排水设施和各类结构物的局部轻微损坏。

(2)路基养护应加强预防养护工作,结合日常巡查和各类检查及监测,及时排查病害及灾害的各类隐患。当路基及结构物技术状况为优、良,但有局部轻微损坏或病害迹象时,应适时采取预防养护措施,防止或延缓病害的发生和发展。

(3)当路基及结构物出现明显病害或较大损坏时,应及时组织专项检查和评定,以及必要的工程勘察,采取相应工程措施,并应符合下列要求:

①路基及结构物技术状况等级为中,或出现局部损坏时,应实施修复养护工程,及时处治或加固。

②路基及结构物技术状况等级为次及以下,路基整段出现大范围病害,或重要结构物出现较大损坏时,应实施专项养护工程,及时处治、加固或改建。

三、路基技术状况评定结果应用

(1)应根据公路网级路基技术状况指数 SCI 的评定结果,编制公路网级路基养护规划与年度计划。

(2)应根据路基技术状况指数 SCI 各分项指标的评价结果,制订具体路段的路基养护对策、日常养护生产计划和养护工程计划。

四、路基养护对策

(1)路基养护对策应根据路基技术状况评定结果、养护工作对象与内容,以及病害处治类型,按表2-1进行选择。对于路基某一养护工作对象与内容,存在两个或两个以上对策可供选择时,应根据实际情况选择其一。

路 基 养 护 对 策   表 2-1

养护工作对象与内容		日常养护		养护工程			
		日常保养	日常维修	预防养护	修复养护	应急养护	
						抢通保通	应急修复
路肩	路肩清扫	√	—	—	—	—	—
路肩	路肩整修	√	√	—	√	—	—
路肩	路缘石维修	√	√	—	√	—	—
路堤与路床	沉降处治	—	—	√	√	√	√
路堤与路床	开裂滑移处治	—	—	√	√	√	√
路堤与路床	冻胀翻浆处治	—	√	√	√	—	—
路堤与路床	桥头跳车处治	—	—	√	√	—	—
边坡	坡面防护	√	√	—	√	—	—
边坡	碎落崩塌处治	—	—	√	√	√	—
边坡	局部坍塌处治	—	—	√	√	√	√
边坡	滑坡处治	—	—	—	√	√	√
既有防护及支挡结构物	表观破损处治	—	√	—	√	—	—
既有防护及支挡结构物	排(泄)水孔淤塞处治	√	√	—	√	—	—
既有防护及支挡结构物	局部损坏修复	—	√	√	√	—	—
既有防护及支挡结构物	结构失稳加固	—	—	—	√	—	√
排水设施	排水设施疏通	√	√	—	√	—	—
排水设施	排水设施修复	—	√	√	√	—	—
排水设施	排水设施增设	—	—	√	√	—	—

(2)对路基技术状况指数 SCI 为 0 的路段,应及时采取应急养护措施,并应按现行行业标准《公路路基养护技术规范》(JTG 5150)的有关规定执行。

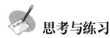

思考与练习

一、选择题

1.路基及结构物技术状况为优、良,但有局部轻微损坏或病害迹象时,应适时采取(　　)措施,防止或延缓病害的发生和发展。
　　A.预防养护　　　B.修复养护　　　C.专项养护　　　D.应急养护

2.路基及结构物技术状况等级为中,或出现局部损坏时,应实施(　　)工程,及时处治或加固。
　　A.预防养护　　　B.修复养护　　　C.专项养护　　　D.应急养护

3.路基及结构物技术状况等级为次以下,路基整段出现大范围病害,或重要结构物出现较大损坏时,应实施(　　)工程,及时处治、加固或改建。
　　A.预防养护　　　B.修复养护　　　C.专项养护　　　D.应急养护

二、判断题

1.路基养护工作对象包括公路用地范围内的路肩、路堤与路床、边坡、既有防护及支挡结

构物、排水设施、特殊路基等。( )

2.路基养护的基本原则是"以防为主,防治结合,积极改善,保障畅通",以经常性、预防性维护为主,以修补性维护为辅。( )

三、问答题

1.简述路基养护工程的种类。

2.根据路基技术状况评定结果、养护工作对象与内容,以及病害处治类型,如何选择路基养护对策?

模块二　路　肩　养　护

1.了解路肩养护质量要求;
2.熟悉路肩病害处治基本原则;
3.掌握路肩病害类型;
4.掌握路肩养护的具体方法。

能够进行路肩养护工作。

路肩是保证路基、路面有整体稳定性和排除路面水的重要结构,也是为保证临时停车所需两侧余宽的重要组成部分。路肩的养护情况直接关系到路基路面的强度、稳定性和行车的舒适与畅通。

一、路肩病害类型

路肩病害可分为路肩或路缘石缺损、阻挡路面排水、路肩不洁三类。

(1)路肩或路缘石缺损,指路肩一侧宽度小于设计宽度10cm或10cm以上,路肩出现20cm×10cm(长度×宽度)以上的缺口,路缘石丢失、损坏、倾倒或路缘石与路面脱离透水等。

(2)阻挡路面排水,指路肩高于路面,造成路面排水不畅。

(3)路肩不洁,指路肩有堆积杂物、未经修剪且高于15cm的杂草。

二、基本原则

(1)路肩的横坡应平整顺适,硬路肩应与路面横坡相同,土或植草的路肩应比路面横坡坡度大1%~2%。若路肩横坡坡度过缓,则不利于排水,影响路基稳定;坡度过大,又易于被雨水冲刷成沟槽。

(2)路肩的宽度应符合现行行业标准《公路工程技术标准》(JTG B01)的规定。

(3)路肩应经常保持平整坚实,不应积水、积淤泥和出现坑槽、车辙和缺口。

(4)路肩上严禁种植农作物和堆放任何杂物。

(5)路肩应尽量与环境协调,尽可能使之美观。

三、养护质量要求

路肩养护应满足下列质量要求:
(1)表面密实平整、清洁,无杂物、无杂草。
(2)路肩宽度符合设计要求,边缘顺直、无缺损。
(3)横坡符合设计要求,与路面衔接平顺,不阻挡路面排水。
(4)路缘石完好、无缺损。

四、保持路肩整洁的方法

1. 保持土路肩的整洁

(1)土路肩上出现的车辙、坑洼,用与原路肩相同的土填平夯实,恢复原有状态。
(2)雨后必须及时排除积水、清理淤泥,以保持路肩的整洁。
(3)对于植草皮或利用天然草加固的路肩,定期进行维护和修剪,草高不得超过15cm,并随时清除杂草和草丛中积存的泥沙杂物,以利于排水,保持路容美观。

2. 保持硬路肩的整洁

加强日常巡查,发现路肩上出现杂物,应及时清扫,以保护路肩的整洁。清扫路肩时应洒水,避免造成扬尘污染。
(1)清扫泥土、杂物。
(2)排除积水、积雪积冰、积沙。
(3)刷白、修理拦水带(路缘石)。

五、土路肩的养护

1. 土路肩车辙、坑洼的处理

土路肩上出现车辙、坑洼或与路面产生错台现象时,必须及时整修,并用与原路基相同的土填平夯实,使其顺适。
(1)修补材料。
用与原路肩相同的土或良好的砂性土。砂性土或粉性土地段,应掺拌黏性土加固表面,以提高路肩的稳定性。
(2)修补方法。
①清除杂草,刨松表面。
②用填补材料摊铺压实,使填补层与原路肩结合牢固。
③填补厚度大于0.15m时,应分层夯压密实。

2. 土路肩隆起的处理

土路肩过高,妨碍路面排水时,应铲削整平,宜在雨后土壤湿润状态下,结合清理边沟同时进行。铲除的土或混合料,不得堆放在边沟内或边坡上。

3. 填土路基路肩塌陷的修理

(1)用级配较好的砂砾土,或塑性指数满足要求的亚黏土。
(2)对于小型路肩塌陷缺口,用黏性良好的土修补夯实。

(3)对于较大的塌陷缺口,修理时应先进行清理,将路肩上出现病害部分的土挖去,再分层填筑夯实。回填时,挖补面积要扩大,且逐层挖成台阶状,由下往上,逐层填筑,压实度达到路基施工质量要求。

4. 土路肩横坡坡度过大、过小的处理

土路肩横坡坡度过大时,宜用良好的砂土以及其他合适的材料填补压实,不得用清沟挖出的淤泥或含有草根的土填补。填补厚度大于15cm时,应分层夯压密实。砂性土或粉性土地段,应掺拌黏性土加固表面,以提高路肩的稳定性。

土路肩横坡过小时,应削高补低,整修至规定坡度。有草的路肩应满足其横坡坡度比路面坡度大1%~2%的要求,以利排水。

六、陡坡路段路肩的养护

陡坡路段(纵坡大于5%)路肩由于纵坡大,易被暴雨冲成纵横沟槽,甚至冲坏路堤边坡。一般可根据路基排水系统的情况与需要综合改善,可采取下述措施。

1. 设置截水明槽

自纵坡坡顶起,每隔20m左右两边交错设置宽30~50cm的斜向截水明槽,并用砾(碎)石填平;同时在路肩边缘处设置高10cm、上宽10cm、下宽20cm的拦水土埂。在每条截水明槽处,留一淌水口,其下面的边坡用草皮或砌石加固,使水集中由槽内流出。

在暴雨中,可沿路肩截水明槽下侧临时设置阻水埂,迫使雨水从草内排出,但雨后应立即铲除。中、低级路面的路肩上自然生长的草皮也应予以保留。植草皮应选择适宜于当地土壤的种子,成活后需加以维护和修整,使草高不超过15cm,丛集的杂草应铲除重铺,以保持路容美观。如路肩草中淤积砂土过多妨碍排水时,应立即铲除,以恢复路肩应有的横坡度。使用除草剂清除杂草时,应注意对沿线环境的影响。路肩外侧易被洪水冲缺或牲畜踩踏形成缺口处,可以用石块、水泥混凝土预制块或草皮铺砌宽20cm左右的护肩带,既消除病害,又美化路容。

2. 加固土路肩或铺筑硬路肩

用粒料加固土路肩或有计划地铺筑硬路肩。为减少土路肩的养护工作量,对路面过窄或行车密度大的路线,应尽量利用当地砂石或矿渣等材料,对路肩有计划地加固、硬化,或用沥青、水泥混凝土材料改铺成硬路肩。

3. 人工植草

在陡坡路段的路肩和边坡上全范围人工植草,以防冲刷。在铺筑硬路肩有困难的路线或路段,可种植草皮或利用天然草来加固路肩。种植草皮应选择适宜当地土质、易于成活和生长的草种,成活生长后定期进行维护和修剪,草高不得超过15cm,并随时清除杂草和草丛中积存的泥砂杂物,以利排水,保持路容美观。

4. 砌筑路肩边缘带

高速公路及实施公路标准化、美化(GBM)工程的一般公路的路肩,应根据设计要求硬化,并砌筑路肩边缘带。

5. 路肩上严禁种植农作物和堆放任何杂物

养路材料应在公路以外相连路肩之处,根据地形情况,选择适宜地点,设置堆料台,堆料台的间距以 200～500m 为宜。

七、路肩的加固和改善

公路上的路肩通常不供行车之用，但从功能上要求其应能承受汽车荷载。为减少路肩养护工作量，应有计划地将土路肩进行加固，对于行车密度大的线路，可将土路肩改铺成硬路肩。硬路肩的横坡度应与路面的横坡度相同。对于交通量较小的线路，路肩可用植草加固。加固路肩的措施具体如下。

1. 采用粒料加固路肩

为了防止雨水冲刷和雨中会车时的泥泞陷车，路肩可用粒料加固。加固方法是：用砾石、风化石、炉渣、碎砖等粒料掺拌黏土，铺筑加固层，其厚度不小于15cm。加固层施工应尽量采用挖槽铺压，也可在雨后路肩湿软时，直接将粒料（不加黏土）撒铺到路肩上，并进行碾压，分批将粒料铺压进路肩土中加固。采用这种方法应注意使路肩与路面衔接处平顺，并保持适当的横坡度。

2. 种植草皮加固路肩

对于交通量不大或铺筑硬路肩有困难的路线或路段，可种植草皮或利用天然草来加固路肩。种植草皮应选择适宜于当地土质、易于成活和生长的草种，待成活生长后定期进行维护和修剪，使草高不超过15cm，并随时清除杂草和草丛中积存的泥沙杂物，以利于排水，保持路容美观。

3. 采用路缘石加固路肩

(1)路缘石的混凝土应按试验确定的配合比进行拌制及预制，路缘石的质量符合图纸规定要求。

(2)路缘石埋设的槽底基础和后背填料应夯击密实，压实度符合图纸要求。

(3)安砌缘石时应钉桩拉线，务必使顶面平整、线条直顺、曲线圆滑美观、埋砌稳固。

4. 水泥混凝土加固路肩

施工前，应按图纸逐桩测量其施工高程及应有宽度，当不符合图纸规定时，应进行修整。土路肩的压实度，需满足达到重型击实标准的95%以上，同时路基变坡整修应符合图纸要求。经监理工程师检查同意后，方可分段进行预制块的铺砌或现浇水泥混凝土加固作业。

(1)混凝土预制块加固土路肩。

①混凝土预制块应按图纸要求的尺寸在预制场集中预制，并经检验合格后方可使用。预制块在运输时应轻拿轻放，不得野蛮装卸，避免损坏。

②铺砌预制块时，首先应按图纸要求设置垫层或整平，然后将块件接缝处用水湿润，并在侧面涂抹水泥砂浆。砌块落座时应位置正确、灰缝挤紧，且不得碰撞相邻砌块，灰缝宽度不大于10mm。

③铺砌段完成后，即进行养护，在砂浆强度达到图纸规定要求前，应禁止在其上行走或碰撞。

(2)现浇混凝土加固土路肩。

①模板应采用钢板材料制成，所用模板均不应翘曲，并应有足够强度来承受混凝土压力，而不发生变形。所有模板应处理干净，涂上脱模剂，并按图纸尺寸对混凝土全深立模，然后浇

筑混凝土。

②混凝土应按试验确定的配合比进行拌和。浇筑在模块内的混凝土,宜用振动器振捣或用监理工程师认可的其他方法捣固。模板应留待混凝土固结后才可拆除,拆模时应保证棱角不受损坏。

③混凝土应按规定刮平成形,然后用木抹子将其抹饰平整。经监理工程师允许可采用其他抹面方法,但不允许粉饰。抹饰平整后即进入养护。

5. 砂石加固的硬路肩

可用泥结碎石、稳定类材料加固路肩,如石灰土、二灰碎石等。

6. 综合结构硬路肩

可在基层上做沥青表面处治的综合结构路肩。

八、路肩外侧边缘缺口的处理

路肩边缘带应加强养护和修理。对由于雨水冲刷及车辆碾压造成的松动、破损,应及时修复或更换。路肩外侧边缘被流水冲缺,或牲畜踩踏、车轮碾压形成缺口时,应及时修补,也可结合实施 GBM 工程,用石块、水泥混凝土预制块铺砌(或现浇)路肩边缘带(护肩带),其宽度不小于 20cm,以保护路肩,美化路容。

九、路肩上严禁堆放任何杂物

对于养路材料,应在公路以外相连路肩之处,根据地形情况,选择适宜地点,设置堆料坪,料坪的间距以 200～500m 为宜。堆料坪长约 5～8m,宽约 2m。机械化养路或较高级路面,可以不设堆料坪。

思考与练习

一、选择题

1. 路肩的横坡应平整顺适,硬路肩应与路面横坡相同,土或植草的路肩应比路面横坡坡度大( )。

  A. 0.5%～1%　　B. 1%～2%　　C. 2%～3%　　D. 3%～4%

2. 对于植草皮或利用天然草加固的路肩,定期进行维护和修剪,草高不得超过( )。

  A. 10cm　　B. 15cm　　C. 20cm　　D. 25cm

3. 土路肩上出现车辙、坑洼或与路面产生错台现象时,优先选用的修补材料是( )。

  A. 与原路肩相同的土　　　　B. 砂性土
  C. 黏性土　　　　　　　　　D. 粉性土

二、判断题

1. 路肩病害可分为路肩或路缘石缺损、阻挡路面排水、路肩不洁三类。　　( )

2. 路肩上允许堆放养路材料。　　( )

3. 为了防止雨水冲刷和雨中会车时的泥泞陷车,路肩可用粒料加固。　　( )

三、问答题

1. 简述路肩养护质量要求和基本原则。
2. 保持土路肩和硬路肩整洁的方法是什么?
3. 如何进行土路肩的养护?
4. 陡坡路段路肩的养护措施主要有哪些?
5. 试述路肩加固的类型和方法。
6. 如何处理路肩外侧边缘缺口?

模块三　路堤与路床养护

知识目标

1. 了解路堤与路床养护质量要求;
2. 熟悉路堤与路床病害处治基本原则;
3. 掌握路堤与路床病害类型;
4. 掌握路堤与路床病害处治措施。

能力目标

能够进行路堤与路床病害处治。

一、路堤与路床病害类型

路堤与路床病害可分为杂物堆积、不均匀沉降、开裂滑移、冻胀翻浆四类。
(1)杂物堆积,指人为倾倒的垃圾和秸秆等杂物的堆积。
(2)不均匀沉降,指路基出现大于4cm的差异沉降,或大于5cm/m的局部沉陷。
(3)开裂滑移,指沿路基纵向出现弧形开裂,路基产生侧向滑动趋势。
(4)冻胀翻浆,指季节性冰冻引起的路面隆起、变形,春融或多雨地区的路基在行车荷载作用下造成路面变形、破裂、冒浆等。

二、路堤与路床病害处治基本原则

(1)路堤与路床病害处治范围应包括填方和半填半挖路基、挖方段的路床区及地基。
(2)当出现不均匀沉降、开裂滑移、冻胀翻浆等病害时,应及时采取相应的技术措施进行维修加固。

沉降包括路堤沉降和地基沉降,其中路堤沉降的主要成因是填料使用不当、填筑方法不合理、压实度不足、外界水入渗等;地基沉降的主要成因是软弱地基未处理或处理效果不良等。开裂滑移的主要成因是地质条件不良、路基抗剪强度不足、排水设施不合理及其他特殊情况。冻胀翻浆的主要成因是路堤含水率过高、填料使用不当、排水不畅等。

(3)应根据路堤与路床的土质条件、地下水类型及埋藏深度、降水量、加固材料来源、施工可行性等,经比选后确定合理的养护方案。

三、养护质量要求

路堤与路床养护应满足下列质量要求:
(1)无明显不均匀沉陷。
(2)无开裂滑移。
(3)无冻胀、无翻浆。

四、路堤与路床病害处治措施

常用处治措施可参照表2-2选用。

路堤与路床病害处治措施 表2-2

病害类型	处治措施						
	换填改良	注浆	复合地基	钢管抗滑桩	增加综合排水设施	设置土工合成材料	加铺罩面
不均匀沉降	△	√	√	×	△	△	△
开裂滑移	×	√	△	√	△	△	×
冻胀翻浆	√	×	×	×	√	×	△

注:√表示推荐;△表示可选;×表示不推荐。

1. 换填改良(资源2-1)

换填改良是将不良土质清除,并用稳定性好的土、石、工业废渣、建筑垃圾等材料进行回填并压实,或对原状土掺入石灰、水泥等化学改良剂进行土质改良。

具体要求如下:

(1)换填改良可适用于填料不良引起的强度不足、沉陷、翻浆等病害处治或地基沉降路段的局部处理。

(2)换填材料宜采用级配较好的砾类土、砂类土等粗粒土,填料最大粒径应小于100mm,填料的加州承载比CBR值应符合现行行业标准《公路路基施工技术规范》(JTG 3610)的相关要求。不得采用含草皮、生活垃圾、树根、腐殖质的土,以及泥炭、淤泥、冻土、强膨胀土、有机质土和易溶盐超过允许含量的土。

(3)换填改良材料的配合比应通过试验确定。

(4)换填区与相邻路基衔接处应开挖成台阶状,换填施工应符合现行行业标准《公路路基施工技术规范》(JTG 3610)的有关规定。

(5)换填施工应减少对老路基的扰动,及时做好开挖回填及防排水工作;采用透水性材料作为回填材料时,应做好与既有排水设施的衔接。

2. 注浆

注浆是钻孔植入注浆管,通过一定的注浆压力将浆液挤压入土体,对周围土体实施填充或压缩,提高土体密实度和承载能力。常用的注浆技术可分为压密注浆和袖阀管注浆两类。

(1)压密注浆指在路基中钻孔后插入注浆管,待封孔达到强度后进行加压注浆。若土质较差易塌孔时,可在孔内植入带孔的硬聚氯乙烯(UPVC)管进行压密注浆。压密注浆示意图如图2-1所示。

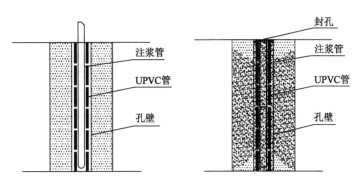

图 2-1　压密注浆示意图

（2）袖阀管注浆。袖阀管注浆同样是在路基中钻孔后插入注浆管来进行加压注浆，但注浆管包括注浆外管和注浆内管两种。其中，注浆外管每隔一定间距预留出浆口，并在出浆口处加设截止阀，注浆完成后外管将永久留在土体中。注浆时，将带封堵装置的注浆内管置入注浆外管内，对需要注浆部分进行注浆，在土体中形成以钻孔为核心的桩体，且在桩体外围土体裂隙中形成抗剪能力强的树根网状浆脉复合体。袖阀管注浆示意图如图 2-2 所示。

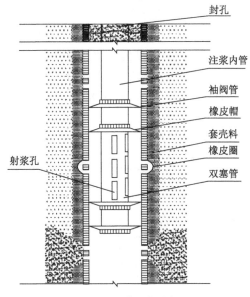

图 2-2　袖阀管注浆示意图

具体要求如下：

①注浆技术可用于路堤或路床压实度不足、局部稳定性不满足要求或桥头跳车等路段。

②进行注浆加固前，除应收集路基养护工程设计要求规定的资料外，尚应补充收集路面弯沉或回弹模量等检测资料，用于评价注浆加固的效果。

③应根据处治目的和要求，以及材料的性能、适用范围和固结体的特性，选用水泥浆液、水泥-粉煤灰浆液或其他注浆材料。当早期强度要求较高时，可掺入适量水玻璃以达到速凝效果。

④注浆施工前应进行浆液配合比设计，并进行现场试验性注浆，验证浆液配合比，确定注浆压力。

⑤应对袖阀管注浆的套壳料进行配合比试验。

套壳料又称封闭泥浆，套壳料的基本功能为：封闭袖阀管与孔壁之间的环状空间，防止灌浆时浆液到处流窜,在橡皮袖阀管和封孔塞的配合下,迫使浆液只在一个灌段范围开环(即挤破套壳料)而进入地层。套壳料要求收缩性小,脆性较高,黏度较低,析水率较小,稳定性高,早期强度高。套壳料的主要材料为水泥与膨润土,水泥一般采用32.5级普通硅酸盐水泥或矿渣硅酸盐水泥。为了提高套壳料的脆性,建议掺入细砂或粉煤灰等。

⑥注浆施工应符合下列规定:

A. 注浆时应控制好浆液的搅拌时间及注浆压力,连续注浆,中途不得中断。

B. 注浆应遵循逐渐加密的原则,多排孔注浆时,宜先注边排后注中间排。边排孔宜限制注浆量,中排孔注至不吃浆为止。

C. 应加强注浆过程控制,做好注浆记录,动态调整注浆压力、注浆量及注浆时间,防止对路面结构及周边土体或结构物造成破坏。

D. 注浆完成后,应及时做好封孔处理,并进行跟踪观测评价注浆效果。注浆效果的检验宜在注浆结束后28d进行,对检验不合格的注浆区应进行重复注浆。

⑦注浆施工应做好施工组织设计,减少行车对注浆质量的影响。注浆养护时间不宜少于3d。

由于浆液水分的浸湿作用,注浆后初期会引起路基强度临时降低,故不建议过早开放交通。建议根据工程实际情况,合理确定注浆养护时间。现有工程实践及试验表明,注浆3d后路基强度基本能达到原路基的强度水平。下面根据注浆后路基强度增长规律试验进行解释说明。

向不同类型土中掺入7%的水泥,用于模拟注浆路基土,参照现行行业标准《公路土工试验规程》(JTG E40)测定掺入水泥后土体回弹模量随时间的变化规律,结果如图2-3所示。由图2-3可知,粉土和黏土养护时间不宜少于3d,砂土养护时间不宜少于5d。

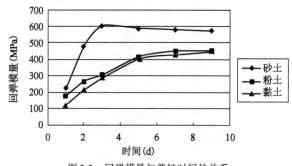

图2-3 回弹模量与养护时间的关系

3. 钢管抗滑桩

钢管抗滑桩是指在钻孔中植入直径不大于30cm的空心钢管后,向管内灌入强度等级不低于C25的混凝土,管外灌注水泥砂浆,使桩周一定范围内的土体得到加固,形成钢管+水泥砂浆复合体的钢管抗滑桩,如图2-4所示。钢管抗滑桩具有抗弯拉强度较高、抗剪能力较强、施工简单、速度快、造价低等优点。

具体要求如下:

(1)钢管抗滑桩可用于处治或预防路堤浅层滑移,也可作为削坡减载、支挡结构物的基础施工或抗滑桩施工的一种辅助性加固措施。

(2)钢管抗滑桩宜采用钻孔植入法施工,路基钻孔应采取干钻方式。

(3)钢管抗滑桩宜布置在路基边坡顶部或坡脚,间距不宜大于3m,钻孔直径宜为250~320mm,抗滑桩应穿过滑移面不少于2m且其深度满足路基边坡稳定性验算要求,坡脚位置处宜适当增大穿过滑移面的深度。

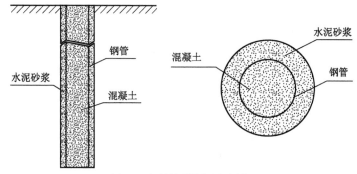

图 2-4　钢管抗滑桩加固示意图

（4）钢管宜采用无缝普通钢管，直径宜为 180～250mm。管内灌注材料宜采用强度等级不低于 C25 的自密实混凝土，管外注浆材料应采用强度等级不低于 M30 的水泥砂浆，砂浆宜采用细砂配制。

（5）宜在路基边坡组合设置斜向注浆锚杆，并辅以水平横梁或锚墩连接。抗滑桩顶部宜设置联系梁，联系梁的高度不宜小于 300mm，宽度不宜小于抗滑桩管径，混凝土的强度等级不应低于 C25，纵向钢筋的截面面积不应少于联系梁截面面积的 0.15%；箍筋直径不应小于 8mm，其间距不应大于 400mm。抗滑桩伸入联系梁内不应少于 50mm，并与联系梁主筋焊接。

（6）钢管抗滑桩施工应符合下列规定：
①钻孔孔径不得小于设计值，且应大于钢管外径 70mm 以上。
②无缝钢管应垂直插入钻孔并对中，钢管的连接宜采用套管焊接方式。
③当管外充填注浆难以达到要求时，可采用压力注浆。
④应保证管外和管内桩长范围内完全注满。
⑤注浆泵与注浆孔口距离不宜大于 30m，以减小注浆管路系统阻力，保证实际的注浆压力。

4. 复合地基

复合地基常用技术分为碎石桩、水泥搅拌桩、水泥粉煤灰碎石桩（CFG 桩）和预制管桩。碎石桩是以碎石（卵石）等为主要材料，通过振动密实制成的复合地基加固桩；水泥搅拌桩是利用水泥作为固化剂的主剂，采用搅拌桩机将水泥粉（浆）喷入土体并充分搅拌，使水泥与土发生一系列物理化学反应，从而提高地基强度；CFG 桩是通过振动成孔，将水泥、粉煤灰、碎石、石屑或砂加水拌和形成的高黏结强度桩，和桩间土、褥垫层共同形成复合地基。

（1）复合地基可用于处治地基沉降变形大、承载力低的软弱路基，以及差异变形大的拓宽路段。常用技术及适用条件可参照表 2-3 选用。

复合地基法常用技术类型及适用条件　　表 2-3

适 用 条 件	养护处治技术			
	碎石桩	水泥搅拌桩	CFG 桩	预制管桩
地基沉降变形大的路基	△	√	√	△
承载力低的软弱路基	△	√	√	×
开裂滑移的路基	×	△	△	√

注：√表示推荐；△表示可选；×表示不推荐。

（2）除应收集路基养护工程设计要求的资料外，尚应补充收集沉降变形观测数据，用于确定合理的加固区域。

(3)碎石桩、加固土桩、CFG桩施工前应做成桩试验,并对复合地基承载力进行检测。检测方法可采用平板载荷试验。

(4)复合地基施工应符合下列规定:

①成孔桩长允许偏差≤100mm,桩径允许偏差≤20mm,垂直度允许偏差≤1%。

②路堤部分宜采取振动小的干钻方式进行预成孔,并及时清运钻孔取土。钻孔过程中应避免多台设备在同一断面同时施工,以减少对老路基的振动扰动。

③碎石桩和预制管桩施工时应进行间隔跳打。

④对桩顶高程以上的路基内桩孔,应进行封孔回填处理。

⑤应对单桩桩体质量进行检测,检测方法可参照表2-4选用。

被检体与检测方法对应关系　　　　　　　　　表2-4

被 检 体	钻 芯 法	标准贯入试验	圆锥动力触探	低 应 变 法	高 应 变 法
碎石桩	×	×	√	×	×
水泥搅拌桩	√	√	√	△	×
CFG 桩	√	×	×	△	△
管桩	×	×	×	△	△

注:√表示推荐;△表示可选;×表示不推荐。

5.辅助处治措施

增加综合排水设施、设置土工合成材料、加铺罩面为辅助处治措施。其中,增加综合排水设施适用于路床区易遭受水损坏的路段、冻胀翻浆路段,维修加固时需开挖路槽,增设排水渗沟或暗沟,加大加深边沟。设置土工合成材料适用于半填半挖路基;当挖方区为土质时,优先选用渗水性好的材料填筑,对挖方区路床范围内土质进行超挖回填碾压,并在填挖交界处的路床范围内铺设土工合成材料。加铺罩面适用于路床强度不足,路基沉降变形较小且路基、路面未出现破损的情况;选用该方案时,应综合考虑路面加铺对交通运行、路面上部净空等的影响。

思考与练习

一、选择题

1.路基不均匀沉降推荐采用的处治措施是(　　)。
　　A.换填改良　　　　B.注浆　　　　C.复合地基　　　　D.加铺罩面

2.路基开裂滑移推荐采用的处治措施是(　　)。
　　A.注浆　　　　　　　　　　　　　B.钢管抗滑桩
　　C.设置土工合成材料　　　　　　　D.加铺罩面

3.冻胀翻浆推荐采用的处治措施是(　　)。
　　A.换填改良　　　　B.注浆　　　　C.钢管抗滑桩　　　　D.增加综合排水设施

二、判断题

1.路堤与路床病害可分为杂物堆积、不均匀沉降、开裂滑移、冻胀翻浆四类。(　　)

2.钢管抗滑桩可用于路堤或路床压实度不足、局部稳定性不满足要求或桥头跳车等路段。
(　　)

3. CFG 桩单桩桩体质量检测方法推荐采用钻芯法。　　　　　　　　　　（　）

三、问答题

1. 简述路堤与路床养护质量要求和基本原则。
2. 简述路堤与路床病害类型。
3. 路堤与路床病害常用处治措施有哪些？

模块四　边坡养护

知识目标

1. 了解路基边坡养护质量要求；
2. 熟悉路基边坡病害处治基本原则；
3. 掌握路基边坡病害类型；
4. 掌握路基边坡病害处治措施。

能力目标

能够进行路基边坡病害处治。

一、边坡病害类型

边坡病害可分为坡面冲刷、碎落崩塌、局部坍塌、滑坡四类。
(1)坡面冲刷,指由雨水冲刷坡面形成的深度 10cm 以上的沟槽(含坡脚缺口)。
(2)碎落崩塌,指路堑边坡因表层风化等产生的碎石滚落、局部崩塌等。
(3)局部坍塌,指因边坡表面松散破碎或雨水冲刷而引起的坡面滑塌。
(4)滑坡,指边坡发生整体剪切破坏引起的坡体下滑,或有明显水平位移。

二、边坡病害处治基本原则

(1)边坡病害处治应保证坡面与坡体稳定,并应根据实际情况计算确定原支护结构的有效抗力。
(2)当出现坡面冲刷、岩体碎落崩塌、边坡局部滑塌、滑坡等病害时,应及时采取相应的技术措施进行维修加固。
(3)应根据边坡岩土体条件、病害类型及严重程度、地下水类型及埋藏深度、降水量、施工可行性,经比选后确定合理的养护方案。
(4)对边坡进行维修加固时,应完善排水设施。

三、养护质量要求

边坡养护应满足下列质量要求：
(1)坡面平整,无冲沟、无松散、无杂物。
(2)坡度符合设计要求。

（3）边坡稳定。

四、边坡病害处治措施

常用处治措施可参照表2-5选用。

边坡养护处治措施　　　　　　　　　　　　　表2-5

边坡病害类型	处治措施							
	坡面防护	沿河路基冲刷防护	挡土墙	锚固	钢筋混凝土抗滑桩	削方减载	堆载反压	棚洞
冲刷	√	√	×	×	×	×	×	×
碎落崩塌	√	×	△	×	×	×	×	√
局部坍塌	△	△	√	×	×	√	×	×
滑坡	△	×	√	√	√	△	△	×

注：√表示推荐；△表示可选；×表示不推荐。

1. 坡面防护

坡面防护包括植物防护、工程防护以及两者结合的综合防护。

植物防护是通过创造植物生长环境，恢复受损边坡的生态系统，保护生态环境，提高水土保持能力，如图2-5、图2-6所示。（资源2-2）

图2-5　铺草皮

图2-6　种植灌木

工程防护是通过支挡、压重、挂网防护等方式，提高边坡的抗冲蚀、抗风化性能，加强边坡稳定性，防止岩体崩塌、碎落，如图2-7、图2-8所示。（资源2-3、资源2-4）

图2-7　挂网喷护

图2-8　护面墙

综合防护是利用植物防护、工程防护两者的各自优势形成的兼顾边坡稳定性与生态环境保护等功能的防护措施,其主要形式为骨架植物防护,如图2-9所示。

a)

b)

图2-9 骨架植物防护

具体要求如下:
(1)坡面防护可用于处治边坡坡面冲刷、风化、碎落崩塌等病害。
(2)坡面防护主要类型及适用条件宜符合表2-6的规定。

坡面防护主要类型及适用条件　　　　表2-6

防护类型	亚　类	适　用　条　件
植物防护	植草或喷播植草	可同于坡率不陡于1:1的土质边坡防护。当边坡较高时,植草可与土工网、土工网垫结合防护
	铺草皮	可用于坡率不陡于1:1的土质边坡或全风化、强风化的岩石边坡防护
	种植灌木	可用于坡率不陡于1:0.75的土质、软质岩石和全风化岩石边坡防护
	喷混植生	可用于坡率不陡于1:0.75的砂土、碎石土、粗粒土、巨粒土及风化岩石边坡防护,边坡高度不宜大于10m
工程防护	喷护	可用于坡率不陡于1:0.5的易风化但未遭强风化的岩石边坡防护
	挂网喷护	可用于坡率不陡于1:0.5的易风化、破碎的岩石边坡防护,高速公路、一级公路和环境景观要求高的公路不宜采用
	干砌片石护坡	可用于坡率不陡于1:1.25的土质边坡或岩石边坡防护
	浆砌片石护坡	可用于坡率不陡于1:1的易风化的岩石和土质边坡防护
	护面墙	可用于坡率不陡于1:0.5的土质和易风化剥落的岩石边坡防护
综合防护	骨架植物防护	可用于坡率不陡于1:0.75的土质和全风化、强风化的岩石边坡防护

(3)边坡坡脚宜设置碎落台,其宽度可根据边坡高度和土质进行确定,不宜小于1m。

碎落台是在路堑边坡坡脚与边沟外侧边缘之间或边坡上,为防止碎落物落入边沟而设置的有一定宽度的纵向平台。对于石质边坡,碎落台的主要功能为防止碎石塌落。对于土质边坡,碎落台的主要功能为防止边坡、边沟冲蚀淤积及种植植物。碎落台宽度一般为1.0~1.5m,如兼有护坡作用可适当放宽,碎落台上的堆积物需要定期清理。

2. 沿河路基冲刷防护

冲刷防护是通过设置砌石护坡、抛石、石笼、浸水挡土墙、丁坝、顺坝等,对受水流直接冲刷的边坡进行防护,如图2-10、图2-11所示。

图2-10　石笼　　　　　　　　　　　图2-11　丁坝

具体要求如下:

(1)沿河路基防护可用于防护水流对沿河、沿溪等路堤坡脚的冲刷与淘刷。

(2)沿河地段路基受水流冲刷时,应根据河流特性、水流性质、河道地貌、地质等因素,结合路基位置选用适宜的防护工程、导流或改河工程。沿河路基冲刷防护主要类型及适用条件宜符合表2-7的规定。

冲刷防护主要类型及适用条件　　　　　　　　　表2-7

防护类型		适用条件
植物防护		可用于允许流速在1.2~1.8m/s、水流方向与公路路线近似平行、不受洪水主流冲刷的季节性水流冲刷地段防护。经常浸水或长期浸水的路堤边坡不宜采用
砌石或混凝土护坡		可用于允许流速为2~8m/s的路堤坡防护
土工织物软体沉排、土工模袋		可用于允许流速为2~3m/s的沿河路基冲刷防护
石笼防护		可用于允许流速为4~5m/s的沿河路堤坡脚或河岸防护
浸水挡土墙		可用于允许流速为5~8m/s的峡谷急流和水流冲刷严重的河段
护坦防护		可用于沿河路基挡土墙或护坡的局部冲刷深度过大、深基施工不便的路段
抛石防护		可用于经常浸水且水深较大的路基边坡或坡脚,以及挡土墙、护坡的基础防护
排桩防护		可用于局部冲刷深度过大的河湾或宽浅型河流的防滑
导流构造物	丁坝	可用于宽浅型河段,保护河岸或路基不受水流直接冲蚀而产生破坏
	顺坝	可用于河床断面较窄、基础地质条件较差的河岸或沿河路基防护,以调整流水曲度和改善流态

3. 挡土墙

挡土墙是在边坡坡脚设置一系列挡土结构物,增强边坡抗滑力,并对坡脚起到压重作用,保证边坡稳定。用于路基养护的常用挡土墙类型分为重力式挡土墙、锚杆挡土墙、桩板式挡土墙等,如图2-12所示。

具体要求如下:

(1)挡土墙可用于支承路基填土或山坡土体,防止填土或土体变形失稳。

a) b)

图 2-12 挡土墙

(2) 挡土墙主要类型及适用条件宜符合表 2-8 的规定。

挡土墙主要类型及适用条件　　　　　表 2-8

挡土墙类型	适 用 条 件
重力式挡土墙	一般地区、浸水地区和地震地区的路肩、路堤与路堑边坡坡脚等支挡工程
锚杆挡土墙	墙高较大的岩石路堑地段,可采用肋柱式或板壁式单级墙或多级墙,每级墙高不宜大于 8m,多级墙的上、下级墙体之间应设置宽度不小于 2m 的平台
桩板式挡土墙	表土及强风化层较薄的均质岩石地基,也可用于地震区的路堑、路堤支挡或滑坡等特殊地段的治理

(3) 挡土墙施工应进行施工组织设计,加强基槽开挖、回填阶段的防排水,验算基槽开挖对边坡稳定性的影响,必要时应进行临时边坡加固。

(4) 挡土墙基底开挖前应做好地面排水设施,开挖时应将基底表面风化、松软土石清除。

(5) 路堑挡土墙采用分段跳槽开挖法,宜采用自上而下、分层开挖步骤。锚杆挡土墙应采用逆施工法,并及时砌筑墙身。逆施工法是指先施工锚杆、做好坡体临时支护及锚固段施工,然后开挖基础、砌筑墙身。

(6) 应加强挡土墙排水设计,挡土墙墙背填料宜采用渗水性强的砂土、砂砾、碎(砾)石、粉煤灰等材料,不宜采用黏土作为填料,严禁采用淤泥、腐殖土、膨胀土。在季节性冻土地区,不得采用冻胀性材料做填料。

4. 锚固

锚固是将锚杆、锚索等抗拉杆件的一端锚固在可靠的地层中,使其提供可靠的拉力和剪力,用来平衡土压力,增强坡体抗滑力,提高岩土体自身的强度及自稳能力。

具体要求如下:

(1) 锚固分为预应力锚固和非预应力锚固,适用于岩层、稳定土层或可提供足够锚固力的构筑层的边坡加固治理。

(2) 预应力锚固在土层中应用时,应进行特殊工艺处理以提供足够锚固力。

(3) 预应力锚索(杆)宜采用易于调整预应力值的精轧螺纹钢筋、无黏结钢绞线等。非预应力锚杆宜采用 HRB400 钢筋,钢筋直径宜为 16~32mm。

(4) 锚索(杆)锚固段应穿过已有滑裂面或潜在滑裂面不小于 2m,且满足边坡稳定性验算要求。

(5)锚固法施工应符合下列规定:

①钻孔清孔宜采用高压空气反循环工艺,严禁使用泥浆循环清孔。

②锚索(杆)长度应符合设计要求,以保证锚固段和张拉段有足够的长度。

③锚索(杆)安装应沿杆身每隔1.5m设置对中定位支架,以保证钢筋有足够的混凝土保护层厚度。

④锚索(杆)张拉待锚固砂浆强度达到设计强度的80%后方可进行。锚杆正式张拉前应采用0.10~0.20倍的轴向拉力设计值 N_t 进行预张拉。

⑤锚杆预应力施加时应分级张拉,并进行位移观测,做好记录。锚杆张拉至 $1.05N_t$ ~ $1.10N_t$ 时,对岩层、砂土层保持10min,对黏土层保持15min,然后卸荷至锁定荷载设计值进行锁定。锚杆张拉荷载的分级和位移观测时间应符合表2-9的规定。

锚杆张拉荷载分级和位移观测时间 表2-9

荷载分级	位移观测时间(min)		加荷速率(kN/min)
	岩层、砂土层	黏土层	
$0.10N_t$ ~ $0.20N_t$	2	2	≤100
$0.50N_t$	5	5	
$0.75N_t$	5	5	
$1.00N_t$	5	10	≤50
$1.05N_t$ ~ $1.10N_t$	10	15	

⑥锚索(杆)张拉采用张拉力和伸长值进行控制,用伸长值校核应力,当实际伸长值大于计算伸长值的10%或小于计算伸长值的5%时,应暂停张拉,待查明原因并处理后,可继续张拉。

5. 钢筋混凝土抗滑桩

钢筋混凝土抗滑桩是穿过滑坡体深入滑床的桩柱,其作用是利用抗滑桩插入滑动面以下的稳定地层后产生的对桩的抗力(锚固力)来平衡滑动体的推力,增加其稳定性。钢筋混凝土抗滑桩适用于浅层和中厚层的滑坡,是一种抗滑处理的主要措施,如图2-13所示。

a)   b)

图2-13 抗滑桩

具体要求如下:

(1)钢筋混凝土抗滑桩适用于稳定边坡或滑坡、加固不稳定山体以及其他特殊路基。

(2)抗滑桩宜选择设置在滑坡厚度较薄、推力较小、锚固段地基强度较高的位置。

(3)抗滑桩宜与预应力锚索(杆)联合使用。对易发生局部塌方的破碎岩体段,宜设置挡土板。

当抗滑桩悬臂长度较大或桩顶位移控制严格时,建议在桩顶附近增设预应力锚索(杆),改善桩的受力状况,能显著减小桩身配筋和桩顶位移。抗滑桩与预应力锚索(杆)结合,可以充分发挥桩身强度和锚索(杆)抗拉能力强的优点。通过在坡体施加预应力锚杆,可以增强坡体整体稳定性,充分发挥抗滑桩的作用。

(4)对已采用抗滑桩加固的边坡进行补桩时,其设计计算应考虑原抗滑桩有效抗力;桩排距宜不小于2倍桩截面宽度,桩的横向间距应根据边坡的地质,以及桩的结构、承载能力等技术条件和经济因素进行比较后确定。

(5)抗滑桩设计时应考虑滑坡沿既有滑面或潜在滑面滑动时作用在支护结构上的荷载,抗滑桩材料及构造要求应符合现行行业标准《公路路基设计规范》(JTG D30)的有关规定。

(6)抗滑桩施工应符合下列规定:

①抗滑桩施工应采取相应措施保障坡脚稳定,并做好场地排水。稳定性较差的边坡工程应避免雨期施工,必要时宜采取堆载反压等增强边坡稳定性的措施,防止变形加大。

②抗滑桩施工应分段间隔开挖,宜从边坡工程两端向主轴方向进行。

③滑坡区施工开挖的弃渣不得随意堆放,且施工时应减少对边坡的影响,以免引起新的滑坡。

④桩纵筋的接头不得设在土石分界处和滑动面处。

⑤桩间支挡结构及与桩相邻的挡土、排水设施等,均应按设计要求与抗滑桩正确连接,配套完成。

6. 削方减载

削方减载是在滑坡后缘采取减重措施以降低滑坡推力,从而保证边坡处于稳定状态。具体要求如下:

(1)削方减载可用于地下水位较低的山区公路滑坡后缘减载,且不应引起次生病害的发生。

(2)削方应与邻近建筑物基础有一定的安全间距,不得危及邻近建筑、管线和道路等的安全及正常使用。

(3)削方减载施工应做好工程防护及交通引导措施,减少对交通的干扰。

(4)削方减载后应根据实际需要设置防护工程。

(5)削方减载施工应符合下列规定:

①削方减载施工应根据现场情况,确定分段施工长度,做好临时排水措施,保证施工作业面不积水,并进行隔段施工。

②开挖应先上后下、先高后低、均匀减载。对开挖后的坡面应及时进行防护及排水处理。开挖的土体应及时运出,不得对邻近边坡形成堆载或因临时堆载造成新的不稳定边坡。

③坡顶应设置截水沟,坡面应增设急流槽,坡脚宜设置护脚墙并设置排水沟。

7. 堆载反压

堆载反压通过在路基坡脚或滑坡前缘进行堆载,提高边坡的抗滑稳定性,使加固后的既有边坡满足预定功能。

具体要求如下：

(1)堆载反压可用于软土地区路基护坡道，以及应急抢险时的滑坡前缘反压。

(2)堆载反压不应危及邻近建筑物、管线和道路等的安全及正常使用，不应对邻近的边坡带来不利影响。

(3)堆载反压施工应符合下列规定：

①应根据拟加固边坡的整体稳定性，验算确定堆载反压量。

②反压位置应设置在阻滑段。

③堆载反压加固材料宜就地取材、便于施工，不得阻塞滑坡前缘的地下排水通道。

④堆载反压体应设置在滑坡体前缘，以保证能提供有效的抗力；当进行软土地基护坡道堆载反压施工时，土体应堆填密实，密实度不宜低于90%。

8.棚洞

棚洞是指明挖路堑后，构筑顶棚架并回填形成的洞身，可以提高路堑稳定性。进行边坡维修加固时，需要根据边坡病害类型及产生机理，选用推荐的一种或多种技术组合，也可辅以其他措施。

五、路基边坡加固

1.路基边坡加固方法

路基边坡加固方法应根据病害类型、成因和规模等，选用一种或多种组合方法，并应符合下列要求：

(1)边坡工程变形及失稳与地表水或地下水直接相关时，应采取截排水等工程措施。

(2)路堑边坡整体稳定性及支护结构稳定性等不满足要求时，可选用削方减载法或堆载反压法。牵引式斜坡和膨胀性土体不宜采用削方减载法。

(3)发生较大变形和开裂的边坡，或支护结构承载能力、抗滑移或抗倾覆能力等不满足要求，且有锚固条件时，可选用锚固法。

(4)边坡整体稳定性或支护结构稳定性不满足要求，且嵌岩段地基强度较高时，可选用抗滑桩法，抗滑桩可与预应力锚杆联合使用，并与原有支护结构共同组成抗滑支护体系。

(5)支护结构、构件或基础加固，可选用加大截面法。

(6)支护结构地基土、岩土边坡坡体、抗滑桩前土体或提高土体抗剪参数值的加固，可选用注浆法。

(7)当采用组合加固法时，各支护结构的受力和变形应相互协调。

2.路基边坡加固设计

路基边坡加固设计应采用动态设计法，应按有关规定进行结构强度、承载力和整体稳定性等验算，并应符合下列要求：

(1)加固范围应根据专项评定结果及设计分析确定，可对边坡工程整体、区段、支护结构或排水系统进行加固处理，但均应考虑边坡工程的整体性。

(2)原支护结构及构件的几何尺寸应根据实测结果确定。

(3)原支护结构及构件的材料强度，当现场检测数据符合原设计值时，可采用原设计标准值；当检测数据与原设计值有差异时，应采用检测结果推定的标准值。

(4)新增支护结构与原结构组合时，新增支护结构或构件的抗力和原支护结构或构件的有效抗力,应根据专项检查、勘察和评定结论及加固措施等确定。

(5)地震区支护结构或构件的加固,除应满足承载力要求外,尚应复核其抗震能力,并应考虑支护结构刚度增大和结构质量重分布而导致地震作用效应增大的影响。

3.路基边坡加固施工

路基边坡加固施工除应满足国家现行有关标准的要求外,尚应满足下列要求:

(1)施工过程中可能出现大变形或塌滑的边坡工程,应先采取临时性加固措施,再实施永久性加固。

(2)当支挡结构物发生倾斜、滑动或下沉时,应先卸载,再维修加固。

(3)对施工过程中可能引发较大变形的边坡和支护结构,应在施工期间进行监测。

六、路基边坡塌方的处理

路基边坡塌方是常见的路基边坡病害,也是公路水毁的普遍现象。按破坏规律和病害成因的不同,路基边坡塌方大致可分为剥落、碎落、滑塌及坍塌等。

1.路基边坡塌方原因

(1)路基边坡过陡。

(2)路基施工方法不当,如路基施工时大爆破震松了山石。

(3)雨水或地下水导致土体过于潮湿。

(4)路基边坡坡脚被水冲刷。

(5)边坡岩石破碎、风化严重。

2.处理方法

(1)加强日常养护。

①对于石质路堑边坡,应经常观察坡面岩石风化情况以及危岩、浮石的变动,发现问题,及时采取适当的措施处理,如清除抹面、喷浆勾缝、嵌补、锚固等,避免危及行车、行人安全和堵塞边沟,影响排水。

②对于填土路堤边坡形成冲沟和缺口,应及时用黏结性良好的土修补拍实。对较大的冲沟和缺口,修理时应将原边坡挖成台阶形,然后分层填筑压实,并注意与原坡面衔接平顺。

③随时清理路基塌方。

④严禁在边坡上及路堤坡脚、护坡道上挖土取料或种植农作物。

(2)整修边坡。

经常保持路基边坡有适宜的坡度。坡面保持平顺、坚实无冲沟,坡度符合设计规定。

(3)加固边坡。

①土质边坡可采用种草、铺草皮等方法加固。开采石料方便的地方,可做成干砌片石护坡加固。

②软硬岩石交错的边坡,将软硬岩层用水泥砂浆抹面。抹面前,先将风化岩石层清除,挖出新鲜岩面,并将岩体坑洼嵌补平齐。

③对于易风化的路堑边坡软质岩层,可修建干砌片石或浆砌片石护面墙。

④修建挡土墙。

(4)增建排水设施。

在容易发生塌方或已经发生塌方的路段,可修建截水沟、排水沟等排水设施,把冲刷路基的水流引至路基范围以外的沟渠中排出。

七、易风化岩石边坡的防护和加固措施

1. 灰浆防护

为防止软弱岩土表面进一步风化、破碎和剥落,避免雨水侵蚀坡体,增强边坡整体性,可采用水泥、石灰类矿质混合料对边坡进行封面和填缝。灰浆防护通常用于不宜进行植物防护的坡面。

2. 抹(捶)面

(1)一般要求。

抹(捶)面适用于坡面较干燥、平整稳定、未经严重风化的各种易风化的软石挖方边坡。抹面厚度为3~7cm,分2~3层,使用年限为8~10年。

抹面材料有石灰炉渣灰浆、石灰炉渣三合土、水泥石灰砂浆,表层涂沥青保护层。抹面前须将边坡表面的风化岩石清刷干净,边坡上大的凹陷用浆砌片石嵌补,宽的裂缝要灌浆。捶面材料有水泥炉渣混合土、石灰炉渣三合土或四合土。

抹(捶)面防护施工,应符合下列要求:使用抹面砂浆或捶面多合土的配合比应经试抹、试捶确定,保证能稳固地密贴于坡面。岩体的表面要冲洗干净,土体的表面要平整、密实、湿润。抹面宜分两次进行,底层抹全厚的2/3,面层抹全厚的1/3,捶面应经拍(捶)打使其与坡面紧贴,厚度均匀,表面光滑。在较大面积上抹(捶)面时,应设置伸缩缝,其间距不宜超过10m。

(2)水泥砂浆抹面。

水泥砂浆抹面适用于不适宜草木生长的、未经严重风化的、各种易风化岩石的路堑边坡养护,如页岩、泥岩、泥灰岩、千枚岩等。

①工艺流程:施工准备→测量放样→清理坡面→准备混合料→预留泄水孔→设置伸缩缝→底层施工→抹面层→养护。

②水泥砂浆抹面的施工要点:

A. 施工前嵌补填平边坡坑凹、裂缝,岩体表面要冲洗干净,土体表面要平整、密实、湿润。

B. 水泥砂浆抹面的厚度应符合设计要求,表面光滑,防护层与坡面应密贴稳固。抹面应分两层进行,底层抹全厚的2/3,面层抹全厚的1/3。

C. 大面积抹面应每隔5~10m设伸缩缝,缝宽10~20mm。

D. 抹面的顶部必须封闭。

E. 初凝后应立即进行养护。

F. 不宜在严寒冬季和雨天施工。

3. 喷护

(1)喷浆。

适用于边坡不陡于1:0.5易风化但未强风化、全风化的岩石挖方边坡。喷浆厚度不小于5cm,材料为不低于M10的砂浆。

(2)喷射混凝土。

适用于边坡不陡于1:0.5易风化但未强风化、全风化的岩石挖方边坡。喷射混凝土厚度不小于8cm,分2~3次喷射,材料为不低于C15的混凝土。

4. 挂网喷护

挂网喷护适用于风化破碎的岩石边坡。

(1)工艺流程:边坡清理→测量放线→钻孔、安装锚杆、灌浆→挂网施工→高压喷射混凝土→盖无纺布→养护。

(2)材料:锚杆为全长黏结型螺纹钢筋。挂网用镀锌铁丝网或钢筋网。

5. 砌石护坡

(1)浆砌片石护坡。

浆砌片石护坡适用于不陡于1:1的防护流速较大、波浪作用较强、有流冰、漂浮物等撞击的边坡。厚度一般采用等截面,为0.3~0.4m,其下设0.1m厚的碎石或砂砾垫层。

浆砌片石护坡施工应符合下列要求:坡面应修整成型或夯实平整,不应有树桩、有机质,修整后立即进行护坡砌筑。砌体外露面的坡顶、边口用较平整的石块并修整。护坡坡脚应挖槽使基础嵌入槽内。砌体错缝砌筑,砂浆饱满,勾缝平顺、牢固,不得有通缝、叠砌、贴砌和浮塞等。施工时砌体每10~15m留一条伸缩缝,缝宽2cm,用沥青麻絮嵌塞。

(2)干砌片石护坡。

干砌片石护坡适用于边坡坡度不陡于1:1.25的易受水流侵蚀的土质边坡、严重剥落的软石边坡、周期性浸水和受水流冲刷较轻的河岸或水库岸的坡面。厚度一般为0.3m,其下设0.1m厚的碎石或砂砾垫层,施工从下向上码砌,彼此嵌紧,接缝错开并用小石块填塞。

6. 骨架植物防护

采用预制混凝土砌块、浆砌片石、栽砌卵石等做骨架,框格内采用植物防护或其他辅助防护措施。

(1)浆砌片石或水泥混凝土骨架植草护坡。

适用:缓于1:0.75的土质和全风化的岩石边坡。

骨架种类:方格形、人字形、拱形等。骨架内铺草皮或种草进行辅助防护。

(2)多边形水泥混凝土空心块植物护坡。

适用:缓于1:0.75的土质边坡和全风化、强风化的岩石路堑边坡。空心预制块内填充种植土,喷播植草。

(3)锚杆混凝土框架植物护坡。

适用:土质边坡和坡体中无不良结构面、风化破碎的岩石路堑边坡。框架采用钢筋混凝土,框架内采用植生袋或植草。

八、受冲刷护岸、护坡的加固技术

护岸的设施,应在洪水期前,检查其作用和效果是否完整稳固,如出现损坏,应在台风和汛期前进行修复加固,以保证路基稳定。

根据实际情况,加固防护方法可分为直接防护和间接防护。直接防护包括植物防护、石砌防护、抛石与石笼等。间接防护包括修筑导治结构物等各类护岸设施来改变水流方向,消除和减缓水流对堤岸的直接破坏。导治结构物主要是指坝,按其与河道的相对位置,一般可分为丁坝、顺坝或格坝。导流堤受到洪水的冲刷,可采用铁丝石笼和排桩对坡脚进行防护。

(1)抛石防护。

抛石防护适用于经常浸水且水深较大的路基边坡或坡脚以及挡土墙、护坡的基础防护。

(2)石笼防护。

石笼防护适用于水流流速较大、没有较大颗粒的耐冲石块进行坡脚和河岸防护时。石笼是用铁丝编织成的框架,内填石料。

当护岸受到洪水冲刷或波浪漂浮物等冲击损坏时,应采用抛石加固。石料需坚硬,每块尺寸(边长或直径)不得小于30cm。其方法是堆成1∶1~1∶2的坡度,抛石体厚度应不小于石块尺寸的2倍。

(3)土工模袋护岸。

土工模袋就像一个中间带有许多节点的超大型塑料编织袋,其规格可按工程要求加工。施工时,将模袋平铺于岸坡上,从袋口连续灌注流动性良好的混凝土,则充满混凝土的模袋紧贴在岸坡上,形成一个稳固的大面积混凝土壁,起到护岸的作用。这项技术的特点是施工速度快、简便、经济,而且可省去养护与管理工作,尤其适用于冲刷严重的沿河路堤。

九、拆除或重建较大边坡护坡

拆除或重建较大边坡护坡时的注意事项如下。

1. 边坡防护拆除

路堑边坡防护拆除与路堑土石方开挖同时进行,开挖及拆除由上向下逐层进行,做到挖除一层土石方,拆除一层边坡防护,每层控制高为3m左右,此高度为挖掘机正常作业范围。

(1)在施工前详细复查路堑地段的工程地质资料,包括土石界限、岩层风化厚度及破碎程度,岩层的构造特征等。根据设计横断面的边坡坡率、台阶宽度,精确计算路堑堑顶的开挖线。采用全站仪放样,根据现场坡口高程放出路堑坡口桩。

(2)根据坡口桩放出路堑开挖线,进行清表、清杂等。开挖中如发现有较大地质变化时,停止施工,重新进行工程地质补充勘探工作,并根据新的地质资料修正施工方案,报监理工程师审批后实施。因深挖路堑工程量大、施工环境复杂,技术要求高,施工难度大,是控制工程进度的关键工程,必须精心组织,科学施工。

(3)石方开挖。根据岩石类别、风化程度和节理发育程度,确定开挖方法。对于风化碎落岩体,为保证施工中边坡的稳定和边坡防护的施工作业,采用阶梯式进行开挖,按照设计要求的高度设置平台,形成阶梯边坡。开挖时,边坡预留2~3m采用光面爆破或预裂爆破作业,人工刷坡。

(4)边坡防护拆除采用挖掘机拆除,把挖坡挖成向相反方向倾斜。挖掘机斗齿插入浆砌片石的接缝处,插入深度控制在30~50cm,这样尽可能避免拆除后片石和土混在一起,然后用挖掘机铲斗把片石扒成一堆,再进行装车。装车后运输车辆负责把拆除后的片石运送到指定场地堆放,以便于下阶段再进行利用。

2. 重建较大边坡护坡时注意事项

较大边坡护坡重建时,为了确保其稳定,不产生超挖和欠挖,边坡采用光面爆破,节理裂隙较发育地段及某些特殊地段采用预裂爆破。深挖路堑的施工遵循"分级开挖、分级防护、及时防护"的原则,开挖一级,防护一级,在下一级开挖时,上一级已经做好保护措施。砌筑边坡防护时应注意:

(1)砂浆采用重量法控制计量,并采用机械拌和,砌筑采用坐浆法分层砌筑。

(2)将较大块平整的片石人工加工凿平,用来砌筑护面墙的外露面,并加工好砌筑沉降缝的角石。角石应加工平整,要有两个相互垂直的面。

(3)护坡的沉降缝按设计图纸要求设置,沉降缝采用角石加工整齐,以保证沉降缝砌筑后垂直于水平面并且宽度上下一致。

(4)砌筑过程中和砌筑完工后 7～14d 内,随时对已砌筑砌体养护,保持其表面湿润。

思考与练习

一、选择题

1. 坡面冲刷推荐采用的处治措施是( )。
   A. 坡面防护　　　　　　　　B. 沿河路基冲刷防护
   C. 挡土墙　　　　　　　　　D. 堆载反压
2. 碎落崩塌推荐采用的处治措施是( )。
   A. 锚固　　　　B. 坡面防护　　　C. 削方减载　　　D. 棚洞
3. 局部坍塌推荐采用的处治措施是( )。
   A. 挡土墙　　　B. 锚固　　　　　C. 抗滑桩　　　　D. 坡面防护

二、判断题

1. 边坡病害可分为坡面冲刷、碎落崩塌、局部坍塌、滑坡四类。　　　　　　( )
2. 边坡坡脚宜设置碎落台,其宽度可根据边坡高度和土质进行确定,不宜小于2m。
　　　　　　　　　　　　　　　　　　　　　　　　　　　　　　　　　( )
3. 削方减载是在滑坡后缘采取减重措施以降低滑坡推力,以保证边坡处于稳定状态。
　　　　　　　　　　　　　　　　　　　　　　　　　　　　　　　　　( )

三、问答题

1. 简述路基边坡养护的基本原则。
2. 边坡病害处治措施有哪些?
3. 路基边坡加固方法有哪些?
4. 如何处理路基塌方?
5. 易风化岩石边坡的防护和加固措施有哪些?
6. 受冲刷护岸、护坡的加固技术有哪些?
7. 简述拆除或重建较大边坡护坡时的注意事项。

模块五　既有防护及支挡结构物养护

知识目标

1. 了解既有防护及支挡结构物养护质量要求;
2. 熟悉既有防护及支挡结构物养护基本原则;

3. 掌握既有防护及支挡结构物病害类型;
4. 掌握既有防护及支挡结构物病害处治措施。

能力目标

能够进行既有防护及支挡结构物病害处治方案编制。

一、既有防护及支挡结构物病害类型

既有防护及支挡结构物病害可分为表观破损、排(泄)水孔淤塞、局部损坏、结构失稳四类。
(1)表观破损,指勾缝或沉降缝损坏、表面破损、钢筋外露和锈蚀等。
(2)排(泄)水孔淤塞,指排(泄)水孔被杂物堵塞,造成排水不畅。
(3)局部损坏,指局部出现的基础淘空、墙体脱空、脱落、鼓肚、轻度裂缝、下沉等。
(4)结构失稳,指结构物整体出现的开裂、倾斜、滑移、倒塌等。

二、基本原则

(1)既有防护及支挡结构物维修加固前,应对病害及其严重程度、既有结构物的功能有效性进行评估。
(2)根据既有结构物的评估结果,合理利用原结构与材料,确定维修加固方案。

三、养护质量要求

既有防护及支挡结构物养护应满足下列质量要求:
(1)无沉陷、无开裂、无移位,沉降缝、伸缩缝完好。
(2)表面平整、无脱空。
(3)排水孔无堵塞、无损坏。

四、既有防护及支挡结构物病害处治措施

1. 既有防护工程

(1)坡面防护工程出现局部松动、脱落、损坏、隆起、裂缝等病害时,应按原防护形式及时修复。
(2)坡面防护工程出现大面积脱落、严重变形时,应及时拆除重建。
(3)植物防护工程出现缺损时,应及时补栽修复。
(4)当锚杆挂网喷浆防护工程出现破损、裂缝、掉块露筋时,应及时喷浆修补;出现局部脱落、坍塌、鼓胀时,应清理坡面,重新挂网喷浆处治。
(5)当主动式柔性防护网的锚钉出现锈蚀时,应进行防腐处理;网内出现落石汇集时,应及时清理;网出现破损时,应及时修补;对于被动式柔性防护网,当出现紧固部位锚栓松动或立网变形时,应及时更换或增设。
(6)冲刷防护工程受到洪水、波浪或流水冲击,坡脚发生局部破坏时,应及时采取抛压片石防护、石笼压盖等措施进行处治。

抛压片石防护处治时,抛石顺序先小后大,面层块石越大越好。抛石后稍加整理,用小石

填塞孔隙,防止松动。堆石厚度一般为50~90cm。所用石料质地坚硬密实,无裂缝和尖锐棱角,其最小粒径不小于设计粒径的1/4,并有50%以上的石料达到设计要求。

(7)冲刷防护工程发生冲毁时,应调查冲毁的原因,对既有构造物进行评估,根据受损情况及时进行维修加固或重建。

2.既有挡土墙

(1)挡土墙出现表观损坏时,可结合日常养护进行处治。

(2)挡土墙维修加固措施可参照表2-10选用。除表2-10中的加固措施外,还可以采用削坡减载、截排水法、注浆法来处治轻微病害或作为辅助措施与其他技术联合应用。

挡土墙病害处治措施 表2-10

挡土墙类型	处治措施	
	局部损坏(含墙身开裂、滑移、墙身鼓肚、承载力不足等)	结构失稳(含整体失稳、倾覆、倒塌、严重开裂等)
重力式挡土墙	支撑墙、锚固、加大截面	支撑墙、抗滑桩加固、拆除重建
悬臂式、扶壁式挡土墙	加大截面、支撑墙	支撑墙、抗滑桩加固、拆除重建
锚定板、加筋土挡土墙	支撑墙、锚固	支撑墙、抗滑桩加固、拆除重建
桩板式挡土墙	锚固	抗滑桩加固
锚杆挡土墙	锚固	抗滑桩加固

(3)发生倾覆、坍塌等结构失效情况时,应查明原因,及时进行加固或拆除重建。拆除重建前需要根据工程地质、周围环境条件进行详细设计,要采取措施保证拆除及重建过程中墙背填土的稳定性。

(4)挡土墙基础尺寸或地基承载力不满足要求时,宜采用加大截面法、注浆加固法、截排水加固法等措施。

(5)挡土墙基础嵌固段外侧岩土体的水平抗力不满足要求时,可采用增设锚杆、抗滑桩以及注浆加固等措施。

(6)挡土墙的泄水孔堵塞时,应及时疏通;无法疏通时,应选择适当位置增设泄水孔,或在挡土墙背后增设排水设施。

(7)采用锚固法加固时,挡土墙应符合下列规定:

①应合理确定新增锚杆的位置及预应力值,使挡土墙和加固构件受力合理。

②进行新增锚杆预应力设计时,应考虑原支护体系锚杆锚固力值;新增锚杆锁定预应力值宜与既有锚杆预应力一致,以利于新旧锚杆共同发挥锚固作用。

③锚杆外锚固部分与原支护结构间应设传力构件;当已有挡土墙挡板不满足加固锚杆的传力时,可设格构梁、肋或增厚挡板;格构梁应设置伸缩缝,设置间距为10~25m,缝宽2~3cm,并填塞沥青麻筋、沥青木板或其他新材料。

④钻孔时应合理选择钻孔机具,维持挡土墙整体稳定,并采取措施减少钻孔对原挡土墙的扰动。

⑤在锚固条件较差的岩土层中,锚固法注浆宜采用分层多次高压注浆。

分层多次高压注浆,是在注浆孔的轴线方向,根据不同的承压条件布设多根注浆管,让浆液在不同的特定部位扩散,每一根注浆管注一次浆,有几根注几次。其作用机理为:

A.第一次低压注浆,浆液全部约束在锚杆内端部的周围,待其初凝后,可成为后续几次注浆的"止浆塞"。

B. 第二次高压注浆,浆液在锚杆内端部扩散,并形成脉状浆体。

C. 第三次高压注浆,浆液在张拉端的墙体内侧扩散,形成脉状浆体。

D. 第四次注浆在第二次和第三次注浆浆液初凝后进行。前两次注浆已在墙体内形成隔离止浆带,既可防止墙面溢浆失压,又可防止注浆压力对墙面造成破坏,同时为进一步实施高压注浆创造了条件。第四次注浆达到设计压力,浆液得到有效扩散。

(8)采用加大截面法加固挡土墙时,应符合下列规定:

①应考虑墙身加大截面后对地基基础的不利影响;为土质地基时,加大截面部分基础宜采用钢筋混凝土板式基础。

②加固后的支护结构应按复合结构进行整体计算。

③新增墙体应采用分段跳槽的实施方案,稳定性较高的部位应优先施工,必要时可采用削方减载等措施,保证施工安全。

④挡土墙或基础采用钢筋混凝土时,加大截面部分浇筑混凝土前,应采取凿毛、植入连接钢筋等措施,保证新旧混凝土结合为整体。植筋锚固长度宜为 $10d \sim 20d$(d 为钢筋直径,mm)。

⑤挡土墙为砌体材料时,应先剔除原结构表面疏松部分,对不饱满的灰缝进行处理,加固部位采取设水平齿槽或锚筋等措施,保证新加混凝土与挡土墙结合为整体。

(9)采用抗滑桩加固挡土墙时,应符合下列规定:

①抗滑桩宜设置在挡土墙的外侧。

②抗滑桩加固锚杆挡土墙宜设于肋柱中间。

③抗滑桩加固桩板式挡土墙宜设于桩的中间,等距布置,且新增抗滑桩与原有桩中心距不宜小于二者桩径中较大者的 2 倍。

④抗滑桩宜紧贴挡土墙现浇,或在抗滑桩与挡土墙面之间增设传力构件。

采用抗滑桩加固时,抗滑桩与挡土墙之间水平力的可靠传递是关键。当抗滑桩无法紧贴挡土墙时,可将桩与挡土墙之间的土体置换为现浇混凝土。

⑤抗滑桩护壁设计时应考虑挡土墙传来的土压力作用。

⑥边坡稳定性较差时,抗滑桩施工应间隔开挖、及时浇筑混凝土,并应防止抗滑桩施工对原支护结构安全造成不利影响。

(10)挡土墙拆除重建施工应符合下列规定:

①挡土墙应分段拆除,拆除时应采取措施保证墙后填土的稳定。

②应处理好新旧墙的结合,保证新墙与原挡土墙结合成为整体。

③墙背回填时,应恢复原排水设施。

3. 既有锚固结构

(1)锚固结构发生严重应力松弛时,宜采用预应力锚索(杆)二次补张拉或新增锚索(杆)补强法进行维修加固;发生锚固结构断裂或内锚固端失效滑移时,应在邻近位置增设新的锚固结构。

新增锚索(杆)补强法,亦称二次加密加固方法,是指在预应力锚固系统锚墩布置的空隙中央,仍按照原有类似布置方案重新施作预应力锚固结构。由于锚墩间距无法优化调整,考虑原有预应力杆体材料剩余作用的同时,慎重选择有利于保证岩土体局部稳定性和新预应力锚固结构耐久性的应力水平锚固体系,并优先考虑荷载分散性的锚固体系。

(2)新增锚固结构应符合下列规定:

①锚索(杆)应结合原支护体系中的锚索(杆)间距错开布置,且应合理布置内锚固段位置,必要时改变锚索(杆)的倾角。

②锚索(杆)锚固段应穿过已有滑裂面或潜在滑裂面不小于2m且满足边坡稳定性要求。

(3)锚固结构发生锚头严重锈蚀、封锚混凝土破坏时,应及时进行锚头防腐处理,修复封锚混凝土。

(4)发生地梁、框架脱空、开裂时,宜采用浅层注浆法、加大截面法、新增框架结构或预应力锚索(杆)进行维修加固。

4. 既有抗滑桩

(1)抗滑桩表面出现蜂窝、麻面、露筋、裂缝等表观破损以及混凝土局部压溃造成钢筋保护层剥落等病害时,应根据具体情况采用填充修补、注浆、表面封闭等方法进行养护处治。

(2)抗滑桩发生结构性拉裂、侧向稳定性不足时,可采用增加预应力锚索方法进行补强。

对于外露式的抗滑桩,可采用增加预应力锚索的方法进行加固,如图2-14所示。如果外露段出现裂缝和露筋等现象,需要进行修复处理。增加预应力锚索只能限制桩身内力和裂缝宽度的增大,而不会消除或减少已存在的变形破坏。

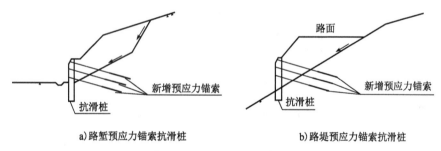

图2-14 外露式抗滑桩增设预应力锚索加固示意图

(3)出现抗滑桩倾斜、滑移时,应及时增设预应力锚索框架或补桩。

(4)发生混凝土或钢筋被剪断或折断等结构性破坏,或对原有的抗滑桩采用结构补强后不能恢复至设计要求的抗滑能力时,可采用增设钢筋混凝土抗滑桩或钢管抗滑桩、注浆、增设预应力锚索(杆)等措施进行加固处治。

①增设抗滑桩进行减荷加固。

当滑面较深、需要提供较大的加固力时,可以增设抗滑桩进行加固,如图2-15所示。

②采用注浆加固措施进行减荷加固。

当滑面位置埋深较浅、滑坡范围较大时,可以采用竖向钢花管注浆方法进行加固,钢花管的设置如图2-16所示。

③采用预应力锚索(杆)框架进行加固。

预应力锚索框架可以通过施加预应力使原有抗滑桩的受力不再增加,采用预应力锚索框架进行减荷加固如图2-17所示。当需要的加固力较小时,也可以采用普通预应力锚杆框架进行加固。

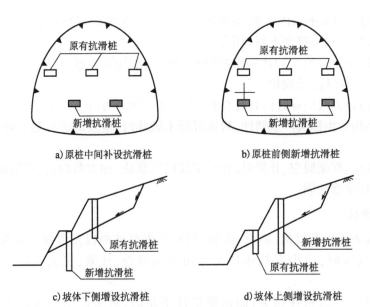

a) 原桩中间补设抗滑桩　　　　b) 原桩前侧新增抗滑桩

c) 坡体下侧增设抗滑桩　　　　d) 坡体上侧增设抗滑桩

图 2-15　增设抗滑桩加固示意图

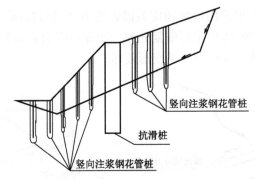

图 2-16　竖向钢花管注浆加固抗滑桩示意图

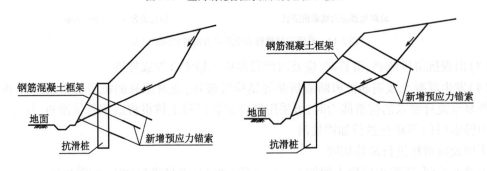

a) 预应力锚索框架设在抗滑桩前侧　　　　b) 预应力锚索框架设在抗滑桩后侧

图 2-17　预应力锚索框架加固抗滑桩示意图

 思考与练习

一、选择题

1. 重力式挡土墙局部损坏可采用的处治措施是（　　　）。

A. 支撑墙　　　　B. 锚固　　　　　C. 抗滑桩　　　　D. 加大截面
2. 扶壁式挡土墙局部损坏可采用的处治措施是(　　)。
A. 支撑墙　　　　B. 抗滑桩加固　　C. 加大截面　　　D. 锚固
3. 锚杆挡土墙结构失稳可采用的处治措施是(　　)。
A. 支撑墙　　　　B. 锚固　　　　　C. 抗滑桩加固　　D. 拆除重建

二、判断题

1. 既有防护及支挡结构物病害可分为表观破损、排(泄)水孔淤塞、局部损坏、结构失稳四类。　　　　　　　　　　　　　　　　　　　　　　　　　　　　(　　)
2. 挡土墙基础尺寸或地基承载力不满足要求时,宜采用加大截面法、注浆加固法、截排水加固法等措施。　　　　　　　　　　　　　　　　　　　　　　　(　　)
3. 抗滑桩发生结构性拉裂、侧向稳定性不足时,可采用注浆方法进行补强。　(　　)

三、问答题

1. 简述既有防护及支挡结构物养护基本原则。
2. 既有防护及支挡结构物病害处治措施有哪些?
3. 采用抗滑桩加固挡土墙时,应注意什么?
4. 挡土墙拆除重建施工注意事项是什么?

模块六　排水设施养护

知识目标

1. 了解排水设施养护质量要求;
2. 熟悉排水设施养护基本原则;
3. 掌握排水设施病害类型;
4. 掌握排水设施病害处治措施。

能力目标

1. 能够进行地表排水设施和地下排水设施清理、疏通养护;
2. 能够进行损坏的排水设施加固。

路基排水的主要作用是将路基范围内的土基湿度降低到一定限度以内,保持路基常年处于干燥状态,确保路面具有足够的强度和稳定性。路基排水设施分为地表排水设施和地下排水设施。地表排水设施包括边沟、截水沟、排水沟、涵洞、跌水、急流槽、蒸发池、油水分离池、检查井、排水泵站等;地下排水设施包括排水暗管、渗沟、渗井、渗水隧洞等。

路基排水系统能否正常工作,直接影响路基的稳定性。因此,加强对各排水设施的日常养护与维修,确保其功能完好、排水顺畅是确保路基稳定的关键环节。同时根据实际使用情况,要不断改善路基排水条件。

一、排水设施病害类型

排水设施病害可分为排水设施堵塞、排水设施损坏、排水设施不完善三类。
(1)排水设施堵塞,指排水设施内有杂物、垃圾、淤积等,造成排水不畅或设施堵塞。
(2)排水设施损坏,指排水设施出现勾缝严重脱落,排水沟、截水沟、急流槽等设施破损。
(3)排水设施不完善,指排水设施缺失、未与外部排水系统有效衔接,造成排水不畅通。

二、基本原则

(1)应及时疏通、修复既有排水设施,保证其功能完好、排水畅通。春融特别是汛期前,需要对排水设施进行全面检查、疏浚,及时排除堵塞物,疏导水流,保证排水设施水流畅通。暴雨后也要对排水设施进行重点检查,如有冲刷、损坏,及时维修加固。
(2)应根据实际情况,做好路基排水设施与路面、桥隧等排水设施的衔接,形成较完善的排水体系。排水设施不能满足使用要求时,应适时增设完善。
(3)在保证边沟排水的前提下,可采取改进断面形式、增设盖板等措施提高路侧安全性。排水设施设置需要兼顾排水与行车安全。边沟横断面形式可采用三角形、浅碟形、梯形或矩形等。穿村镇、弯道、路堑边坡等路段的排水沟可设置盖板,其他路段的宽深边沟可增设护栏、示警桩等设施。
(4)沿河路段应增设导水、拦水设施,减小客水对路基的影响。在有路面水集中冲刷边坡的路段,可增设集中排水设施。
(5)低填、浅挖路基以及排水困难地段,应采取防、排、截相结合的综合排水措施,拦截进入路界的地表水,排除路基内自由水。

三、养护质量要求

排水设施养护应满足下列质量要求:
(1)无杂物、无淤塞、无冲刷。
(2)纵坡适度、排水畅通。
(3)进出口状况完好、无积水。

四、排水设施病害处治措施

1. 地表排水设施养护(资源2-5)

(1)对各类地表排水沟渠,应保证设计断面形状、尺寸和纵坡满足排水要求。沟内有淤积、沟壁损坏、边坡松散滑塌,造成沟渠断面形状改变时,应及时清淤和修复。
(2)对边沟、截水沟、排水沟等进行冲刷防护、防渗加固时,应符合下列规定:
①土质边沟受水流冲刷造成纵坡大于3%时,宜采用混凝土、浆砌或干砌片(块)石铺砌;在冰冻较轻地区,可采用稳定土加固。边沟连续长度过长时,宜分段设置横向排水沟将水流引离路基,其分段长度在一般地区不超过500m,在多雨地区不超过300m。
排水设施加固方法见表2-11,排水设施加固与沟底纵坡的关系见表2-12。

排水设施加固方法　　　　　　　　　　　　　　　表2-11

形　式	加　固　方　法	加固层厚度(mm)
简易式	土沟夯实	—
	水泥砂浆抹平	20~30
	石灰三合土抹平	30~50
	黏土碎(砾)石加固	100~150
	石灰三合土碎(砾)石加固	100~150
干砌式	干砌片石	150~250
	干砌片石,顶部水泥砂浆抹平	150~250
浆砌式	浆砌片石	150~250
	浆砌混凝土预制块	60~100
	砌砖	单砖或一砖半

排水设施加固与沟底纵坡的关系　　　　　　　　　　　表2-12

沟底纵坡(%)	<1	1~3	3~5	5~7	>7
加固类型	不加固	土质好,不必加固;土质不好,简易加固	干砌	干砌或浆砌	浆砌

②对滑坡、膨胀土、高液限土、湿陷性黄土地段,截水沟、边沟、排水沟等产生渗漏时,应采取铺设防渗土工布、浆砌石等防渗措施。

③雨季前应及时清理盖板边沟、更换破损的盖板,盖板设置不得影响路面的排水功能。

④对于地下水丰富路段,由于路面加铺导致边沟加深时,应保证原沟底高程不变。

(3)涵洞的养护应符合现行行业标准《公路桥涵养护规范》(JTG H11)的有关规定。

(4)泄水槽损坏时应及时修复,防止水集中冲刷涵洞。

(5)超高路段排水设施应及时疏通,避免水下渗至路基。

(6)跌水和急流槽病害处治应符合下列规定:

①进出口冲刷现象严重时,进水口应进行防护加固,出水口应进行加固或设置消力池。

②基底不稳定时,急流槽底可设置防滑平台,或设置凸榫嵌入基底中。

③急流槽较长时,应分段铺砌,且每段长度不宜超过10m。连接处应用防水材料填塞,密实无空隙。

(7)蒸发池的隔离栅或安全警示牌出现缺失或破损时,应及时修复。积雪融化造成的蒸发池积水应及时排出。

(8)油水分离池、检查井出入口出现淤塞时,应及时进行清掏。安全警示设施缺失时,应及时补设。

(9)应定期检查维修排水泵站,及时排除设备故障。检查维修时,应采取相应措施,保证维修作业人员的安全。

2.地下排水设施养护(资源2-6)

(1)当地下排水设施堵塞、淤积、损坏时,应及时清理维修。当发现排水口的流量变化有异常,或路面出现裂缝或凹凸时,需要及时检查地下排水设施,发现破坏需要进行维修或重修。

(2)对排水暗管进行疏通、改建时,应符合下列规定:

①暗管堵塞时,宜采用刮擦法、冲洗法、真空吸附法等方法进行疏通。

  A. 刮擦法。将采用聚氯乙烯硬管或竹条等制作成的清淤杆推入暗管内,刮出管内沉积物。

  B. 冲洗法。用带射流管嘴的软管,把清水射入暗管内以松动沉积物,将其与射出的水一同排出暗管。

  C. 真空吸附法。通过真空负压吸附清扫长距离暗管中的沉积物。

②暗管排水进出口应定期清除杂草和淤积物。检查井和竖井式暗管门应盖严,发现损坏或丢失应及时换补。

③暗管排水量达不到排水要求时,应进行改建,暗管的直径应根据排水量确定。

④边沟排水暗管由于边坡位移等原因发生变形开裂时,应及时采取加固或更换措施。

(3) 反滤层和顶部封闭层失效时,应及时翻修。

(4) 渗井、渗水隧洞病害处治应符合下列规定:

①应加强渗井、渗水隧洞出水口的除草、清淤和坑洼填平等工作。寒冷地区保温设施失效时,应及时更换或维修。

②渗井周围路基发生渗漏时,应进行防渗处理,井内的淤泥应及时清除。发现渗井设置不合理或功能失效时,应及时改造。

③宜对渗水隧洞内部进行人工检查,及时排除淤堵,保证排水畅通。

思考与练习

一、选择题

1. 土质边沟受水流冲刷造成纵坡大于( )时,宜采用混凝土、浆砌或干砌片(块)石铺砌。
  A. 1%   B. 2%   C. 3%   D. 4%

2. 当排水设施沟底纵坡小于1%时,采用的处治措施是( )。
  A. 不加固   B. 干砌   C. 浆砌   D. 简易加固

3. 当排水设施沟底纵坡为3%~5%时,采用的处治措施是( )。
  A. 干砌   B. 浆砌   C. 简易加固 D. 不加固

二、判断题

1. 排水设施病害可分为排水设施堵塞、排水设施损坏、排水设施不完善三类。( )

2. 对滑坡、膨胀土、高液限土、湿陷性黄土地段,截水沟、边沟、排水沟等产生渗漏时,应采取铺设防渗土工布、干砌石等防渗措施。( )

3. 排水暗管堵塞时,宜采用刮擦法、冲洗法、真空吸附法等方法进行疏通。( )

三、问答题

1. 简述排水设施养护基本原则。
2. 地表排水设施养护措施有哪些?
3. 地下排水设施养护措施有哪些?

模块七　特殊路基养护

知识目标

1. 掌握特殊路基养护的基本原则;
2. 掌握黄土地区、膨胀土地区、沙漠地区、冻土地区、盐渍土地区路基养护方法。

能力目标

能够进行黄土地区、膨胀土地区、沙漠地区、冻土地区、盐渍土地区路基养护。

特殊路基包括特殊岩土路基、不良地质路基和特殊条件下路基,并包括下列类型:

(1)特殊岩土路基包括位于软土、膨胀土、湿陷性黄土、盐渍土、红黏土和高液限土等地段的路基。

(2)不良地质路基包括位于滑坡、崩塌、泥石流、岩堆、岩溶区、涎流冰、风积沙和风吹雪等地段的路基。

(3)特殊条件下路基包括受水、气候的自然因素影响强烈的路基,包括滨海和水库等区域的路基。

一、基本原则

(1)特殊路基养护应加强地质灾害防治和气象灾害防御、风险管控和应急处置等工作,并应符合防灾与突发事件处置的有关规定。

(2)特殊岩土路基养护应加强排水设施的疏通和修复工作,及时整治和修复边坡坡面及其封闭层。当路基出现翻浆、沉降或侧滑失稳等病害时,应按地基与路堤养护的有关规定及时进行处治。

(3)当路基及影响公路安全范围出现滑坡、崩塌和泥石流时,应及时治理,治理措施应符合下列要求:

①滑坡治理宜采取截排水、削方减载法、堆载反压法、抗滑桩法或滑带注浆法等措施对边坡进行加固,并应符合边坡养护的有关规定。

②坍塌治理宜采取截排水、刷坡、支撑及嵌补、锚固及注浆、挂网喷射混凝土、围护、拦截或遮挡等措施。

③泥石流治理方案应根据地质背景、形成条件、类型、规模、分布特征及其与公路的关系等分析确定,对泥石流沟谷可采取护坡、挡墙、顺坝或丁坝等工程防治措施。

④滑坡、崩塌和泥石流等病害严重时,工程治理方案可与改移线路、架桥跨越、设隧道或明洞穿越等方案综合比较后确定。

(4)其余不良地质路基养护应重点加强对原有治理措施及设施的维护工作,对损坏的设施应及时修复,治理措施和设施功能不完善时,应及时予以改造。

(5)特殊条件下,路基养护应加强对洪水、台风、大雾和沙尘暴等的防治以及灾害发生时的交通控制等工作。汛前和春融期应对防洪设施和排水系统等进行全面检查,对水毁工程应及时采取防护、导流和疏浚等治理措施。

二、黄土地区路基养护(资源2-7)

1. 边坡变形的处治

边坡变形后,一般都先要清除松散土体,必要时在边坡处理面设置台阶,然后逐层填补、压实,最终恢复原设计坡面。为增强新旧土体的联结效果,土工材料在实践中已被广泛使用。

(1)黄土路堑边坡防护加固。目前,在黄土地区常用的边坡防护方法有:直接植草防护、拱式砌石或3m×3m浆砌片石结合植草防护、六角形预制块边坡防护及土工网植被防护等,各有优缺点。黄土边坡的防护与加固,应根据当地雨量及边坡的具体情况,采取不同的措施。黄土路堑边坡防护加固措施见表2-13。

黄土路堑边坡防护加固措施　　　　表2-13

序号	防护加固类型	说　明
1	种草或铺草皮	①适用于边坡缓于1:1,草皮能就地取材,且雨量多适宜草类生长的地区; ②阴雨天施工为宜
2	草泥抹面	①适于年降雨量较小,冲刷不很严重地区,边坡缓于1:1; ②采用较黏的土,其配合比为1m³黏土掺入铡碎的草10~20kg; ③为增强草泥与边坡的连接,在边坡上打入一些木楔,其间距为30~40cm
3	三合土或四合土抹面	①适于雨雪量大、任何坡度的边坡; ②材料配合比,三合土为石灰:细砂:黄土=1:2:5(质量比),四合土为石灰:黄土:细砂:炉渣=1:3:5:9(质量比)
4	浆砌片石护坡	适用于坡脚易受水冲刷、坡面剥落较严重、坡脚已破坏、边坡含有夹砂层的地段
5	格状防护(用柳条或树枝编栅排)	①适用于土质疏松及多雨地区,边坡缓于1:1.5; ②木柱应垂直坡面打入

(2)坡面冲刷。黄土地区干旱,植被稀少,加上自然侵蚀和人为破坏,使路基边坡屡遭降雨侵蚀破坏。破坏方式包括:坡面大量水土流失;边沟冲蚀坑;路堤坡脚冲刷;路肩冲蚀缺口。降雨严重侵蚀使路基边坡不完整,影响边坡稳定,往往造成泥沙阻塞边沟,淤埋路基路面。边坡冲刷侵蚀以及雨水渗入往往引起边坡崩塌、滑溜、滑坡等病害。黄土地区路基坡面冲刷防治方法见表2-14。

黄土地区路基坡面冲刷防治方法　　　　表2-14

项目	病害	防治方法
路肩	坑凹	用砂、土混合料逐步改善表层,防止地表水侵蚀
边坡	小块黄土的剥落、坍方、大小沟槽、洞穴	①对疏松的坡面应拍打密实,如坡度缓于1:1,雨量适宜草类生长的,可用种草、铺草皮等方法加固; ②雨量较小,冲刷不严重的,采用黏土掺拌铡草进行抹面,且每隔30~40cm打入木楔,增加草泥与坡面的结合; ③雨量较大的地区,应用石灰、黄土、细砂三合土或加炉渣的四合土进行抹面加固; ④对坡脚易受雨水冲刷或坡面剥落严重地段,应根据水流、土质等情况,选用种草、铺草皮、栽灌木丛、铺柴束、篱格填石、投放石笼、干砌或浆砌片石护坡等措施进行加固
边沟	水流冲深、蚀宽	当边沟纵坡达到或超过新黄土3%、老黄土4%、红色黄土6%时,即需要加固,加固可采用浆砌片石、砖砌加固,也可采用跌水消力池式加固

2. 黄土陷穴的治理

黄土陷穴对路基的危害甚大,一般均需进行治理,治理方法有下列几种:

(1)灌砂。小面积的陷穴,可用砂灌实,并用黏土封顶夯实,并改变微地貌,防止雨水流入陷穴的地方。

(2)灌泥浆。洞身不大,但洞壁曲面不直且离路基中线较远的小陷穴,可用水、黏土、砂子拌和后进行反复多次灌注。有时为了封闭水道,也可用水泥砂浆。同时也应改变微地貌,防止雨水流入陷穴。

(3)开挖夯填。开挖夯填是最直观、最可靠的方法,根据洞穴的具体情况,可直接开挖回填,并用黄土分层夯实。

(4)开挖导洞或竖井进行回填。若洞穴深,明挖工程数量较大,可采用开挖导洞方法,由洞内向洞外逐步回填密实。回填前应将洞穴内的尘土彻底清除干净,接近地面0.5m厚时,则改用黏土回填夯实(这里所指的黏土可用红黄土或者黄土)。

三、膨胀土地区路基养护

1. 保持排水良好

完善路基排水设施对于膨胀土路基的稳定具有特殊重要意义。如能防水保湿,则可消除膨胀土湿胀干缩的有害影响。为此,应注意以下几点:

(1)所有排水设施,均应进行日常养护,以使危害路基稳定的地面水、地下水能顺畅排走,防止积水浸泡路基、地下水浸入路基。

(2)所有地面排水沟渠,特别是近路沟渠,均应铺砌和加固,以防冲防渗。如有砂浆脱落应及时进行养护。

(3)边沟应较一般地区适当加宽、加深。路堑边沟外侧应设平台,以保护坡脚免遭水浸,并防止剥落物堵塞边沟。

(4)堑顶设截水沟,以防水流冲蚀坡面和渗入坡体。堑顶截水沟应距堑缘10~15m以外。截水沟纵坡宜以岗脊为顶点向两侧排水。

(5)台阶式高边坡,应在每一级平台内侧设截水沟,以截排上部坡面水,并宜在截水沟与坡脚之间设一定宽度的平台,以利坡脚稳定。

2. 不透水面层

一般公路尽可能采用柔软的面层和较厚的粒料基层;高速公路宜采用厚层石灰土底基层。

3. 路肩横坡

路肩应尽可能宽一些,一般不小于2.0m,横坡要尽可能大。路肩全宽用与路面基层相同的结构层铺砌,并铺较薄的不透水面层或做防渗处治。

4. 路基压实

修筑膨胀土路基,通常是采用较高含水率、较低密度的原则,即在轻型压实标准最佳含水率或略高的含水率下压实到较低的干密度。养护时应综合考虑路基的强度要求、压缩变形、胀缩变形、施工可能性等因素,压实含水率的控制以平衡含水率为基础,建议取$0.8w_p \sim 0.9w_p$,或在稠度为1.1~1.3时的含水率下压实,压实度应不低于轻型压实标准的95%。

5. 土基加固

如不得已需用膨胀土填筑土基时,则应采用石灰、水泥等无机结合料对膨胀土进行改良和加固,以使土基稳固。所用剂量视改良和加固要求而定,一般以 4% ~ 6% 为宜。所需厚度视公路等级与当地气候条件而定。对一般公路,可用 30 ~ 50cm;对高速公路,则宜使土基处治层与路面总厚度之和接近 100 ~ 150cm。

四、沙漠地区路基养护

1. 柴草类防护

(1)层铺防护。采用麦草、稻草、芦苇、沙蒿、野麻或其他草类,将其秸秆砍成 30 ~ 50cm 短节,从坡脚开始向上每层按 5 ~ 10cm 厚度层铺、灌沙、捣实。如采用沙蒿等带有根系的野生植物时,可将其根茎劈开,并使根茎向外,按上述方法进行层铺。沙蒿可用 10 年以上,其他多为 3 ~ 5 年,材料用量大。

(2)平铺植物束成笆块,采用各种枝条、芦苇、芨芨草等,扎成直径 5 ~ 10cm 的束把或纺成笆块,沿路基坡脚向上平铺,以桩钉固定,可用 5 ~ 10 年,材料用量大。

(3)平铺或叠铺草皮,以 40cm × 50cm 为一块挖取草皮,其厚度约 10 ~ 15cm,沿路基坡脚向上错缝平铺或叠铺,一般可用 3 ~ 5 年,如能成活,可起永久稳固边坡的作用。

2. 土类防护

(1)黏土防护。采用塑性指数大于 7 的黏性土,用于边坡时,厚为 5 ~ 10cm;用于路肩时,厚为 10 ~ 15cm。为增加抗冲蚀强度和避免干裂,可掺 10% ~ 15% 的砂或 20% ~ 30% 的砾石(体积比)。

(2)盐盖防护。可将盐盖打碎成 5cm 的碎块,予以平铺(松软的盐盖可直接平铺形成硬壳)。

3. 砾、卵石防护

(1)平铺卵石防护。用于边坡时,厚 5 ~ 10cm;用于路肩时,厚 10 ~ 15cm,分平铺、整平、夯实几步进行。

(2)格状砾、卵石防护。用于边坡时,厚 5 ~ 7cm;用于路肩时,厚 10 ~ 15cm。先用 10cm 以上的卵石在边坡上做成 1m×1m 或 2m×2m 并与路肩边缘呈 45°角的方格,格内平铺粒径较小的砾石;路肩平铺砾石,应进行整平夯实。

4. 化学防护

化学防护的原理是将稀释的胶结性化学物质喷洒于松散的流沙面,将粒状沙胶结为一层保护壳,从而达到防止风蚀的目的。按照固沙物质的种类和组成,化学固沙主要包括沥青乳液固沙、沥青化学物固沙、高分子聚合物固沙等方法。

(1)平铺沥青砂。采用 10% ~ 20% 热沥青与 80% ~ 90% 的风积沙混合,直接在边坡上平铺压实。

(2)直接喷洒沥青或渣油。采用低标号沥青、渣油,熬热后洒在边坡上,然后撒一薄层风积沙。

(3)高分子聚合物固沙。将高分子聚合物喷洒到边坡上,通过其渗透到沙层起到固沙的效果。

5. 生物防护

生物防护的原理同柴草类防护，并且植物是活的沙障，随着植物的生长，防护效果越来越好，最后达到固沙的目的。植物种选择以乡土树种为主，以灌木为主，有条件时应乔、灌、草结合。灌溉方式要适宜，起伏沙丘以滴灌为宜。

6. 土工材料防护

在沙漠地区，常用土工格室来固沙。土工格室是一种采用高强度聚乙烯片材，经超声波焊接等方法连接，展开后呈蜂窝状的三维立体网格结构材料，属于特种土工合成材料。铺设土工格室时，要尽量拉紧，不得有褶皱，及时用沙填充格室并压实。

实际中，在广大的沙漠地区，需要将以上几种防沙固沙措施结合起来使用，特别是将植物治沙与工程治沙相结合，才能取得良好的防沙、固沙效果以及较好的经济效益。

五、冻土地区路基养护（资源2-8）

针对冻土地区路基病害的不同情况，可以采取以下措施：

(1) 多年冻土地区的路基养护，应采取"保护冻土"的原则，做到"宜填不宜挖"。除满足路基填筑的最小高度外，另加50cm保护层。路基填方高度不宜小于1m。

(2) 养护材料尽量选用砂砾等非冻胀材料，不应选用黏土、重黏土之类毛细作用强、冻胀性大的养护材料。

(3) 加强排水，防止地表积水，保持路基干燥，做到最大限度地保护冻土。完善路基侧向保护和纵横向排水系统，地表径流应分段截流，通过桥涵排出路基下方坡脚20m以外。路基坡脚20m以外不得破坏地貌，不得挖除原有草皮；取土坑应设在路基坡脚20m外；路基上侧20m外应开挖截水沟，防止雨雪水沿路基坡脚长流或向低处汇积，导致地表水下渗，路基下冻土层上限下降。疏浚边沟、排水沟时，应防止破坏冻层，导致冻土融化，产生边坡坍塌。

(4) 受地形限制，路基填筑高度不够时，应铺筑保温隔离层。隔温材料可采用泥炭、炉渣、碎砖等，防止热融对冻土的破坏。

(5) 防护构造物应选用耐冻融性材料。选用防水、干硬性砂浆和混凝土时，在冰冻深度范围内，其强度等级应提高一级。

(6) 涎流冰的治理宜采用的方法是，将路基上侧的泉水及夹层和透水层的渗水，从保温暗沟（或导管）导流出路基外。如含水层下有不冻结的下层含水层，则可将上层水引入下层含水层中排出。

(7) 提高溪旁路基的高度，使其高于涎流冰面60cm以上。因受地形或纵坡限制不能提高路基时，可在临水一侧路外筑堤埂或从中部凿开一道水沟，用树枝杂草覆盖加铺土保温，使水流沿水沟流动，避免溢流上路。如地形许可，可将溪流改至远离公路处通过。

六、盐渍土地区路基养护

对盐渍土地区路基病害的防治主要采取完善排水、结构加固、去除盐分等方法。

1. 保持排水良好

盐渍土受到雨水、冰雪融化的淋溶，含水率急增，会出现湿化坍塌、溶陷、路基发软、强度降低、失去承载力的现象。因此,保持排水良好尤为重要。

排水沟要保持有0.5%~1%的纵坡。在低矮平坦、排水困难的地段,应加宽、加深边沟或在边沟外增设横向排水沟,其间距不宜大于500m,沟底应有向外倾斜2%~3%的横坡。对加宽、加深边沟的弃土,可堆筑在边沟外缘,形成护堤,以保持路基不被水淹。还可采用水分隔断措施,隔断毛细水的上升,防止水分和盐分进入路基上部,从而避免路基或路面遭受破坏。还可采用提高路基及设置隔离层的措施。

(1)提高路基。

有些盐渍土地基地下水位较高,路堤除了有再盐化的问题外,还有冻融和翻浆的危害,为了使路基不受冻害和再盐化的影响,应控制路堤高度至不再盐化的最小高度,该高度可以根据试验决定,一般为丰水期地下水位高加0.5m。合理选择路基高度、宽度及边坡坡度。

(2)封闭式隔断层。

对道路翻浆或盐胀病害的处治,近年来有不少地区采用不透水材料,铺于路基下部或中部,以完全隔断地下水上到路基上部,保持干燥持力层的稳定。不透水材料有沥青砂胶、防水土工布、聚乙烯防渗膜、涂膜编织袋等。

采用土工布隔断毛细水和地下渗水也是行之有效的方法。土工布可以为单层,也可以为双层。用于盐渍土地区的土工布还应具有长期对硫酸盐、氯盐等盐类的抗腐蚀性,隔断毛细水上升的土工布,一般设置在路基和垫层之间,双层时设置在路基和垫层之间以及路基和路面结构面层之间。此外,在路基和垫层之间设置一定厚度的滤水层也是行之有效的方法。

2. 结构加固

结构加固的方法有许多种,如强夯法、浸水预溶加强夯法、半刚性基层、挤密桩加固地基等方法。在有些地区,除了对地基进行加固外,还应对路肩和边坡进行加固。

(1)路肩加固。

在过盐渍土(含盐量大于8%)的地区,要对高速公路的路肩进行加固,加固方法有:

①用粗粒渗水材料在当地土内封闭路肩表层。

②用沥青材料封闭路肩。

③就地取材,用15cm厚的盐壳加固。

(2)边坡加固。

边坡经受雨水或化雪冲融后出现的沟槽、溶洞、松散等,可采用盐壳平铺或黏土掺砂砾铺上拍紧,防止疏松。防止边坡水土流失,应结合当地的植物生长情况,种植一些耐盐性的树木或草本植物(如红杨、甘草、白茨之类)以增强边坡稳定。对硫酸盐渍土路基,根据需要,宜采用卵石、砾石黏土、废砖头或盐壳平铺在路堤边坡上,以防边坡疏松、风蚀和人畜踩踏而破坏。

3. 去除盐分

盐分是导致盐渍土具有盐胀、湿陷、腐蚀和加重翻浆等特性的根源,因而,如果能去除盐分,或者把有害的盐分转化为无害或者危害较小的盐分,则同样可以达到处治盐渍土道路路基病害的目的。去除盐分包括换填法、浸水预溶法、化学处理法等,其中化学处理法中使用掺加剂效果明显的有$BaCl_2$、$CaCl_2$两种。

思考与练习

一、选择题

1. 黄土陷穴对路基的危害甚大,一般均需进行治理,治理方法有( )。
   A. 灌砂　　　　　　　　　　　　B. 灌泥浆
   C. 开挖夯填　　　　　　　　　　D. 开挖导洞或竖井进行回填
2. 按照固沙物质的种类和组成,化学固沙主要包括( )等方法。
   A. 平铺沥青砂　　　　　　　　　B. 直接喷洒沥青或渣油
   C. 高分子聚合物固沙　　　　　　D. 平铺卵石
3. 对盐渍土地区路基病害的防治主要采取( )等方法。
   A. 完善排水　　B. 生物防护　　C. 结构加固　　D. 去除盐分

二、判断题

1. 特殊路基包括特殊岩土路基、不良地质路基和特殊条件下路基。　　　(　)
2. 材料配合比,三合土为石灰:细砂:黄土＝1:2:5(质量比),四合土为石灰:黄土:细砂:炉渣＝1:3:5:9(质量比)。　　　　　　　　　　　　　　　　　　　　(　)
3. 多年冻土地区的路基养护,应采取"保护冻土"的原则,做到"宜挖不宜填"。　(　)

三、问答题

1. 简述特殊路基养护的基本原则。
2. 路基边坡加固方法有哪些?
3. 黄土路堑边坡防护加固措施有哪些?
4. 黄土地区路基坡面冲刷防治方法有哪些?
5. 黄土陷穴的治理方法有哪几种?
6. 膨胀土地区路基养护方法有哪些?
7. 沙漠地区路基养护方法有哪些?
8. 冻土地区路基养护方法有哪些?
9. 盐渍土地区路基养护方法有哪些?

模块八　路基病害防治

知识目标

1. 掌握路基翻浆的影响因素和防治措施;
2. 掌握滑坡的主要原因和防治措施;
3. 掌握崩塌的分类和防治措施;
4. 掌握泥石流的分类和防治措施。

能力目标

1. 能够判别路基病害类型；
2. 能够分析路基病害成因；
3. 能够合理选择路基病害防治措施。

一、路基翻浆的防治

翻浆是季节性冰冻地区，春融时路基或路面基层含水率太大，强度急剧降低，在行车作用下造成路基湿软弹簧、路面破裂、冒出泥浆的现象，如图 2-18 所示。

a)　　　　　　　　　　　　　　　　b)

图 2-18　翻浆

冻胀和翻浆主要发生在我国北方各地及南方的季节性冰冻地区。潮湿地段的路基在冬季开始冻结，不断向深处发展，上下层形成了温度坡差，土中温度高处的水分便向上移动，从而造成大量水分积聚在土基上层，并且逐渐结成聚冰层。由于气候的变化，零摄氏度等高线不断下移，形成一层或多层聚冰层。土基中水分冻结后体积膨胀，使路面冻裂或冻胀隆起。春季气温回，升到零摄氏度以上，土基开始解冻，由于路面导热性大，路中的融解速度较两侧快，水分不易向下及两侧排除，土基上层含水率达到饱和过饱和，在车辆重复作用下，土基承载力极低，使路面出现弹簧、裂纹、拥包、车辙、冒浆等，即为翻浆现象。

翻浆的发生，不仅会破坏路面、妨碍行车，严重的还会中断交通，对国民经济建设等具有一定的危害，并增加了道路维护工作。路基中水分来源不同，并以不同形式存在于路基土中。为了针对各种来源的水分所引起的翻浆采取相应的处治措施，有必要把翻浆按水分的存在形式进行分类，见表 2-15。根据翻浆高峰时期路面变形破坏程度，将翻浆路段分为三级，见表 2-16。

路基工程翻浆分类　　　　　　　　　表 2-15

翻浆类型	导致翻浆的水分来源
地下水类	受地下水的影响，土基经常潮湿，导致翻浆。地下水包括上层滞水、潜水、层间水、裂隙水、泉水、管道漏水等。潜水多见于平原区，层间水、裂隙水、泉水多见于山区
地面水类	受地面水的影响，使土基潮湿，导致翻浆。地面水主要指季节性积水，也包括路基、路面排水不良而造成路旁积水和路面渗水
土体水类	因施工遇雨或用过湿的土填筑路堤，造成土基原始含水也过大，在零下温度作用下使上部含水率增加，导致翻浆

续上表

翻浆类型	导致翻浆的水分来源
气态水类	在冬季强烈的温差作用下,土基中的水主要以气态形式向上运动,聚集于土基顶部和路面结构层内,导致翻浆
混合水类	受地下水、地面水、土体水或气态水等两种以上水类综合作用产生的翻浆。此类翻浆需要根据水源主次定名,如地下水、地面水类等

路基工程翻浆分级 表2-16

翻浆等级	路面变形破坏程度
轻	路面龟裂、湿润,车辆行驶有轻微弹簧现象
中	大片裂纹、路面松散、局部鼓包、车辙较浅
重	严重变形、翻浆冒泥、车辙很深

1. 影响翻浆的主要因素

影响公路翻浆的主要因素有:土质、温度、水、路面结构、行车荷载、人为因素等。其中,土质、温度、水是形成翻浆的三个自然因素。

(1)土质。

粉性土是最容易发生翻浆的土,其毛细水上升较高,在零下温度作用下水分聚流严重。当土中的水分增多时,土的强度急剧下降,容易丧失稳定性。粉性土的毛细水上升虽高,但上升速度慢。因此,只有在水源供给充足,并且在土基冻结速度缓慢的情况下,才会形成比较严重的翻浆。当粉性土和黏性土中含有大量腐殖质和易溶盐时,更容易形成翻浆。

砂土一般情况下不会发生翻浆,其毛细水上升高度小,在冻结过程中水分聚流现象很轻。同时,砂土即使含有大量水分,也能保持一定的强度。

(2)温度。

一定的冻结深度和一定冷量(冬季各月零下温度的总和)是形成翻浆的重要条件。在同样的冻结深度和冷量的条件下,冬季零下温度作用的特点和冻结速度的快慢对形成翻浆的影响也是很大的。例如,当初冻的时候,气温较高或冷暖交替出现,温度在0~-3℃(-5℃)之间停留时间较长,冻结线长期停留在路面下较浅处,就会使大量水分聚流到距路面很近的地方,产生严重翻浆。反之,如冬季一开始就很冷,冻结线很快下降到距路面较深的地方,则土基上部聚冰少就不易出现翻浆。除此之外,春天气温的特点和化冻速度对翻浆也是有影响的,如春季化冻时,天气骤暖,土基急速融化,则会加重翻浆的程度。

(3)水。

翻浆过程就是水在路基土中转移、变化的过程。路基附近的地表积水及较浅的地下水能提供充足的水分,是形成翻浆的重要条件。秋雨及灌溉会使路基土的含水率增加,使地下水位升高,将会加剧翻浆的程度。

(4)路面结构。

路面结构与类型对翻浆也有一定的影响。例如,在比较潮湿的土基上铺筑沥青路面后,由于沥青面层透气性较差,路基土中的水分不能通畅地从表面蒸发,使水分滞积于土基顶部与基层,导致路面失稳变形,以致出现翻浆。

(5)行车荷载。

公路翻浆是通过行车荷载的作用最后形成和暴露出来的。当其他条件相同时,在翻浆季节,交通量越大、车辆轴载越重,则翻浆越严重。

(6)人为因素。

下列情况都将加剧翻浆的形成:

①设计时对翻浆的因素考虑不周。路基设计高度不够,特别是低洼地带,路线没有避开不利的水文地质地带,缺乏防治翻浆的措施,以及路面结构组合不当、厚度偏小等。

②施工质量不佳。填筑方案不合理,不同土质填料混杂填筑,或采用大量的粉性土、腐殖土、盐渍土、大块冻土等劣质填料,或分层填筑时压实度不足。

③维护不当。排水设施堵塞,路拱有反向坡,路面、路肩积水,对翻浆估计不足,且无适当的防护措施。

2. 路基翻浆处治

因各种原因造成了路基翻浆后,应根据不同情况采取下列处治措施。

(1)做好路基排水,提高路基。

因路基偏低、排水不良而引起的翻浆,若地形条件许可,可采用挖深边沟,降低水位的方法进行处理,或用透水性良好的土提高路基。

良好的路基排水可以防止地面水或地下水浸入路基,使路基土体保持干燥,从而减轻冻结时水分聚流的来源,这是预防和处理地面水类和地下水类翻浆的首要措施。

提高路基是一种效果显著、简便易行、比较经济的常用措施。增大路基边缘至地下水或地面水位间距离,使路基上部土层保持干燥,在冻结过程中不致因过分聚冰而失稳。提高路基的措施适用于取土方便的路段,并宜采用透水性良好的土填筑路基。路线通过农田地区,为了少占耕地,应与路面设计综合考虑,以确定合理的填土高度。在重冰冻地区及粉性土地段,在提高路基时还要与其他措施如砂垫层、石灰土等配合使用。

(2)铺设隔离层。

隔离层的目的在于阻断毛细水上升通道,保持上部土基干燥,防止翻浆发生。地下水位或地面积水较高,又不宜提高路基时,可铺设隔离层。隔离层按使用材料可分为以下两类:

①透水性隔离层。

其位置应在地下水位以上,一般在土基50~80cm深度处(在盐渍土地区的翻浆路段,其深度应同时考虑防止盐胀和次生盐渍化等要求),用粗集料(碎石、砾石或粗砂)铺筑,厚度约10~20cm,分别自路基中心向两侧做成3%的横坡。为避免泥土堵塞,隔离层的上下两面各铺1~2cm厚的苔藓、泥炭、草皮或土工布等其他透水性材料防淤层。连接路基边坡的部位,应铺大块片石防止碎落,隔离层上部与路基边缘之高差 h 不小于50cm,底部高出边沟底20~30cm。

②不透水隔离层。

在路面不透水的路基中,可设置不透水隔离层。设置深度与透水隔离层相同。不透水隔离层分不封闭式和封闭式两种,前者适用于一般路段,用以隔断毛细水;后者适用于地面排水有困难或地下水位高的路段,用以隔断毛细水和横向渗水。其常用材料如下:

A. 直接喷洒厚度为2~5mm的沥青。

B. 沥青含量为8%~10%的沥青土或沥青含量为6%~8%的沥青砂,厚度一般为

2.5~3cm。

C.2~3层油毡或塑料薄膜(在盐渍土地区不能使用)。

D.复合土工膜,一布一膜或两布一膜。

(3)设置路肩盲沟或渗沟。

①路肩盲沟。

设置盲沟以降低地下水位,截断地下水潜流,使路基保持干燥。盲沟适合于路基土透水性较好的地下水类翻浆路段。

A.在路肩上设置横向盲沟。其位置应与路中心线垂直。当路基纵坡大于1%时,则与路中心线构成60°~75°的斜度(顺下坡方向)。两侧相互交错排列,间距为5~10m,深度20~40cm,宽40cm左右,填以透水性良好的砂砾等材料。横向盲沟出口按一般盲沟处理。盲沟往往容易淤塞,应经常观察其使用情况。

B.当地下水潜流顺路基方向从路基外侧向路基流动,可在路基内设横向截水盲沟或在路基外设纵向沟。使其不侵入路基。盲沟的设置应与地下水含水层的流向成正交,并深入该层底部,以截断整个含水层。

C.如因地下水位高,可在路基边沟底下设置纵向盲沟,其深度一般为1~2m,但应根据当地毛细水上升高度及需要降低水位多少而定。

D.盲沟应选择渗水良好的碎(砾)石填充。对较深的截水盲沟,则应按填充料颗粒的大小,分层填入(下大、上小);也可埋设带孔的泄水管。沟面用草皮反铺掩盖,覆以密实的结合料,以防止地面水渗入。

②排水渗沟。

为了降低路基的地下水位,可在边沟下设置盲沟或有管渗沟。为了拦截并排除流向路基的层间水,可采用截水渗沟。

(4)换土。

路基土透水性不良、提高路基又困难时,可将路基上层40~60cm的土挖除,换填水稳性好、冰冻稳定性好、强度高的粗颗粒土,例如砂性土、碎(砾)石等,压实后重铺路面。在翻浆严重路段应将翻浆部分软土全部挖除,填入水稳定性良好的砂砾材料并压实,然后重铺路面。

用换土法治理翻浆路段,应突出一个"早"字,即一旦发现翻浆苗头,立即进行开挖,用较少的工作量,可取得较好的效果。换土适合于路基高程受到限制且附近有砂性土的路段。

(5)改善路面结构层。

①铺设砂(砾)垫层。

砂(砾)垫层是用砂砾、粗砂或中砂做成的垫层,具有较大的空隙,能隔断毛细水的上升,增进融冰期蓄水、排水作用,减小冻结或融化时水的体积变化,减轻路面的冻胀和变形,而且还具有一定的强度,能将荷载进一步扩散,从而可减小路基的应力和应变。

砂(砾)垫层的厚度可按蓄水原则或排水原则设置。蓄水原则是指春融期间,路基化冻后的过量水分能全部集中于砂垫层中。根据蓄水的需要并考虑砂(砾)垫层被污染后降低蓄水能力的情况,经调查研究得出:中湿路段砂(砾)垫层的经验厚度为15~20cm;潮湿路段为20~30cm。排水原则是将春融期汇集于砂垫层中的水分通过路肩盲沟排走。砂垫层厚度应由路面强度及砂(砾)垫层构造和施工要求决定,一般为10~20cm。

②铺设水泥稳定类、石灰稳定类或石灰工业废渣类基(垫)层。

这类基(垫)层具有较好的板体性、水稳性和冻稳性,可以提高路面的整体强度,起到减缓和防止路基冻胀和翻浆的作用。但在重冰冻地区潮湿路段,石灰土不宜直接采用,需与其他措施配合应用,如在石灰土下铺设砂垫层等。有关材料的要求及施工规定,可参考现行行业标准《公路路面基层施工技术细则》(JTG/T F20)。

③设置隔温层。

为防止水的冻结和土的膨胀,可在路基中设置隔温层(一般为北方严重冰冻地区),以减小冰冻深度。厚度一般不小于15cm,隔温材料可用泥炭、炉渣、碎砖等,直接铺在路面下。宽度为每边宽出路面边缘30~50cm。

(6)改线。

如果上述方法都不适用时,在可能的情况下可采用改线的方法。即将路线改至邻近水文地质和土质条件较好的地带。对于新建公路,在勘测选线时,必须注意沿线的水文地质情况,尽量避免通过易于翻浆的地段。如不可避免时,在设计时应采取根治措施,彻底处理好翻浆。

3.翻浆路段的维护

翻浆现象一年四季都会发生。秋季,水分开始聚积;冬季,水分在路基中重分布;春季,水分使路基上部过分潮湿;夏季,水分蒸发、下渗,路基处于干燥状态。因此,应根据不同季节特点,采取适当的养护措施,加强预防性的防治工作,以防止或减轻翻浆病害。

(1)秋季维护。

秋季维护的重点是排水,最根本的措施是尽可能防止水分进入路基,保持路基处于干燥状态,以减少冬季冻结过程中由于温差作用向路面下土层聚流的水分。所以,秋季维护要做好下列工作:

①随时整修路面、路肩、边坡。路面应维护好路拱和平整度,如有裂纹、松散、车辙、坑槽、搓板等病害,都应及时处理,避免积水。

②路肩应保持规定的排水横坡,边坡要保持规定坡度,要拍压密实,防止冲刷和坍塌阻塞边沟,造成积水。

③修整地面排水设施,保证地面排水通畅。

④检查地下排水设施,保证地下水能及时排出。

(2)冬季维护。

冬季维护的重点是采取措施减轻路基水分在温差作用下,向路基上层聚积的程度,同时要防止水分渗入路基。所以冬季维护工作包括如下内容:

①应及时清除翻浆路段的积雪。雪层导温性能差,具有保温作用,将减缓路基土冻结速度,使冻结线长期停留在路面下很近的地方,路基下层水分有机会大量聚积到路基上层,致使翻浆加重,所以应十分注意除雪工作。

②经常上路检查,发现路面出现裂缝、坑槽等,要及时修补,融化雪水要及时排除。

③在往年发现有翻浆而尚未根治的路段,以及发现翻浆苗头的路段,应在翻浆前做好准备工作,包括准备好抢防的用料。

(3)春季维护。

春季是翻浆的暴露时期,在天气转暖的情况下,翻浆发展很快,养护工作重点是抢防。当路面出现潮湿斑点、松散、龟裂,表明翻浆已开始露头,对鼓包、车辙或大片裂缝、行车颠簸、路基发软等现象,应采取以下抢防措施:

①在两边路肩上,每隔 3~5m,交错开挖横沟,沟宽一般为 30~40cm,沟深按解冻情况,逐渐加深,直到路面底层以下,沟的外口高于边沟沟底。

②及时修补路面坑槽和路肩坑洼,保持路面和路肩平整,以利于尽快排出路面积水。

③路面坑洼严重的路段,除横向外,还应顺路面边缘加修纵向盲沟或渗水井。渗水井的大小以不超过 40cm 为宜,间距应根据实际情况确定,盲沟或渗水井的深度应至路面底层。

④如条件许可,应控制重型车辆通行或要求其绕道行驶,避免因行车碾压,加剧路面破坏。

⑤砂桩防治。当路基出现翻浆迹象时,可在行车带部位开挖渗水井,随时将渗水井内的水淘出,边淘水、边加深,直至冰冻层以下;当渗水基本停止,即可填入粗砂或碎(砾)石,形成砂桩。砂桩可做成圆形或矩形,其大小以施工方便和施工时维持行车为度,一般其直径(或边长)为 30~50cm,桩距和根数可根据翻浆的严重程度而定,一般一个砂桩的影响面积为 5~10m²。

(4)夏季维护。

夏季是翻浆的恢复期,这时养护的重点是修复翻浆破坏的路基、路面,采取根治翻浆的措施。要查明翻浆的原因,对损坏路段的长度、起始时间、气温变化、表面特征、养护情况等进行调查分析,做好记录,确定治理方法和措施。

二、滑坡的防治

路基山坡土体或岩层,由于长期受地面水和地下水的影响,其结构破坏,逐渐失去支撑力,在自重作用下,整体地沿着一个滑动面向下滑动。这种滑动是缓慢的,但坡度较陡时也会突然下滑,每次滑动后,滑坡体并不完全稳定,会继续出现裂缝。这种现象即为滑坡,如图 2-19 所示。

a)   b)

图 2-19 滑坡

1. 主要原因

产生滑坡病害的原因很多,主要是地质和水文两方面因素的影响。

(1)地质因素。

①山坡表层为渗水的土或破碎岩层,下层为不透水的土或岩层,且层理向路基倾斜。在这种情况下,当有地面水渗入或有地下水活动时,就可使表层土或岩层滑动造成滑坡。

②山坡岩层软硬交错,且其软弱面向路基倾斜,由于风化程度不同或地下水侵蚀等原因,使岩层可能沿某一软弱面向下滑动。

③边坡较陡,上部有堆积物或松散层,或上边坡为岩层交错的断开地带,在自重或外界因素的影响下,容易产生滑坡。

(2)水文因素。

①边坡上有灌溉渠道或水田,没有进行适当处理,渗漏严重或有大量雨水渗入滑坡体内,使土体潮湿软化,增加土体重量,降低土的强度,促进滑坡的产生。

②地下水是引起滑坡的主要条件之一,地下水量增加,浸湿滑坡面,降低滑坡面的抗滑能力,从而加速滑坡的形成。

③截水沟漏水或设置不合理。例如,在渗水性强的边坡上设置截水沟,沟内没有铺设防水层,当地面水集中流入天沟内后,水分大量渗入土体内部,以致产生滑坡。

④沿溪路堤受河水水位涨落或河水冲刷滑坡坡脚,减弱支撑力,引起坡体下滑。

2. 滑坡防治

公路滑坡大多产生于路基挖方段,因为修路破坏了自然平衡状态。所以防治滑坡的措施应以排水疏导为主,再配合抗滑支撑措施,或上部减重,维持边坡平衡。其措施有以下几种:

(1)排除地面水。

滑坡体以外的地面水,应予拦截引离;滑坡体上的地面水要注意防渗,并尽快汇集引出。

①对路基上边坡的裂缝或截水沟漏水形成的大裂缝,必须及时予以夯实,以防止地面水向下渗透。夯填方法是先沿裂缝挖深、挖宽。一般要求挖到看不见裂缝隙为止,如果裂缝很深,至少要挖深1m,裂缝两侧松土要挖掉,再用黏土分层夯实,顶部应填成鱼背形。填好后要经常观察,特别在雨后的几天要进行细致检查,如再出现裂缝,应再行填补。

南方各地的山区公路,路堑上方往往有灌渠或水田,应把灌渠用石块浆砌,防止漏水;有水田的,加造一道不渗水的截水沟,把路堑上边坡与水田隔开。

②设置截水沟与排水沟。在容易发生滑坡或已发生滑坡的边缘上方修建截水沟,把滑坡体以外的地面水从截水沟引向桥涵或排水沟排出。还要在坡面上设树枝状排水沟来排除滑坡体范围内的地面水。

A. 环形截水沟。

应设在滑坡可能发展的边界5m以外,根据需要可以设置数条,分段拦截地表水,向一侧或两侧的自然沟系排出。在坡度陡于1:1的山坡上,常采用陡坡排水槽来拦截山坡上方的坡面径流。沟槽断面以满足排泄坡面径流为准,如土质渗水性强,应采用黏性土、石灰三合土或浆砌片石铺砌防渗漏。

B. 树枝状排水沟。

结合地形条件,充分利用自然沟系作为排水渠道,汇集并旁引坡面径流于滑坡体外排出,排水沟布置应尽量避免横切滑体,主沟宜与滑移方向一致。支沟树枝状排水系统滑体内与主沟斜交30°~45°。如土质松软,可将土夯成沟形,上铺黏性土或石灰三合土加固。通过裂缝处,可采用搭叠式木质水槽或陶管、混凝土槽、钢筋混凝土槽,以防山坡变形拉断水沟,使坡面水集中下渗。

(2)排除地下水。

对地下水般以疏导为主,不应采取堵塞的方法,通常以设置各式渗沟来排除。

①支撑渗沟,用以支撑不稳定的滑坡体,兼起排除和疏干滑坡体内地下水的作用,适用深度(高度)为2~10m。

支撑渗沟有主干和分支两种。主干平行于滑动方向,布置在地下水露头处或由土中水形成坍塌的地方,支沟应根据坡面汇水情况合理布置,可与滑坡移动方向成30°~45°的交角,并可伸展到滑坡范围以外,以起拦截地下水的作用,如图2-20所示。

图2-20 支撑渗沟示意图

②边坡渗沟。当滑坡体前缘的路基边坡有地下水均匀分布或坡面大片潮湿时,可修建边坡渗沟,以疏干和支撑边坡;同时,也能起到截阻坡面径流和减轻坡面冲刷的作用。

边坡渗沟的平面形状有垂直的、分支的及拱形的。分支渗沟的主沟主要起支撑作用,而支沟则起疏干作用。分支渗沟可以互相连接成网状布置,如图2-21所示。

③截水渗沟。当有丰富的深层地下水进入滑坡体时,可在垂直于地下水流的方向上设置截水渗沟,以拦截地下水,并排出滑坡体外,如图2-22所示。

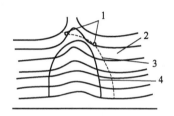

图2-21 网状边坡渗沟示意图

图2-22 截水渗沟示意图
1-检查井;2-坡面;3-截水渗沟;4-截水明沟

(3)修筑抗滑支挡结构。

①抗滑垛。一般用于滑坡不大,自然坡度平缓,滑动面位于路基附近或坡脚下部较浅处的滑坡。片石垛可用片石干砌或石笼堆成,主要是依靠片石垛的自重,以增加抗滑力的一种简易抗滑措施。

②抗滑挡土墙。在滑坡下部修建抗滑挡土墙,是整治滑坡常用的有效措施之一。对于大型滑坡,常作为排水、减重等综合措施的一部分;对中、小型滑坡,常与支撑渗沟联合使用。其优点是对山体破坏少,稳定滑坡收效快。抗滑挡土墙一般多采用重力式结构,其尺寸应经计算确定。

③抗滑桩。抗滑桩是一种用桩的支撑作用稳定滑坡的有效抗滑措施,一般适用于非塑性体层和中厚度滑坡前缘,以及使用重力式支撑建筑物圬工量过大、施工困难的场合。

(4)减重。

减重就是在滑坡体后缘挖除一定数量滑坡体面使滑坡稳定下来。这种措施适用于推动式滑坡,一般滑动面不深,滑床上陡下缓,滑坡后壁或两侧有岩层外露或土体稳定不可能再发展的滑坡。减重主要是减小滑体的下滑力,不能改变其下滑趋势,所以减重常与其他措施配合使用。

(5)种植。

滑坡区应种植草皮或灌木覆盖,因植物根系既可固结土壤,防止水土流失,又能吸收大量水分,能够起到稳定边坡的作用。

(6)改线。

在采用上述办法难以奏效或很不经济时,应进行局部改线,避开危险地段。

三、崩塌的防治

崩塌是岩体突然而猛烈地从陡峭的斜坡上崩离翻滚跳跃而下的现象。崩塌可发生在陡峭的自然山坡上,也可发生在高陡的人工路堑边坡上。崩塌一般发生在岩石边坡上,但某些土坡也会发生崩塌,如图 2-23 所示。

图 2-23 崩塌

崩塌的规模有大有小,由于岩体风化、破碎比较严重,边坡上经常发生小块岩石的坠落,这种现象称为碎落,一些较大岩块的零星崩落称为落石,规模巨大的崩塌也称山崩。

公路路堑开挖过深,边坡过陡,或由于切坡使软弱结构面暴露于空间,都会使边坡岩体失去支撑,在水流冲刷或地震作用下引起崩塌。

1. 分类

(1) 崩塌根据其发生地层的物质成分,可分为黄土崩塌、黏性土崩塌、岩体崩塌。

(2) 崩塌按形成机理分,可分为倾倒式崩塌、滑移式崩塌、鼓胀式崩塌、拉裂式崩塌、错断式崩塌。

(3) 根据崩塌的特征、规模及其危害程度,可划分如下 3 类:

① Ⅰ 类山高坡陡,岩层软硬相间,风化严重,岩体结构面发育,松弛且组合关系复杂,形成大量破碎带和分离体,山体不稳定,破坏力强,难以处理。

② Ⅱ 类介于 Ⅰ 类和 Ⅲ 类之间。

③ Ⅲ 类山体较平缓,岩层单一,风化程度轻微,岩体结构面密闭且不发育或组合关系简单,无破碎带和危险切割面,山体稳定,斜坡仅有个别危石破坏力小,易于处理。

2. 崩塌防治

崩塌是路基边坡土体或岩层在自重作用下,突然从边坡上崩塌下来,速度很快,冲击力很大,是较为常见且危害较大的路基病害之一。崩塌在雨季山区公路经常发生。崩塌的防治措施具体如下:

(1) 整修边坡。在路堑斜坡上发现有裂缝、滑动现象或因地下水影响而引起边坡变形,可能造成崩塌时,应自上而下进行修坡,使边坡顺适,达到稳定的边坡度。坡顶以上 3m 内,如有大树也要砍掉,以防暴风雨刮倒大树,横卧公路,造成阻车。当公路发生崩塌阻车时,可先在崩塌体坡脚抢挖出一条单车道通车,然后再进行彻底清除与修改。

(2) 做好排水设施。排除地面水可修建截水沟、排水沟;排除地下水,可修建纵、横盲沟,与处理滑坡相类似。

（3）加固边坡。对边坡表面进行加固与防护，可以增加坡面的稳定性，防止风化、剥蚀与冲刷，减少地面水渗入土体。对土方边坡一般采用密铺草皮，石料方便的地方也可以做石砌护坡。边坡如为软硬岩石交错组成时，可采用灰浆抹面，在抹面前，应先清除松动岩屑及风化层，并嵌补坡面的坑洼。对于易风化的软质岩层的边坡，特别是节理发达的，可修建浆砌片石护墙或干砌块石护墙（应加水泥砂浆勾缝）来保护。

（4）修筑挡土墙或石垛。挡土墙是防治崩塌的重要措施，它可增加边坡支撑力量。个别危石不能用清除办法，又不必修挡土墙时，可以做浆砌块石石垛、立柱等支撑加固。

（5）禁止在边坡上任意取土挖石，必要时应经由道路养护部门同意，指定料场，有计划、有步骤地自上而下挖取，以不妨碍边坡稳定为原则。

（6）加强经常养护。在雨季前，要仔细检查易于发生崩塌的地段。对新建公路，在初期运营的两三年内，更应加强检查。发现有崩塌危险地段，应首先将危险部分土石方清除，以免突然下塌，阻断交通。

四、泥石流的防治

泥石流是山区特有的自然地质现象，是由于降水（暴雨、融雪、冰川）而形成的一种夹带大量泥沙、石块等固体物质的特殊洪流，如图2-24所示。

a)   b)

图2-24 泥石流

泥石流暴发突然，历时短暂，来势凶猛，具有强大的破坏力。其对路基的危害主要是通过堵塞、淤埋、冲刷、撞击等造成的，也可通过压缩、堵塞河路使水位壅升，淹没上游沿河路基，或者迫使主河槽改道，引起对岸冲刷，造成间接水毁。

典型的泥石流，从上游到下游一般可分为3个区，即泥石流的形成区、流通区和堆积区。

1. **分类**

泥石流可根据流域特征、物质组成、物质状态以及工程分类。

（1）根据流域特征分类。

①标准型泥石流流域：流域呈扇形，能明显地分出形成区、流通区和堆积区。沟床下切作用强烈，滑坡、崩塌等发育，松散物质多，主沟坡度大，地表径流集中，泥石流的规模和破坏力较大。

②河谷型泥石流流域：流域呈狭长形，形成区不明显，松散物质主要来自中游地段。泥石流沿沟谷有堆积也有冲刷、搬运，形成逐次搬运的"再生式泥石流"。

③山坡型泥石流流域:流域面积小,呈漏斗状,流通区不明显,形成区与堆积区直接相连,堆积作用迅速。由于汇水面积不大,水量一般不充沛,多形成重度大、规模小的泥石流。

(2)根据物质组成分类。

①泥流:以黏性土为主,混有少量砂土、石块。其特点为黏度大,呈稠泥状。

②泥石流:由大量的黏性土和粒径不等的砂、石块组成。

③水石流:以大小不等的石块、砂为主,黏性土含量较少。

(3)根据物质状态分类。

①黏性泥石流:含大量黏性土的泥石流或泥流,黏性大,固态物质约占40%~60%,最高达80%,水不是搬运介质而是组成物质,石块呈悬浮状态。

②稀性泥石流:水为主要成分,黏性土含量少,固体物质约占10%~40%,有很大分散性,水是搬运介质,石块以滚动或跳跃方式向前推进。

(4)根据工程分类。

根据《岩土工程勘察规范》(GB 50021—2001)附录C,按泥石流暴发频率划分为两类。

①Ⅰ高频率泥石流沟谷:基本上每年均有泥石流发生。固体物质主要来源于沟谷的滑坡、崩塌。暴发雨强小于2~4mm/10min。除岩性因素外,滑坡、崩塌严重的沟谷多发生黏性泥石流,规模大,反之多发生稀性泥石流,规模小。

②Ⅱ低频率泥石流沟谷:暴发周期一般在10年以上。固体物质主要来源于沟床,泥石流发生时"揭床"现象明显。暴雨时坡面产生的浅层滑坡往往是激发泥石流形成的重要因素。暴发雨强一般大于4mm/10min。规模一般较大,性质有黏有稀。

2. 泥石流防治

公路防治泥石流应以预防为主,采用综合治理的方法来减轻泥石流的危害。泥石流的防治措施具体如下:

(1)植树造林,封山育林。对流泥、流石的山坡,在春秋两季,应大量植树造林,铺植草皮,特别是在分水岭、山坡、洪积扇上及沟谷内。树木以生长快、根系多的柳树等为宜。铺草皮要先修整边坡,铺后要用木锤拍紧、拍平、使接缝紧密。但因草皮只能预防坡面冲刷、剥蚀。因此,对滑动没有停止的边坡,不宜种植。同时应控制放牧,不允许在同一坡面上伐树、采挖草皮,以防造成新的泥石流。

(2)平整山坡,填充沟缝,修筑梯阶、土埂,以控制水土流失,防止滑坡发展。

(3)修筑排水及支挡工程:修筑截水沟、边坡渗沟等排水工程,设置支撑挡墙,加固沟头、沟底、沟坡,稳定山坡。

(4)在地质条件好的上游,分级修建砌石或混凝土拦渣坝,以起到沉积、拦阻泥石流的作用。坝址宜选在能充分停淤的沟谷狭窄处,基础要设置在可靠的地基上,沉积在坝后的泥石,要随时清除。

(5)对于小量的泥石流,应在路肩外缘设置碎落台或修建拦渣挡墙,并随时清除冲积的泥石。

(6)采用桥梁或涵洞跨越泥石流,但要考虑淤积的问题。

(7)采用明洞及隧道,一般用于路基通过堆积区、泥石流规模大、常发生危害严重且采取其他措施有困难时的情况下。

(8)采用排洪道、急流槽、导流堤、渡槽等设施使泥石流顺利排走,以防止淹埋道路、堵塞桥涵。

(9)对泥石流严重地点,加强巡视检查,观察其变化动态,尽力采取防治措施;发生泥石流后,要集中人力、机械尽快清除堆积物,维持交通安全,根据掌握的资料,提出整治办法,及时报请上级处理。

思考与练习

一、选择题

1. 影响公路翻浆的主要因素有( )。
   A. 土质　　　　B. 温度　　　　C. 水　　　　D. 行车荷载
2. 支撑渗沟,用以支撑不稳定的滑坡体,兼起排除和疏干滑坡体内地下水的作用,适用深度为( )。
   A. 2～10m　　　B. 3～12m　　　C. 4～15m　　　D. 5～18m
3. 典型的泥石流,从上游到下游一般可分为3个区,即泥石流的( )。
   A. 形成区　　　B. 缓冲区　　　C. 流通区　　　D. 堆积区

二、判断题

1. 为防止水的冻结和土的膨胀,可在路基中设置隔温层,以减小冰冻深度。　　( )
2. 防治滑坡的措施应以排水疏导为主,再配合抗滑支撑措施,或上部减重,维持边坡平衡。　　( )
3. 稀性泥石流中,水为主要成分,黏性土含量少,固体物质约占40%～60%,有很大分散性,水是搬运介质,石块以滚动或跳跃方式向前推进。　　( )

三、问答题

1. 路基工程翻浆分类和分级各是什么?
2. 影响翻浆的主要因素有哪些?
3. 路基翻浆处治措施有哪些?
4. 翻浆路段如何维护?
5. 滑坡的主要原因是什么?
6. 滑坡的防治措施有哪些?
7. 崩塌的分类有哪些?
8. 崩塌的防治措施有哪些?
9. 泥石流的分类有哪些?
10. 泥石流的防治措施有哪些?

模块九　路基拓宽改建

1. 掌握路基拓宽改建的基本原则;

2. 掌握二级及二级以下公路路基拓宽改建方法；
3. 掌握高速公路、一级公路路基拓宽改建方法；
4. 掌握路基拓宽改建施工要求。

能力目标

1. 能够进行二级及二级以下公路路基拓宽改建方案编制；
2. 能够进行高速公路、一级公路路基拓宽改建方案编制。

一、基本原则

（1）公路路基拓宽改建设计前，应对既有路基和拓宽场地进行调查、勘探和测试，查明既有路基的填料性质、含水率、密度、压实度、强度，以及路基的稳定情况，分析评价新拼接路基或增建路基对既有路基沉降变形和边坡稳定的影响程度。

（2）公路路基拓宽改建，应根据公路沿线的地形地貌和地质特点、既有路基现状及拓宽后的交通组成，综合比较确定既有路基的利用与拓宽拼接方案，采取合理的工程措施，保证拓宽改建路基的强度和稳定性。应合理利用既有路基强度，并根据既有路基的回弹模量、含水率和密实状态，综合确定既有路基的处理措施。

（3）公路路基拓宽改建设计，应做好路基路面综合设计。拓宽部分的路基应与既有路基之间保持良好的衔接，并采取必要的工程措施减小新旧路基之间的差异沉降，防止产生纵向裂缝。

二、路基拓宽改建设计（资源2-9）

1. 高速公路、一级公路路基拓宽改建

（1）路基拓宽改建设计应符合相关规定，做好地基处理、路基填料、边坡稳定、防护排水设施的综合设计，并与交通工程、路面排水系统设计相协调。

（2）拓宽路基压实度应符合路床及路堤压实度的相关规定。新旧路基的拼接处理设计，除应符合路堤拓宽改建的相关规定外，当路堤高度超过3m时，可在新旧路基间横向铺设土工格栅，提高路基的整体性，减小不均匀沉降。

（3）软土地基上路基拓宽设计应符合软土地区路基设计的有关规定，并满足下列要求：

①路基拼接时，应控制新旧路基之间的差异沉降，既有路基与拓宽路基的路拱横坡度的工后增大值不应大于0.5%。

②地基处理措施的选取和设计，应综合考虑软土层厚度和埋深、既有地基的固结度和剩余沉降情况、路基高度和拼接形式等因素，控制拓宽路基的沉降并尽量减小对既有路基的影响。

③浅层软土地基，可采用垫层和浅层处理措施减小拓宽路基的沉降。

④深厚软土地基，可采用复合地基或轻质路堤等处理措施，不宜采用对既有路基产生严重影响的排水固结法或强夯法。对于鱼（水）塘、河流、水库等路段，需要排水清淤时，应采取防渗和隔水措施后方可降水。

⑤新旧路基分离设置且距离小于20m时，可采用设置隔离措施或对新建路基地基予以处

理,减小新建路基对既有路基的沉降影响。

(4)水文不良地段的既有路基,应结合路基路面拓宽改建设计,增设排水垫层或地下排水渗沟等。

(5)路基拓宽改建设计应做好施工期交通组织设计。岩石挖方路段,应采用光面爆破或预裂爆破方法施工,并采取相关防护措施。

(6)既有路基的利用应与路面利用和加铺设计相结合,并根据路基病害的产生原因和对拓宽结构的影响程度,采取下列有针对性的处治措施:

①当既有路基回弹模量不满足新建路基的要求,但既有路面未出现破损,且拓宽后通过加铺设计可满足路面设计要求时,宜充分利用既有路基。

②当既有路基回弹模量不满足新建路基的要求,且路面出现严重破损时,可根据含水率、压实度和填料类型的分析评价,分别采取改善排水、补充碾压、换填处治等措施。

③当条件受限不能翻挖既有路基时,可采取水泥碎石桩、水泥粉煤灰碎石桩、注浆等处理措施。

(7)利用二级及二级以下公路拓宽改建为高速公路、一级公路时,在既有路基土的强度和压实度不能满足要求,且论证路面补强方案总体不可行的情况下,应对既有路基进行土质改良或挖除既有路基路面后重新填筑。

2. 二级及二级以下公路路基拓宽改建

(1)公路路基的拓宽改建应根据公路等级、技术标准,结合当地地形、地质、水文、填挖情况选择适宜的路基横断面形式。

(2)拓宽改建公路路基高程应满足路基设计规定要求。当路基填筑高度受限而不满足规范要求时,应采取增设排水垫层或地下排水渗沟等措施处理。

(3)拓宽路基的地基处理、路基基底处理、路基填料的最小强度和压实度等应满足改建后相应等级公路的技术要求。二级公路改建时,可根据需要进行增强补压。

(4)路堤拓宽改建应符合下列要求:

①拓宽改建路堤的填料,宜选用与既有路堤相同,且符合要求的填料,或较既有路堤渗水性强的填料。当采用细粒土填筑时,应做好新旧路基之间的排水设计;必要时,可设置排水渗沟,排除路基内部积水。

②拓宽既有路堤时,应在既有路堤坡面开挖台阶,台阶宽度不应小于1.0m;当加宽拼接宽度小于0.75m时,可采取超宽填筑或翻挖既有路堤等工程措施。

③拓宽路堤边坡形式和坡度应按相关规定选用。

(5)挖方路基拓宽时,挖方边坡形式与坡度可按挖方路基设计规定或参照既有挖方路基稳定边坡确定。既有挖方边坡病害经多年整治已趋稳定的路段,改建时应减少拆除工程,不宜触动原边坡。

(6)病害路基改建应根据病害类型、特征、成因及危害程度,结合当地气象、水文地质、工程地质等因素,采取相应的整治措施。

(7)因抬高或降低路基、改移中线而引起既有构造物改动地段,当既有支挡建筑物使用良好时,宜保留。

(8)经查明,既有建筑物无明显损害且强度及稳定性满足改建要求时,应全部利用;当部分损坏或不满足改建要求时,可加固利用、改建或拆除重建。

(9)加固利用的既有建筑物,新旧混凝土或砌体应紧密连接,形成整体。

三、路基拓宽改建施工(资源2-10)

在不中断交通的情况下进行路基拓宽施工时,应采取交通管制和安全防护措施。施工前应截断流向拓宽作业区的水源,开挖临时排水沟。施工期间应在水流汇集的路肩外侧设置拦水带,根据水流情况在拓宽路基中合理设置临时急流槽与泄水口。

拓宽路堤的填料宜与老路基相同,或选用水稳性好的砂砾、碎石等填料,且应满足表2-17的要求。路床应采用水稳性好的粗粒土或无机结合料稳定材料填筑。

路基填料最小承载比和最大粒径要求 表2-17

填料应用部位(路面底面以下深度) (m)				填料最小承载比 CBR(%)			填料最大粒径 (mm)
				高速公路、一级公路	二级公路	三、四级公路	
填方路基	上路床		0~0.30	8	6	5	100
	下路床	轻、中及重交通	0.30~0.80	5	4	3	100
		特重、极重交通	0.30~1.20				
	上路堤	轻、中及重交通	0.8~1.5	4	3	3	150
		特重、极重交通	1.2~1.9				
	下路堤	轻、中及重交通	>1.5	3	2	2	150
		特重、极重交通	>1.9				
零填及挖方路基	上路床		0~0.30	8	6	5	100
	下路床	轻、中及重交通	0.30~0.80	5	4	3	100
		特重、极重交通	0.30~1.20				

注:1. 表列承载比是根据路基不同填筑部位压实标准的要求,按现行行业标准《公路土工试验规程》(JTG 3430)试验方法规定浸水96h确定的加州承载比CBR值。
2. 三、四级公路铺筑沥青混凝土和水泥混凝土路面时,应采用二级公路的规定。
3. 表中上、下路堤填料最大粒径150mm的规定不适用于填石路堤和土石路堤。

1. 一般路堤拓宽施工

一般路堤拓宽施工应符合下列要求:

(1)拓宽路堤填筑前,应拆除原有排水沟、隔离栅等设施。拓宽部分的基底清除,原地表土应不小于0.3m,清理后的场地应进行平整压实。旧路堤坡面,清除的法向厚度应不小于0.3m。

(2)拓宽路基的地基处理应符合设计要求。

(3)上边坡的既有防护工程宜与路基开挖同步拆除,下边坡的防护工程拆除时应采取措施保证既有路堤的稳定。

(4)既有路堤的护脚挡土墙及抗滑桩可不拆除。路肩式挡土墙路基拼接时,上部支挡结构物应予拆除,宜拆除至路床底面以下。

(5)既有路基有包边土时,宜去除包边土后再进行拼接。

(6)从旧路堤坡脚向上开挖台阶时,应随挖随填,台阶高度应不大于1.0m,宽度应不小于1.0m。

(7)拼接宽度小于0.75m时,可采取超宽填筑再削坡或翻挖既有路堤等措施。

(8)宜在新、旧路基接合部铺筑土工合成材料。

2.高路堤与陡坡路堤拓宽施工

高路堤与陡坡路堤拓宽施工应符合下列要求：
(1)原坡脚支挡结构不宜拆除，结构物邻近处可用小型机具薄层夯实。
(2)旧路底部设置有渗沟或盲沟时，应做好排水通道的衔接施工。
(3)高路堤与陡坡路堤拓宽施工，尚应符合高路堤与陡坡路堤施工的相关规定。

3.挖方路基拓宽施工

挖方路基拓宽施工应符合下列要求：
(1)应在既有路基边缘设置防止飞石或落石的安全防护措施，并应设置警示标志。
(2)边通车边施工时，宜采用机械开挖或静力爆破方式进行开挖。
(3)采用爆破方式时，应按爆破施工方案组织施工，宜统一规定爆破时间段，爆破时应临时封闭交通。
(4)挖方路基拓宽施工，尚应符合挖方路基施工的相关规定。

拓宽路基应进行沉降观测，观测点应按设计要求设置。高路堤与陡坡路堤路段尚应进行稳定性监测。

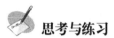

思考与练习

一、选择题

1.当路堤高度超过(　　)时，可在新、老路基间横向铺设土工格栅，提高路基的整体性，减小不均匀沉降。
  A.1m   B.2m   C.3m   D.4m

2.高速公路、一级公路路基拓宽改建，路基拼接时，应控制新、老路基之间的差异沉降，既有路基与拓宽路基的路拱横坡度的工后增大值不应大于(　　)。
  A.0.2%   B.0.5%   C.1%   D.2%

3.老路堤与新路堤交界的坡面，挖除清理的法向厚度不宜小于(　　)，然后从老路堤坡脚向上按设计要求挖设台阶。
  A.0.2m   B.0.3m   C.0.5m   D.0.6m

二、判断题

1.拓宽改建路堤的填料，宜选用与既有路堤相同，且符合要求的填料或较既有路堤渗水性强的填料。　　　　　　　　　　　　　　　　　　　　　　　　　　　　(　　)
2.深厚软土地基，可采用复合地基或轻质路堤等处理措施，不宜采用对既有路基产生严重影响的排水固结法或强夯法。　　　　　　　　　　　　　　　　　　　　(　　)
3.水文不良地段的既有路基，应结合路基路面拓宽改建设计，增设排水垫层或地下排水渗沟等。　　　　　　　　　　　　　　　　　　　　　　　　　　　　　　(　　)

三、问答题

1.简述路基拓宽改建的基本原则。

2. 简述二级及二级以下公路路基拓宽改建内容。
3. 简述高速公路、一级公路路基拓宽改建内容。
4. 简述路基拓宽改建施工要求。

模块十　路基养护技术

掌握换土复填法、固化剂法、粉喷桩法、灌浆法、抛石挤淤法、反压护道法、竖向排水法的步骤。

能够进行换土复填法、固化剂法、粉喷桩法、灌浆法、抛石挤淤法、反压护道法、竖向排水法的具体操作。

常见的路基养护技术有换土复填法、固化剂法、粉喷桩法、灌浆法、抛石挤淤法、反压护道法、竖向排水法等。

一、换土复填法

因填筑土质不符合要求，路基出现下沉但面积不大且深度较浅，采用换土复填方法，简便快捷。此法是将原路基出现病害部分的土挖去，更换符合规范要求的土。一般采用级配较好的砂砾土，塑性指数满足规范要求的亚黏土为宜。

回填时，挖补面积要扩大，且逐层挖成台阶状，由下往上，逐层填筑，碾压密实，压实度要求高出原路基压实度1%～2%为宜。这种方法只需掌握好路基的填筑方法即可，无须复杂的技术要求。

二、固化剂法

对高填路堤病害，如果更换路基填料受到限制，且填筑料数量不大时，可在原填料中掺入固化剂处理路基病害。这种方法在我国部分地区已有应用的先例，实践证明，效果较好。固化剂作为一种特殊的建筑材料，其不同的物理性质和化学组成成分决定了不同的类别、特点和固化方法。

路用材料固化剂从形态上看，可分为固态和液态两大类；从化学构成上看，可分为主固化剂和助固化剂两大部分。其中，固体粉状固化剂中主固化剂以石灰、石膏、水泥为主，助固化剂采用高聚物，如聚丙烯酚氨、聚丙烯酸或含有活性基的有机化合物；液态固化剂中主固化剂多采用水玻璃，助固化剂则采用各种无机盐，如碳酸镁、碳酸钙等。前者与土混合分层碾压密实即可，适合于表层或浅层土的固化；后者使用时，采用特殊工艺将浆液注入土中使土固结，适合于深层土的固结。

目前，固化剂的种类很多，在道路工程中使用时，可根据路用土的种类与固化剂的成分、类型选用。其各种固化剂的性能与使用方法可参照有关资料。

三、粉喷桩法(资源2-11)

处理10m以内路基下沉病害时,采用粉喷桩加固技术是较为理想的一种方法(图2-25)。粉喷桩处理软基土是通过专门的机械将粉体固化剂喷出后在地基深处就地与软土强制搅拌,利用固化剂和软土之间新发生的一系列物理、化学反应,在原地基中形成强度与刚度较大的桩体,同时也使桩周土体性质得到改善,桩体与桩间土体形成复合地基共同承担外荷载。

使用粉喷桩加固路基,应认真调查路基病害的情况,认真做好粉喷桩施工的设计(桩径、桩距、固化剂掺入量、桩身强度等),施工中要严格控制固化剂掺入量、粉喷桩龄期、土样含水率、混合料搅拌的均匀性。施工中重点做好以下两个环节:

图2-25 粉喷桩法

(1)严格按粉喷桩施工规范施工,严格掌握钻机的就位、钻进、停钻、提升、停喷等工艺流程。

(2)做好粉喷桩的质量控制。粉喷桩处理软基属隐蔽工程,通常是昼夜连续施工,必须做好粉喷桩的质量控制,内容包括桩距、桩位检查,逐桩控制喷粉量、桩长等。

四、灌浆法

灌浆法是利用液压、气压或电化学原理,通过注浆管将浆液均匀地注入地层中,浆液以充填、渗透和挤密等方式占据土粒间或岩石裂缝中的空间,经人工控制一定时间后,浆液将原来松散的土粒或裂隙胶结成一个整体形成一个结构新、强度大、防水性能高和化学稳定性良好的"结合体"。灌浆法已在我国煤炭、水电、冶金、建筑、交通等部门广泛使用,并取得了良好的效果。

1. 灌浆法施工工序

公路灌浆法施工程序分为布孔→成孔→注浆3个阶段。

(1)布孔原则与方法。

根据路基的强度要求,结合固结灌浆的特点、路基形态等因素考虑。遵循既要充分发挥灌浆孔的效率,又能保证浆液留在路基有效范围以内的原则,布孔时应视路基实际情况而定。若全幅灌浆,应采用等距离梅花方格网布孔,中间孔浅,边缘孔较深,孔间距以2.0m为宜。

(2)成孔钻机选型。

成孔必须是干法钻进,钻进时绝对不允许加水,因此应尽量选用小型潜孔钻成孔较好。其优点是进尺快、易搬动、操作简单,钻进成本低;尤其对碎石类路基,其效果更为显著,宜广泛推广。

(3)下注浆花管。

首先选取适当的注浆管,注浆花管应根据钻机钻孔的孔径与孔深而定,应根据简单易行的方法选用。一般来说,注浆结束后注浆花管很难拔出,如果强行拔出则会破坏路基。因此,注浆结束后将注浆花管作为非预应力锚杆留在路基内,可以起到管架的作用,对于提高路基强度很有益处;尤其对高填路堤边坡稳定效果更佳。

注浆管底部预留 20～30cm 空隙,确保浆液的灌注流畅。钻孔口要密封,一般用木塞填充膨胀水泥的方法,以保证浆液不从钻孔口溢出。

2. 灌浆施工的方法

灌浆施工主要包括灌浆压力、浆液浓度、灌浆顺序等内容。如何选择和控制灌浆压力和浆液浓度等因素,是灌浆施工中首先要解决的问题。灌浆压力是保证灌浆质量的重要因素之一。如果压力过小,浆液射流达不到预计范围内,扩散半径小,易形成空白区;如果压力过大,则会破坏路基原结构,抬升路面或冲垮边坡,还会使浆液沿路基薄弱部位冲出路基,达不到灌浆的目的。因此,在大范围灌注前应先做试验,根据注浆段的路基类型结合单孔注浆量选择适宜的注浆压力。浆液浓度通常以水灰比(质量比)1:1 较为合适。在密实度较好的黏土路基中,可适当增大水量,使稀浆更易充分进入黏土路基中。

灌浆顺序是指灌浆孔的受注顺序。一般以 3 次灌注为好,事前应根据灌浆孔平面图设计好灌浆顺序。第 1、2 灌次孔以单孔注浆量为控制标准,第 3 灌次为加压灌注。灌浆结束应以设计的终孔压力和平均单孔注浆量为双重控制标准。

单孔注浆量 = 排距 × 孔距 × 孔深 × 路基孔隙率。路基孔隙率依据路基压实度确定。

五、抛石挤淤法

图 2-26 抛石挤淤法

抛石挤淤法是借助换填材料的自重或利用其他外力,如压载、振动、爆炸、强夯等,使软弱层遭受破坏后被强制挤出而进行的换填处理(图 2-26)。采用这种施工方法,不用抽水挖淤,施工简单,一般用于厚度小于 3.0m,其软层位于水下,表层无硬壳,软土液性指数大,呈流动状态的泥沼及软土。一般来说,抛石挤淤法比较经济,但技术上有待完善,当淤泥较厚时须慎重使用。

抛石挤淤应采用不易风化的石料,片石大小随软土稠度而定。对于容易流动的泥炭或淤泥,片石宜稍小些,但不宜小于 30cm,且小于 30cm 的粒料含量不得超过 20%。

抛石时应自路堤中部开始,逐次向两旁展开,使淤泥向两旁挤出。在片石露出水面后,应用较小石块填塞垫平,用重型机械碾压紧密,然后在其上铺设反滤层再进行填土。下卧岩层面横坡陡于 1:10 时,抛石时应从下卧层高的一侧向低的一侧扩展,并使低侧适当高度范围内多抛填一些石料,并使低侧边堆筑约有 2m 宽的平台顶面,以增加其稳定性。

六、反压护道法

反压护道法是指在路堤两侧填筑一定宽度和高度的护道,使路堤下的淤泥或泥炭向两侧隆起的趋势得到平衡,从而保证路堤的稳定性。采用反压护道加固地基,不需要特殊的机具设备和材料,施工简单,但占地多,用土量大,后期沉降大,养护工作量大。反压护道法适用于非耕作区和易取土的地区,以及路堤高度不大于1.7~2倍极限高度的情况。

采用反压护道法在设计及施工中应注意以下事项:

(1)反压护道一般采用单级形式,因为多级式护道增加稳定力矩较小,作用不大。

(2)反压护道高度一般为路基高度的1/2~1/3。为保证护道本身的稳定,其高度不得超过天然地基所容许的极限高度。

(3)反压护道宽度一般采用圆弧稳定分析法通过稳定性验算决定。在验算中,软土或泥沼地基的强度指标采用快剪法测定,或用无侧限抗压强度的1/2,或用十字板现场剪力试验所测得的强度。

(4)两侧反压护道应与路堤同时填筑。

(5)当软土层或泥沼土层较薄,且其下卧硬层具有明显的横向坡度时,应采用两侧不同宽的反压护道,横坡下方的护道应较横坡上方的护道宽一些。

七、竖向排水法

饱和软黏土地基在荷载作用下,孔隙中的水慢慢排出,孔隙体积慢慢减小,地基发生固结变形。同时,随着超静孔隙水压力逐渐消散,有效应力逐渐提高,地基土的强度逐渐增长。为缩短地基孔隙水的排水距离,加速软土地基的固结过程,对软土地基采用垂直设置砂井、袋装砂井、塑料排水板及其他排水土工合成材料形成的排水柱体,称为竖向排水法。

竖向排水法包括普通砂井法、袋装砂井法和塑料排水板法。这些方法都是通过预压荷载,使被加固土体中的孔隙水排出,有效应力增加,土体孔隙体积减小,密度加大,土体强度得到提高,从而达到减少地基施工后沉降和提高地基承载力的目的。

1. 普通砂井法

砂井处理法是在软土地基中,钻成一定直径的孔眼,灌以粗砂或中砂,利用上部荷载作用,加速软土排水固结。

砂井排水法适用于软土层较厚、路堤较高,特别是水平排水大于垂直排水的天然土层;或软土层中有薄层粉细砂夹层时,采用砂井的效果更好。

2. 袋装砂井法

袋装砂井法是指事先把砂装入长条形透水性好的编织袋中,然后用专门的机具设备打入软土地基内以代替普通大直径砂井(图2-27)。袋装砂井直径小、材料消耗少、工程造价低、施工速度快、设备轻型,是一种简便、有效而又普遍的软土地基处理形式。因此,在公路、机场、铁路、堤防、港口等工程中得到了广泛应用。

一般情况下,当泥沼或软土层厚度超过5m,且路堤高度的自重静压远超过天然地基承载力,特别是地基土水平位移较大时,采用袋装砂井的效果更好。

3. 塑料排水板法

塑料排水板是一种利用塑料排水板作为竖向排水材料,通过排水预压达到提高地基承载力的一种先进加固软土地基的方法(图2-28)。与袋装砂井比,塑料排水板法具有施工速度快、效率高、施工机械轻便、工程费用低、对土的扰动小等优点。因此,近年来在公路、铁路、水电、港口、机场、建筑等工程中得到广泛应用,并有取代砂井和袋装砂井的趋势。

图 2-27　袋装砂井法　　　　　图 2-28　塑料排水板法

塑料排水板是由芯体和滤膜组成的复合体,或是由单种材料制成的多孔管道板带。芯板是由聚丙烯和聚乙烯塑料加工而成,且两面有间隔沟槽,土层中固结渗流水通过滤膜渗入到沟槽内,并通过沟槽从排水垫层中排出。塑料排水板由于所用材料不同,结构也各异。

与袋装砂井法相同,一般用于泥炭饱和淤泥地段或软土地基松软地下水位较高的地段,最大有效处理深度达 18m。

思考与练习

一、选择题

1. 因填筑土质不符合要求,路基出现下沉但面积不大且深度较浅时,采用(　　)。
   A. 换土复填法　　B. 固化剂法　　C. 粉喷桩法　　D. 灌浆法
2. 处理 10m 以内路基下沉病害时,采用(　　)加固技术是较为理想的一种方法。
   A. 竖向排水法　　B. 固化剂法　　C. 粉喷桩　　D. 灌浆法
3. (　　)是借助换填材料的自重或利用其他外力,如压载、振动、爆炸、强夯等,使软弱层遭受破坏后被强制挤出而进行的换填处理。
   A. 粉喷桩法　　B. 抛石挤淤法　　C. 换土复填法　　D. 反压护道法

二、判断题

1. 公路灌浆法施工程序为:布孔→成孔→注浆这 3 个阶段。（　　）
2. 竖向排水法包括普通砂井法、袋装砂井法和塑料排水板法。（　　）
3. 反压护道高度一般为路基高度的 1/3～1/4。为保证护道本身的稳定,其高度不得超过天然地基所容许的极限高度。（　　）

三、问答题

1. 简述换土复填法的步骤。
2. 简述固化剂法所使用固化剂的种类。
3. 简述粉喷桩法的原理。

4. 简述灌浆法的施工程序。
5. 简述抛石挤淤法的适用条件及步骤。
6. 简述反压护道法的设计及施工要点。
7. 简述竖向排水法的种类及适用条件。

项目三 沥青路面养护

沥青路面是指在矿质材料中掺入路用沥青材料铺筑的各种类型的路面。沥青路面按集料种类不同分为：沥青砂、沥青土、沥青碎（砾）石混合料等；按沥青材料品种不同分为：石油沥青路面、煤沥青路面、天然沥青路面和渣油路面；较普遍的分类方法是按其施工方法、技术品质和使用特点分为：沥青混凝土路面、厂拌沥青碎石路面、沥青贯入式路面、路拌沥青碎（砾）石混合料路面和沥青表面处治路面。

沥青路面直接受车辆荷载作用和大气因素的影响，随着使用时间的推移，会因气候环境的影响和行车荷载的反复作用产生使用性能的退化，沥青路面养护就是采取有效的对策来减缓这种退化，保持良好的使用质量、延长使用周期。

模块一 沥青路面养护对策

知识目标

1. 掌握沥青路面养护分类；
2. 掌握沥青路面养护对策。

能力目标

能描述沥青路面养护的作用及养护对策选择应考虑的因素。

根据《公路养护工程管理办法》（交公路发〔2018〕33号），沥青路面养护分为日常养护及养护工程。日常养护包括日常巡查、日常保养、日常维修；养护工程包括预防养护、修复养护、专项养护和应急养护。

养护对策包括预防养护对策和修复养护对策。

1. 预防养护对策

预防养护是指针对路面整体性能良好但有轻微病害，为延缓性能过快衰减、延长使用寿命而预先采取的主动防护工程。

预防养护对策应根据预防养护专项数据调查结果，结合路面结构使用年限、公路等级、交通荷载等级、外观要求、施工水平等因素综合考虑，并进行技术经济分析比选后合理选择。其预期使用年限及应用条件可按表3-1、表3-2的规定进行选择。

预防养护措施预期使用年限　　　　　　　　表3-1

措施	含砂雾封层	稀浆封层	微表处	碎石封层	纤维封层	复合封层	超薄磨耗层	薄层罩面
时间(年)	2	2~3	2~3	2~3	2~3	3~4	3~4	3~5

预防养护措施应用条件 表3-2

公路等级	交通荷载等级	预防养护措施							
		含砂雾封层	稀浆封层	微表处	碎石封层	纤维封层	复合封层	超薄磨耗层	薄层罩面
高速公路、一级公路	重及以上	△	×	★	×	×	★	★	★
	中及以下	★	×	★	△	△	★	★	★
二级及以下公路	重及以上	△	△	★	△	△	★	★	★
	中及以下	★	★	★	★	★	★	★	★

注：★表示推荐；△表示谨慎推荐；×表示不推荐。

2. 修复养护对策

修复养护是指在沥青路面出现明显病害或部分丧失服务功能的情况下，为恢复路面技术状况而进行的修复养护工程，分为功能性修复及结构性修复两类。

修复养护对策应根据修复养护专项数据调查结果，结合路面病害发展程度、路面结构强度、病害原因诊断及结构层完整性评价结果等因素综合考虑，并进行技术经济分析比选后合理选择。路面修复养护类型划分及养护对策可参照表3-3进行。

路面修复养护类型划分及养护对策选择 表3-3

养护类型划分	适用性条件			建议养护对策
	病害原因类型	路面结构完整性评价	整体结构强度	
功能性修复	表面层性能衰减	基层及中下面层保持完好 多数病害未贯穿表面层结构	满足	直接加铺罩面 直接加铺碎石封层+罩面
	表面层性能衰减	基层及中下面层保持完好 表面层发生较大面积损坏	满足	表面层铣刨重铺
结构性修复	表面层性能衰减	基层及面层保持完好 多数病害未贯穿表面层结构	不足	直接加铺补强
	面层结构破坏	基层保持完好 面层整体发生较大面积损坏	满足	沥青面层铣刨重铺
	面层结构破坏	基层保持完好 面层整体发生较大面积损坏	不足	面层铣刨，基层补强
	路基结构不稳定 基层结构破坏	基层或底基层发生较大面积破坏	不足	路基、路面结构重建

注：1. 根据路面技术状况和病害发生层位确定铣刨厚度。
2. 沥青面层铣刨重铺包括铣刨一层加铺两层、铣刨两层重铺两层或三层、铣刨三层重铺三层等类型。
3. 整体结构强度应结合弯沉检测、承载板、钻芯取样等数据综合判定。

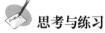

思考与练习

一、填空题

1. 沥青路面养护对策包括_____和_____。
2. 沥青路面养护分为_____和_____。

二、问答题

1. 制订沥青路面养护对策的依据是什么？
2. 简述沥青路面养护的目的。

模块二　沥青路面日常养护

 知识目标

1. 掌握沥青路面日常养护及要求；
2. 掌握日常巡查、日常保养、日常维修及要求。

 能力目标

1. 能够完成沥青路面日常巡查任务；
2. 能够完成巡查纪律的填写；
3. 能够完成沥青路面日常养护工作。

日常养护是指对沥青路面进行经常性巡查、保养、维修等，包括日常巡查、日常保养、日常维修。日常养护工作应根据养护质量要求及路况调查结果确定日常养护工作内容，编制日常养护年度计划，并及时做好工作记录，包括作业时间、作业内容、作业人员、完成的工作量等内容。

沥青路面日常养护应满足下列质量要求：

(1) 沥青路面保持干净、整洁，及时清除杂物、积水。

(2) 及时发现并处治裂缝、坑槽、松散、沉陷、车辙等病害，与原路面接合界面顺直、紧密、耐久，达到平整、美观等效果。

(3) 路缘石保持线条直顺、顶面平整、无缺失，具有良好的视线诱导与挡水引流效果。

(4) 对路面障碍及时清理或报告，并做好沥青路面日常巡查、病害处治和障碍清理记录。

一、日常巡查

日常巡查是指对沥青路面进行经常性巡查，及时发现损坏与异常情况。

1. 巡查内容

日常巡查应主要检查沥青路面病害，以及易诱发路面病害或影响通行的积水、积雪、积冰、污染物、散落物、路障等情况。

2. 巡查方式

日常巡查宜采用乘车、骑行或步行巡查方式，乘车巡查过程中发现路面突发病害及异常情况时，应停车进行人工辅助检查，并应符合下列规定：

(1) 巡查车辆的车身应有明显标识，配备导向闪光箭头，车顶宜安装带有黄闪标志的车辆闪光灯。

(2)巡查人员应具备沥青路面相关专业知识,经过安全培训与作业交底,具备初步判别路面病害及处置突发情况的能力。巡查人员应穿戴安全标志服,配备简易量测工具及照相、移动数据终端等设备。

(3)日常巡查车辆速度,高速公路及一级公路不宜大于60km/h,二级及二级以下公路不宜大于40km/h,应开启车辆闪光灯和闪光箭头。停车进行人工辅助检查时,可临时停靠在右侧紧急停车带或右侧路肩,巡查人员应在车辆前方快速完成检查作业后及时撤离。

(4)日常巡查发现路面影响通行的障碍物或异常情况时,应及时采取措施进行清除与处理。危及行车安全的,应采取临时安全保障措施后再进行处理;不能立即清除的,应及时通知相关单位处理。

日常巡查应记录发现路面突发病害与异常情况信息,宜采用移动终端实时录入信息数据,并按信息管理系统功能将突发病害图片、有关说明等信息一并录入,巡查结束后应及时整理、汇总日常巡查记录,并录入相关信息管理系统。

日常巡查中若发现重大情况,应按相关规定及时报告。

二、日常保养

日常保养是指对沥青路面进行日常性清洁、保洁、排除积水等。

1. 日常保养的主要工作内容

(1)清除路面泥土杂物、污染物、散落物等。

(2)排除路面积水,疏通路面排水。

(3)清除路面积雪、积冰、积沙等。

(4)实施路面夏季洒水降温作业。

2. 清扫作业的规定

(1)定期沿路幅右侧或左侧开展路面日常清扫作业,清扫频率应根据公路等级、交通量大小、路面污染情况确定,遇突发污染事件应及时开展路面特殊清扫作业。

(2)路面清扫作业可采用机械清扫或人工清扫方式,高速公路及一级公路应以机械清扫方式为主,二级及二级以下公路可视实际情况采用合适方式进行清扫作业。

(3)路面清扫作业应根据现场泥土杂物、清洁情况及通车状况选择不同功能的机械清扫设备,宜采用无尘清扫设备与工艺,机械清扫车辆应配备洒水及除尘设备,清扫作业时应根据路面扬尘程度确定适当的洒水量,减少扬尘。

(4)机械清扫作业应避开交通量大的时段,不宜在影响正常交通的中间行车道和变换车道进行。对机械无法清扫的路面边角,应进行人工辅助清洁。

(5)应根据实际情况适当加大桥梁桥面清扫频率,宜与桥面泄水孔、伸缩缝清理工作相结合,清扫时不得堵塞桥面泄水孔和伸缩缝。

(6)隧道路面清扫宜在交通量较小时进行,并利用电子显示屏等设备做好安全作业提示。清扫宜采用无尘清扫作业方式,严禁扬尘。

(7)沥青路面受油类物质或其他化学品污染时,应撒砂、木屑或采用化学中和剂处理后进行清扫,影响行车安全时,应采用水冲洗干净并进一步处治。

(8)路面清扫后的垃圾、杂物等不得随意倾倒、堵塞边沟、阻挡路肩排水,应运至指定地点或垃圾场站妥善处理。

3. 排水作业的规定

（1）定期检查路面排水和积水情况，应对一般路段、桥涵、隧道路面排水系统进行清理和疏通，保持排水功能正常、路面无积水。

（2）汛期前对影响路面排水的设施应进行全线检查和疏通，雨天时应及时排除积水，汛期后应对排水设施进行全面检查和修复。

（3）对沥青路面局部沉陷、横坡不适、拦水带开口设置不合理等原因导致的积水，应及时采取排除措施。

4. 清除冰雪作业的规定

（1）根据当地历年气象记录资料、气象预测资料、路面结构、沿线环境条件等因素，应制订切合实际情况的除冰雪和防冻工作计划，以及适用于各种不同的气温、降雪量和积雪深度条件下的除冰雪和防冻作业规程，配备相应的除冰雪、防冻作业人员、材料和机具设备。

（2）冬季降雪或下雨时，应及时掌握气象变化情况，出现降温、降雪时应按制订的工作方案及时进行除冰雪和防冻，并做好桥面、坡道、弯道、匝道、收费广场等重点路段的除冰雪和防冻措施。

（3）除冰雪宜以机械作业为主，人工作业为辅。除雪机械的作业方向宜与正常行车方向一致，并从路面左侧向右侧或中间向两侧依次进行。降雪量较大，难以在降雪过程中清除全部积雪时，应在雪停后及时清除路面全部积雪。

（4）路面上的压实雪、融化的雪水或未及时排除的雨水形成冰冻层时，应开展除冰与防滑作业，尤其是在大中桥、纵坡较大或平曲线半径较小路段，应做好防冰冻与防滑处理。

（5）除冰雪撒布的融雪剂、防冰冻、防滑等材料，宜采用环保型材料。应根据降雪情况确定撒布时机、方式与数量，及时清除路面积雪与残留物。

（6）除冰雪和防冻作业可连续开展，作业现场必须实行统一指挥，并落实与作业形式相适应的安全作业措施和交通控制措施，夜间作业时可适当增设闪光设施、警示标志等。

5. 夏季洒水降温作业的规定

（1）了解当地气象温度相关资料，掌握沥青路面表面温度变化规律，应制订切合实际情况的夏季洒水降温工作计划和作业规程。

（2）洒水降温作业宜采用机械方式，洒水车辆车身应有明显标识，配备导向闪光箭头，车顶宜安装带有黄闪标志的车辆闪光灯。

（3）夏季连续三天最高气温达到35℃及以上，沥青路面表面温度达到60℃及以上时，对于易发生车辙、波浪拥包的路段及上坡、弯道、桥面铺装、重载交通等路段，应进行洒水降温作业，或进行交通管制。

（4）夏季洒水降温作业时，宜选在每天12:00～15:00时间段进行。洒水车辆应行驶在路面右侧位置。其行驶速度：高速公路及一级公路不宜大于60km/h、二级及二级以下公路不宜大于40km/h。

三、日常维修

日常维修是指对沥青路面的轻微或局部损坏进行维修。

日常维修工作计划应根据沥青路面损坏状况调查与评价以及日常巡查记录结果按月度进行编制。

沥青路面日常维修应按工作计划进行,并根据日常维修工作记录信息适时进行日常维修质量评价与反馈。

应分析沥青各面各类损坏与病害产生的原因,并根据路面结构类型、使用年限、处治季节、气温实际情况,采取相应的病害处治措施。

思考与练习

一、填空题

1. 高速公路及一级公路日常巡查车辆速度不宜大于_____。
2. 沥青路面日常养护包括_____、_____、_____。
3. 夏季洒水降温作业时,宜选在每天_____时间段进行。

二、问答题

1. 日常巡查的内容及巡查方式是什么?
2. 日常保养的工作内容是什么?
3. 夏季洒水降温作业有哪些规定?

模块三　沥青路面常见病害及处治

知识目标

1. 掌握沥青路面常见病害的类型;
2. 掌握病害产生的原因;
3. 掌握各种病害的处治方法和注意事项。

能力目标

1. 能够判断沥青路面常见病害的类型、等级;
2. 能分析病害产生的原因;
3. 能制订病害处治方案;
4. 能够完成处治工作过程记录、报告等。

沥青路面的常见病害有裂缝、坑槽、车辙、沉陷、波浪拥包、松散、泛油、修补不良等裂缝、变形及其他3大类11种。对常见病害应及时进行处治,防止路面病害发展与扩大。(资源3-1)

一、一般规定

(1)因路基或基层局部强度不足、松散、碎裂等原因形成的沥青路面病害,应在处治好路基或基层病害后,进行沥青面层处治。

(2)病害处治方案应根据病害类型、范围与严重程度确定,做好材料、设备和施工准备,进行病害精细处治,达到可靠、耐久、经济、美观的处治效果。

(3)病害修补面积应大于病害实际面积。修补范围的轮廓线应与路面中心线平行或垂直,并在病害修补的边缘部位采取涂覆黏层材料、贴缝胶、界面加热等措施,保证修补部分与原路面黏结牢固、有效防水。

(4)因修补不良造成修补区再次损坏,应分析诊断修补不良产生再次损坏的原因,进行根治,保证再次修补的质量。

(5)对坑槽、车辙、沉陷等需将原路面沥青面层挖除或铣刨后进行修补作业的病害,宜随挖随补。

二、裂缝

裂缝有纵向、横向、块裂、龟裂等(图3-1)。

a) 纵向裂缝　　　　　　　　　　b) 横向裂缝

c) 块状裂缝　　　　　　　　　　d) 龟裂

图3-1　纵向裂缝、横向裂缝、块状裂缝、龟裂

1. 产生原因

(1)结构强度不足,荷载增长过快,出现荷载裂缝。
(2)土基和路面基层因温度的高低变化而引起反射裂缝。
(3)路面基层和土基水稳性差,在水文条件不利的情况下,含水率增加,强度减小而引起面层出现裂缝。
(4)材料老化,黏结力降低,产生疲劳裂缝。

2. 损坏程度判断

(1)龟裂应按面积(m^2)计算,损坏程度应按以下标准判断:
①轻度应为主要裂缝块度在 0.2~0.5m 之间,平均裂缝宽度小于或等于 2mm。

②中度应为主要裂缝块度小于 0.2m,平均裂缝宽度在 2~5mm 之间。

③重度应为主要裂缝块度小于 0.2m,平均裂缝宽度大于 5mm。

(2)块状裂缝应按面积(m²)计算,损坏程度应按以下标准判断:

①轻度应为主要裂缝块度大于 1.0m,平均裂缝宽度在 1~2mm 之间。

②重度应为主要裂缝块度在 0.5~1.0m 之间,平均裂缝宽度大于或等于 2mm。

(3)纵向裂缝是路面上与行车方向基本平行的裂缝,按长度(m)计算。检测结果应用影响宽度(0.2m)换算成损坏面积。损坏程度应按以下标准判断:

①轻度应为主要裂缝宽度小于或等于 3mm。

②重度应为主要裂缝宽度大于 3mm。

(4)横向裂缝应是路面上与行车方向基本垂直的裂缝,应按长度(m)计算。检测结果应用影响宽度(0.2m)换算成损坏面积。损坏程度应按以下标准判断:

①轻度应为主要裂缝宽度小于或等于 3mm。

②重度应为主要裂缝宽度大于 3mm。

3. 处治方法

(1)裂缝处治时机应根据裂缝类型特点、严重程度及原因确定,并采取适宜的处治措施,及时进行裂缝封闭。

(2)裂缝处治可采用灌缝、贴缝、带状挖补方式,或组合使用。灌缝材料宜采用密封胶;贴缝材料可采用热粘式贴缝胶和自粘式贴缝胶,其工艺可分为直接贴缝和灌缝后贴缝。

(3)裂缝处治材料应符合下列规定:

①密封胶可分为高温型,普通型、低温型、寒冷型和严寒型五类,分别适用于最低气温不低于 0℃、-10℃、-20℃、-30℃、-40℃ 的地区,其技术要求应符合现行行业标准《路面加热型密封胶》(JT/T 740)的有关规定。

②贴缝胶可分为普通型、低温型、寒冷型和严寒型四类,分别适用于最低气温不低于 -10℃、-20℃、-30℃、-40℃ 的地区,其技术要求应符合现行行业标准《路面裂缝贴缝胶》(JT/T 969)的有关规定。

(4)灌缝处治工艺应符合下列规定:

①应根据路面裂缝的具体情况确定开槽灌缝的尺寸,宽度×深度宜为 12mm×12mm、12mm×18mm、15mm×15mm 或 15mm×20mm。

②采用开槽机、灌缝机、清干机等专用灌缝设备,应按开槽、清洁、干燥、灌缝与养护工艺流程进行作业。

③灌缝成型应饱满,灌缝材料性能稳定后才可开放交通。

④施工环境温度应高于 5℃,在路面表面干燥状态下施工。

(5)贴缝处治工艺应符合下列规定:

①贴缝前应将路面裂缝及其两侧各 20cm 表面范围内的泥土杂物、污染物、散落物等清理干净,无凸起、凹陷、松散,保证裂缝作业面平整。

②贴缝胶应从裂缝一端粘贴,其长度不小于整条裂缝长度,贴缝胶应处于裂缝中间部位;遇不规则裂缝,可将贴缝胶断开,按裂缝的走向跟踪粘贴;贴缝胶结合处形成 80~100mm 的重叠。

③贴缝完成后宜采用贴缝机、铁辊等进行碾压,达到贴缝无气泡、皱褶,保证贴缝胶与路面

充分结合、黏结紧密,检查确认后开放交通。

④施工环境温度应高于5℃,在路面表面干燥状态下施工。

(6)裂缝处治后出现明显变形、唧泥等破坏的,应采用带状挖补方法进行彻底处理,对损坏的基层宜采用大粒径透水性沥青混合料进行回填处理,面层应采用与原沥青面层相同的材料进行修补,并做好纵横向排水处理措施。

(7)重度局部块状裂缝、龟裂应按坑槽修补方法进行。

三、坑槽

沥青路面出现的大小不同、深浅不一的凹坑,称为坑槽(图3-2)。

图3-2 坑槽

1. 产生原因

(1)由于沥青路面上面层混合料局部空隙大、沥青与石料间的黏附力不强,在车载作用下会使表面沥青剥落,形成上面层的坑槽,深度一般为2~5cm。

(2)基层强度不足,沥青混合料强度低。

(3)路面压实度不足,孔隙率过大,在雨水侵蚀及荷载等作用下造成沥青路面材料松散而出现坑槽。

2. 损坏程度判断

坑槽应按面积(m^2)计算,损坏程度应按以下标准判断:

(1)轻度应为坑槽深度小于25mm,或面积小于0.1m^2。

(2)重度应为坑槽深度大于或等于25mm,或面积大于或等于0.1m^2。

3. 处治方法

(1)应根据坑槽病害类型、严重程度及原因,采取合理措施及时进行修补。

(2)坑槽可采用就地热修补、热料热补、冷料冷补等方式,坑槽修补应符合下列规定:

①坑槽修补材料应具有足够的强度以及良好的高低温性能、抗水损坏和老化性能。

②应按"圆洞方补、斜洞正补"的原则,确定路面坑槽破损的边界。坑槽修补轮廓线与行车方向平行或垂直,并超过坑槽破损边界10~15cm。

③坑槽处治至损坏的最底部,修补后新填补部分应略高于原沥青路面。

④雨季和多雨地区,应对路面坑槽修补接缝处进行封缝处理。

⑤坑槽修补完成后,应清理作业区域,开放交通。

(3)坑槽就地热修补工艺应符合下列规定:

①采用热修补养护车等专用设备,适用于坑槽深度不大于6cm。

②按路面坑槽修补轮廓线,将加热板调整到合适的位置,加热沥青面层至可耙松的状态。

③将加热的沥青面层耙松、切,并铲除不可利用的旧沥青混合料,坑槽表面和周围喷洒乳化沥青等黏结材料,加入新的热料,并充分摊铺、整平。

④用压路机由边部向中间反复压实,使其达到要求的压实度。

⑤压实完成后,新修补路面喷洒适量乳化沥青。

⑥坑槽就地热修补原材料、沥青混合料及施工技术要求应符合现行行业标准《公路沥青

路面再生技术规范》(JTG F41)的有关规定。

(4)坑槽热料热补工艺应符合下列规定:

①沿坑槽修补轮廓线切割开挖或铣刨至坑底的不渗水稳定处,其深度不得小于坑槽的最大深度,坑槽较深时应按原沥青面层分层开挖,层间形成阶梯搭接,搭接宽度不小于20cm。

②清理掉路面坑槽内的松散沥青混合料,达到底部平整、坚实,壁面与公路平面垂直,坑槽底面和壁面清洁、完全干燥、无松散料。

③路面坑槽底面和壁面喷洒、涂覆乳化沥青等黏结材料,黏结材料应具有较高的黏结性、黏附性、弹性和延展性。

④采用专用设备对热料进行保温加热,并按开凿的层次分层填入热料,逐层整平、压实,保证修补质量。

⑤坑槽热料热补原材料、沥青混合料及施工技术要求应符合现行行业标准《公路沥青路面施工技术规范》(JTG F40)的有关规定。

(5)坑槽冷料冷补工艺应符合下列规定:

①清理掉坑槽内的松散沥青混合料,必要时沿坑槽修补轮廓线同热料热补工艺进行开挖、清理,路面坑槽底面和壁面喷洒、涂覆乳化沥青等黏结材料。

②向坑槽内填入冷补材料,并摊铺、整平均匀,保证坑槽周边材料充足,采用平板夯、夯锤或振动式压路机进行压实,使其达到要求的压实度。

③坑槽冷补材料技术要求应符合现行行业标准《沥青路面坑槽冷拌修补材料 SBS 沥青液》(JT/T 530)的有关规定。

四、车辙

路面在车轮荷载的反复作用下,由于路面的磨损、路基与基层的压密、沉降和高温季节的侧向流动隆起,使路面沿行车轮迹逐渐产生纵向带状凹陷的车辙变形(图3-3),包括结构型、失稳型、磨耗型。

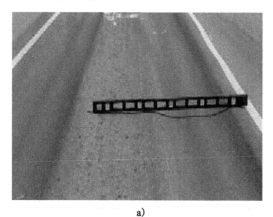
a)

b)

图 3-3 车辙

(1)结构型车辙:荷载超过路基、基层、沥青面层等结构层的强度而引起的宽度比较大、两侧没有隆起、车轮迹凹陷的永久变形。

(2)失稳型车辙:沥青材料的高温稳定性及耐久性等较差,沥青面层在车载,尤其是重载和超载车辆作用下进一步被压实及侧向流动变形,使车轮作用的部位下陷,两侧向上隆起,似槽沟状。

(3)磨耗型车辙:渠化交通,车辆反复作用引起路面材料的磨耗形成的车辙。

1. 产生原因

车辙产生的因素,包括沥青材料、级配组成、荷载作用、温度影响等。

(1)沥青材料的高温稳定性及耐久性较差。
(2)土路基、(底)基层、沥青面层等结构层的压实度不足,强度不够。
(3)混合料配合比不合理,粗集料用量过少,承受变形的能力低。
(4)重载和超载车辆的通行。
(5)结构层的组合和厚度不合理。

2. 损坏程度判断

车辙应按长度(m)计算,检测结果应用影响宽度(0.4m)换算成损坏面积。损坏程度应按以下标准判断:

(1)轻度应为车辙深度在 10~15mm 之间。
(2)重度应为车辙深度大于或等于 15mm。

3. 处治方法

应根据车辙病害类型、范围、严重程度及原因,合理采取局部车辙处治或大范围直接填充、就地热再生、铣刨重铺等措施。

(1)局部车辙处治可采用微表处填充,也可采用坑槽等病害综合热修补车进行现场加热、耙松、补料与压实处理,还可采取局部铣刨重铺措施。
(2)车辙直接填充材料可采用微表处,也可采用热拌或温拌沥青混合料、高模量沥青混合料、功能性罩面材料等。
(3)车辙就地热再生原材料、沥青混合料及施工技术要求应符合现行行业标准《公路沥青路面再生技术规范》(JTG F41)的有关规定。
(4)车辙铣刨重铺材料可采用热拌、温拌或冷拌沥青混合料、高模量沥青混合料、功能性罩面材料等。
(5)车辙处治措施可按表3-4选用。

车辙处治措施选用　　　　表3-4

车辙深度 RD	直接填充	就地热再生	铣刨重铺
RD≤15mm	√	△	△
15mm < RD≤30mm	△	√	√
RD > 30mm	×	△	√

注:√表示推荐,△表示可选,×表示不推荐。

(6)车辙处治所用的原材料、混合料设计、施工工艺、设备要求与质量控制应按现行行业标准《公路沥青路面施工技术规范》(JTG F40)等有关规定执行。

五、沉陷

沉陷是由于路基、路面产生竖向变形而导致的路面下沉的现象。通常有均匀沉陷、不均匀沉陷、局部沉陷、桥头跳车等几种情况(图3-4)。

1. 产生原因

均匀沉陷：路基、路面在自然因素和行车作用下，进一步密实、稳定的现象。

不均匀沉陷：由于路基、路面碾压不均匀，在水的侵蚀下经行车作用所引起的沉陷变形。

局部沉陷：由于路基下原来有墓穴、枯井、沟槽或填土路基碾压不密实，当受到水的侵蚀时而引起的局部沉陷变形。

桥头跳车：桥、涵台背与路面交接的部位，

图3-4　沉陷

因回填材料选择不适、压实不足等原因引起路面不均匀沉降而形成的高差造成的行车颠簸。

2. 损坏程度判断

沉陷应按面积(m^2)计算，损坏程度按以下标准判断：

(1)轻度应为深度≤25mm，行车无明显不适感。

(2)重度为深度>25mm，行车明显颠簸不适。

3. 处治方法

沉陷处治技术措施和结构层位应根据沉陷病害类型、发生部位、严重程度及原因合理确定。

(1)因基层局部强度不足或松散造成的路面沉陷，应铣刨或挖除沥青面层，处理好基层后，重铺沥青面层。

(2)因路基不均匀沉降引起的路面沉陷，根据路面破损状况可采取下列处治措施：

①路面略有下沉、无破损或仅有少量轻微裂缝时，可在沉陷部位喷洒黏层沥青，用沥青混合料将沉陷部分填补，并压实、整平。

②路面出现较大范围的不均匀下沉时，可对沉陷路段两端衔接部位各10m范围内分层、分台阶铣刨沥青面层，纵向台阶搭接宽度不宜小于30cm，横向台阶搭接宽度不宜小于20cm，清理干净下承层，喷洒黏层沥青，在侧壁涂覆乳化沥青后，分层重铺沥青面层。

③路基密实稳定、不再继续下沉后，进行沥青面层处治。

(3)桥、涵台背因回填材料选择不适、压实不足等原因引起路面不均匀沉降，可采取下列处治措施：

①台背回填材料选择不适的，宜采用强度高。用透水性好且级配合理的材料进行换填处理。

②台背回填压实不足的，可采用重新压实处理，台背死角处采用夯实机械进行压实。

③采用台背注浆进行加固处理。

④铣刨或挖除沥青面层，在沉陷部分加铺基层后，重铺沥青面层。

⑤直接按沉陷病害进行处治。

六、波浪拥包

波浪是路面沿纵向形成的有规则的凹凸起伏的一种变形(图3-5)。

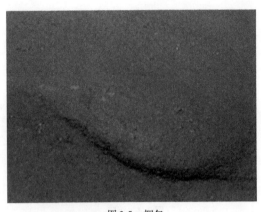

图3-5 拥包

拥包是路面上局部出现的高度1.5cm以上的包状隆起。

1. 产生原因

（1）沥青混合料的配合比不合理，设计强度不足，难以抵抗行车水平荷载的作用。

（2）基层铺筑不平，面层松铺厚度不一致。

（3）路面摊铺机行驶速度不均匀，不能连续，供料系统速度忽快忽慢，夯实板振动频率不稳定等。

（4）压路机振动频率低振幅大。

2. 损坏程度判断

按照波峰波谷高差判断：

（1）轻度应为高差≤25mm。

（2）重度应为高差>25mm。

3. 处治方法

根据波浪拥包病害类型及产生原因，可采用局部铣刨、局部铣刨重铺、就地热再生、整体铣刨重铺等处治方式，重铺材料可采用热拌、冷拌或温拌沥青混合料，功能性罩面材料等。

（1）因沥青面层引起不同程度的路面波浪拥包，可采用下列方法进行处治：

①在波谷部位喷洒沥青，均匀撒布适当粒径的矿料，找平并压实。

②采用机械铣刨方法铣平波浪拥包的鼓起部分，必要时采用冷拌或温拌沥青混合料进行摊铺与压实。

③采用就地热再生进行处治。

④铣刨或挖除沥青面层，重铺沥青面层。

（2）因沥青面层与基层之间存在不稳定的夹层引起的波浪拥包，应铣刨或挖除沥青面层，清除不稳定的夹层后，喷洒黏层沥青，重铺沥青面层。

（3）因基层引起的路面波浪拥包，可采用下列方法进行处治：

①因基层局部强度不足，稳定性差、局部松散等原因引起的波浪拥包，铣刨或挖除沥青面层，处治或重做基层后，重铺沥青面层。

②因基层局部积水使面层与基层间结合不良、水稳定性不好等原因引起的波浪拥包，铣刨或挖除沥青面层，晾晒干基层表面水分并增设排水盲沟，或清除基层用水稳定性较好的材料更换基层后，重铺沥青面层。

七、松散

松散是一种从路面表面向下不断发展的集料颗粒流失和沥青结合料流失而造成的面层呈松散状态的路面损坏（图3-6）。

1. 产生原因

（1）沥青黏度偏低，油石比偏小，沥青老化等造成沥青与集料间结合不良。

（2）低温施工，压实度不足，沥青面层空隙率过大，雨天摊铺，水膜降低了集料间的黏结力,在车辆荷载作用下造成沥青面层松散。

图 3-6 松散

(3)矿料表面过湿、含泥量超标,与沥青黏结不牢。
(4)基层强度不足,在行车作用下可造成面层松散。
(5)在沥青路面使用过程中,溶解性油类的泄漏,雨雪水的渗入,降低了沥青的黏结性能。
(6)集料选择有误,选择了酸性集料,与沥青黏附性差而造成的松散。

2. 损坏程度判断

松散按面积(m^2)计量,损坏程度按以下标准判断:
(1)轻度为路面细集料散失,出现脱皮,麻面等表面损坏。
(2)重度为路面粗集料散失,表面出现脱皮、麻面、露骨、剥落、小坑洞等损坏。

3. 处治方法

松散处治应根据松散病害类型、严重程度及原因合理确定,并采取可行的技术措施。
(1)因施工不良造成的路面麻面松散,可采用下列方法进行处治:
①将路面上已松动的矿料收集起来,将残留在麻面松散层上的浮料清扫干净,喷洒沥青用量为 $0.8 \sim 1.0 \text{kg/m}^2$ 的封层油,再按用量为 $5 \sim 8 \text{m}^3/1000 \text{m}^2$ 撒布 $3 \sim 5 \text{mm}$ 粒径的碎石或粗砂,用轻型压路机压实。
②将路面麻面松散部分进行铣刨重铺,或采用就地热再生进行处治。
(2)因沥青老化造成的路面麻面松散,可采取封层养护措施进行处治,也可采用就地热再生进行处治,还可采用铣刨或挖除松散部分后重铺沥青面层进行处治。
(3)因沥青与酸性石料间的黏附性不良造成的路面麻面松散,可铣刨或挖除松散部分,重铺沥青面层,其矿料不宜使用酸性石料。在缺乏碱性石料的地区,应在沥青中掺入抗剥离剂、增黏剂或使用干燥的消石灰、水泥等表面活性物质作为填料的一部分,或采用石灰浆处理粗集料等抗剥离措施。

八、泛油

泛油是指路面混合料中的沥青向上迁移到路表面,形成一层有光泽的沥青膜(图 3-7)。

1. 产生原因

(1)沥青面层沥青用量过大、稠度太低、热稳定性差等。
(2)过量使用透层沥青、粘层沥青,高温时

图 3-7 泛油

黏结料上溢。

(3)沥青用量偏高、矿料级配偏细或混合料空隙率偏低。

(4)沥青混合料水稳定性不良、空隙率偏大。

2. 损坏程度判断

泛油损坏不分严重程度等级,路表呈现膜、发亮、镜面、有轮印。按泛油涉及的面积计量。

3. 处治方法

泛油处治时机应根据泛油病害类型、严重程度及原因合理确定,并采取可行的技术措施。

(1)出现轻微泛油时,可撒布3~5mm粒径的碎石或粗砂,并采用压路机或行车碾压。

(2)出现重度泛油,但未发生沥青的迁移现象时,可采用下列方法进行处治:

①先撒布5~10mm粒径的碎石,后采用压路机碾压,待稳定后,再撒布3~5mmn粒径的碎石或粗砂,采用压路机或行车碾压。

②先撒布10~15mm粒径或更大粒径的碎石,后采用压路机强力压入路面,待稳定后,再撒布5~10mm或3~5mm粒径的碎石,采用压路机或行车碾压。

③将路面表面1~2cm的富油沥青层铣刨后,铺筑1~2cm的微表处、超薄罩面或薄层罩面。

(3)因沥青面层的沥青用量偏高、矿料级配偏细或混合料空隙率偏低引起的路面泛油,可采用碎石封层、就地热再生、铣刨泛油面层后重铺等方式。

(4)因沥青混合料水稳定性不良、空隙率偏大引起的沥青向上迁移型泛油,而沥青中、下面层的沥青含量低,混合料处于松散状态,存在结构性破坏时,可采用铣刨沥青面层、重新铺筑处治方式。

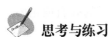

思考与练习

一、填空题

1. 沥青路面裂缝有_____、_____、_____、_____。
2. 沥青路面车辙包括_____、_____、_____。
3. 泛油产生的原因是因为沥青用量过_____、稠度太_____、稳定性_____等。
4. 松散是因为沥青黏度偏_____、油石比偏_____。
5. 沉陷是指路基、路面产生_____向变形而导致的路面下沉现象。

二、问答题

1. 沥青路面常见病害维修的一般要求。
2. 沥青路面裂缝产生的原因有哪些?怎样处治?
3. 坑槽产生的原因及处治方法?
4. 车辙产生的原因及处治方法?
5. 沉陷产生的原因及处治方法?
6. 波浪拥包产生的原因及处治方法?

7. 松散产生的原因及处治方法?
8. 泛油产生的原因及处治方法?

模块四 养护工程

1. 掌握养护工程的分类;
2. 掌握预防养护的措施及材料、施工要求;
3. 掌握修复养护的措施及施工要求。

1. 能够分析制订预防养护措施;
2. 能够分析制订修复养护方案。

《公路养护工程管理办法》(交公路发〔2018〕33号)规定,公路养护工程按照养护目的和公路设施差异,分为预防养护、修复养护、专项养护和应急养护。预防养护、修复养护和应急养护中涉及修复养护的工程,应进行养护工程设计。

一、预防养护

沥青路面预防养护主要指公路整体性能良好但有轻微病害,为延缓性能过快衰减、延长使用寿命而预先采取的针对沥青路面存在病害隐患或有轻微病害而采取的主动性养护工程措施。

《公路养护工程管理办法》(交公路发〔2018〕33号)规定,各地需要设立预防养护科目,要求每年安排一定比例的预防养护资金,并按交通运输部制定的每五个年度公路养护管理发展纲要要求,对符合预防养护条件的沥青路面实施一定里程或比例的预防养护,每个预防养护项目里程一般不少于3km。

预防养护应根据公路等级、使用年限,路面技术状况、交通量大小及组成、气候条件等因素,合理确定沥青路面预防养护时机。在预防养护时机确定的基础上,应设定预防养护目标,经过养护设计与方案比选,采取合适的预防养护措施,包括含砂雾封层、稀浆封层、微表处、碎石封层、纤维封层、复合封层、超薄罩面、薄层罩面等,其铺筑厚度应小于4cm。

封层是指采用专用设备将由沥青胶结料、粗细集料、其他添加材料组成的流动型混合料喷洒或摊铺在沥青路面上形成的加铺薄层,或将沥青胶结料、碎石、纤维同步或异步洒(撒)布在沥青路面上形成的加铺薄层或应力吸收层。

封层适用于有轻微病害、存在病害隐患或尚未出现病害,路面技术状况优良以上且结构强度满足要求的沥青路面。

封层预防养护措施应根据路面技术状况及损坏类型、交通量大小及组成、气候条件、外观质量要求、工程经验等因素合理确定,各等级公路适用的封层预防养护措施可按表3-5选用。

各等级公路适用的封层预防养护措施 表3-5

公路等级	含砂雾封层	稀浆封层	微表处	碎石封层	纤维封层	复合封层
高速公路	√	×	√	×	×	√
一级公路	√	×	√	△	△	√
二级公路	√	√	√	√	√	√
三级公路	√	√	△	√	√	√
四级公路	√	√	△	√	√	√

注：√表示推荐，△表示可选，×表示不推荐。

(1) 针对特殊路段的沥青路面抗滑性能要求，宜选用微表处、碎石封层、纤维封层、复合封层等封层措施，并保证具有良好的抗滑性能及耐久性。

(2) 封层施工应采用机械化作业方式，施工前彻底清除原路面的泥土、杂物，保持原路面干净、干燥，并按有关规定处治原路面病害。

1. 含砂雾封层

含砂雾封层是指采用专用高压喷洒设备将由乳化沥青基或煤焦油基材料、陶土、聚合物添加剂、细砂组成的混合料，喷洒在沥青路面上形成的封层。

含砂雾封层适用于表面有松散麻面、渗水、沥青老化且抗滑性能较好的沥青路面，但不适用于由酸性岩石、鹅卵石等破碎集料铺筑的沥青路面，其适用的各等级公路路况水平应符合表3-6的规定。

含砂雾封层适用的各等级公路路况水平 表3-6

路况指数	高速公路	一、二级公路	三、四级公路
PCI、RQI、RDI	≥90	≥88	≥85
SRI	≥75	≥70	—

(1) 含砂雾封层材料应符合下列规定：

①含砂雾封层胶结料可采用乳化沥青基或煤焦油基，并掺加聚合物、矿物等成分的黏结性材料，具有良好的还原、渗透和抗老化性能，且具有与砂良好的黏附性，应符合表3-7的规定。

含砂雾封层胶结料技术要求 表3-7

检测指标	技术要求	试验方法
残留物含量(%)	≥56	《公路沥青路面养护技术规范》(JTG 5142—2019)附录 B.1
干燥时间(h)	≤2(60℃)/6(20℃)	《公路沥青路面养护技术规范》(JTG 5142—2019)附录 B.2
黏结强度(MPa)	≥0.15	《公路沥青路面养护技术规范》(JTG 5142—2019)附录 B.3
布氏黏度(25℃,Pa·s)	≥2.5	T 0625

②含砂雾封层细粒砂可采用石英砂、金刚砂或机制砂，机制砂宜采用专用的制砂机制造，并选用优质的玄武岩生产，细粒砂的细度应为30~50目。

③含砂雾封层施工时可掺入一定比例的水，并符合三类及三类以上水质标准。

④含砂雾封层可掺入具有路面夏季降温、冬季融冰功能的添加材料，其掺入不应对含砂雾

封层材料性能产生不利影响,未经试验验证的添加材料不得使用。

(2)对含砂雾封层混合料组成应进行设计,并按规范规定的试验方法进行使用性能检验。含砂雾封层混合料的洒布量应根据原路面技术状况、表面致密程度、粗糙度大小、路面渗水、松散麻面情况合理确定,并应符合下列规定:

①表面致密、轻微渗水、轻度松散麻面的路面,可减少含砂雾封层混合料的洒布量,并采用单层洒布,其洒布量应为 $0.9 \sim 1.2 \text{kg/m}^2$。

②表面粗糙、较重渗水、空隙率较大、重度松散麻面且贫油的路面,应增加含砂雾封层混合料的洒布量,并采用双层洒布,其洒布量应为 $1.2 \sim 1.8 \text{kg/m}^2$,其中第一层洒布量为 $0.7 \sim 1.0 \text{kg/m}^2$,第二层洒布量为 $0.5 \sim 0.8 \text{kg/m}^2$。

(3)含砂雾封层施工。

①应采用专用的洒布设备喷洒,并在喷洒时保持稳定速度和洒布量,保证洒布宽度喷洒均匀,并应符合下列规定:

A.洒布设备的喷嘴应适用于喷洒材料的稠度,确保呈雾状,与洒油管保持 15°~25° 的夹角,洒油管的高度应使同一地点接受 2~3 个喷油嘴的喷洒,不得出现花白条或条状,也不得有堆积。

B.喷洒不足的应补洒,喷洒过量处应予清除。洒布车不易到达的部位,可采用人工喷洒。

②含砂雾封层喷洒的起点和终点位置宜预铺油毛毡,保证边缘整齐。为避免污染标线,应在施工前对道路人工构造物、路缘石、标线等外露部分做防污染遮盖,不得在气温低于10℃、雨天、路面潮湿情况下施工。

③含砂雾封层的养护时间应根据材料的品种和气候条件确定,未干燥成型前,严禁车辆和行人通行,待干燥后方可开放交通。

④含砂雾封层施工中,应对其混合料和现场质量进行抽样检测,检测项目、检测频率、质量要求及检测方法应符合表3-8的规定。

含砂雾封层施工过程控制要求 表3-8

检测项目	检测频率	质量要求或允许偏差	检测方法
稳定性(%)	1次/车	≤15	《公路沥青路面养护技术规范》(JTG 5142—2019)附录B.4
耐磨性(g/m²)	1次/3个工作日	≤600	《公路沥青路面养护技术规范》(JTG 5142—2019)附录B.5
外观	全线连续	表面喷洒均匀,无积聚	目测
洒布量(kg/m²)	1次/工作日	±0.1	T 0982

(4)含砂雾封层施工的工程验收标准应符合表3-9的规定。

含砂雾封层施工的工程验收标准 表3-9

检测项目		检测频率	质量要求或允许偏差	检测方法
渗水系数(mL/min)		5个点/km	≤10	T 0971
抗滑性能	摆值 F_b(BPN)	5个点/km	不低于原路面	摆式仪:T 0964
	构造深度TD	5个点/km	$(TD_{施工前} - TD_{施工后})/TD_{施工前} \leq 20\%$	T 0961
宽度(mm)		5个点/km	不小于设计值	钢卷尺法

2.稀浆封层

稀浆封层是指采用专用设备将乳化沥青、粗细集料、填料、水和添加剂等,按设计配合比拌和成稀浆混合料摊铺到沥青路面上形成的封层。(资源3-2)

稀浆封层适用于二级及二级以下公路沥青路面,其适用的各等级公路路况水平应符合表3-10的规定。

稀浆封层适用的各等级公路路况水平 表3-10

路况指数	二级公路	三、四级公路
PCI、RQI、RDI	≥85	≥80

(1)稀浆封层材料应符合下列规定:

①稀浆封层可采用乳化沥青,其技术指标应符合现行行业标准《公路沥青路面养护技术规范》(JTG 5142)的规定。

②稀浆封层矿料可采用不同规格的粗细集料、矿粉等掺配而成,粗集料应选择坚硬、粗糙、耐磨、洁净的集料,细集料宜采用碱性石料生产的机制砂,其技术指标应满足现行行业标准《公路沥青路面养护技术规范》(JTG 5142)的规定。

③稀浆封层填料可采用矿粉、水泥、消石灰等,应干燥、疏松,无结团,并符合现行行业标准《公路沥青路面施工技术规范》(JTG F40)的有关规定。

④稀浆封层添加剂可采用无机盐类添加剂、有机类添加剂等,添加剂的掺加不得对混合料性能产生不利影响,未经试验验证的添加剂不得在施工中采用。

⑤稀浆封层施工时可掺入一定比例的水,并符合三类及三类以上水质标准。

(2)稀浆封层混合料类型应根据使用要求、原路面状况、交通量、气候条件等因素选择,并进行混合料配合比设计、路用性能试验和设计参数的测试,根据试验结果确定混合料配合比。

①按矿料粒径的不同,稀浆封层混合料可分为ES-1型、ES-2型和ES-3型,ES-3型稀浆封层适用于二级公路沥青路面预防养护和新建、改扩建公路沥青路面下封层,ES-2型稀浆封层适用于二级及二级以下公路沥青路面预防养护和新建、改扩建公路沥青路面下封层,ES-1型稀浆封层适用于三级及四级公路沥青路面预防养护。稀浆封层混合料的矿料级配范围应符合表3-11的规定。

稀浆封层混合料的矿料级配范围 表3-11

级配类型	通过下列筛孔(mm)的质量百分率(%)							
	9.5	4.75	2.36	1.18	0.6	0.3	0.15	0.075
ES-1	—	100	90~100	65~90	40~65	25~42	15~30	10~20
ES-2	100	90~100	65~90	45~70	30~50	18~30	10~21	5~15
ES-3	100	70~90	45~70	28~50	19~34	12~25	7~18	5~15
波动范围	—	±5	±5	±5	±5	±4	±3	±2

注:填料计入矿料级配。

②稀浆封层混合料的使用性能应符合现行行业标准《公路沥青路面养护技术规范》(JTG 5142)的规定。

(3)稀浆封层的施工。

①稀浆封层的施工气温不得低于10℃,路面温度和气温均在7℃以上并继续上升,允许施

工；施工后24h内可能产生冻结，不得施工；严禁在雨天施工，摊铺后未成型混合料遇雨，应在雨后及时进行检查，如有局部轻度损坏，待路面干硬后，采用人工修补；如损坏较严重，应在路面强度较低的情况下，将雨前摊铺层铲除，重新摊铺。

②稀浆封层应采用稀浆封层车作业方式，摊铺时应拌和充分、摊铺均匀、速度稳定，宜采用自卸车供料，乳化沥青、水、添加剂等可采用专用罐车，保证供料及时和连续生产。

③稀浆封层已摊铺的稀浆混合料不应有过量的水分和乳化沥青，也不应发生乳化沥青与集料分离的现象。摊铺专用机械不能到达的地方，应用人工刮板封层，且应确保表面平整，保持与摊铺效果相同。

④稀浆封层两幅的纵缝搭接宽度不宜大于80mm，宜设置在车道线处，横向接缝宜做成对接缝，用3m直尺测量接缝处的不平整度不应大于6mm。

⑤稀浆封层铺筑后不得有超粒径料拖拉的严重划痕，横向接缝和纵向接缝处不得出现余料堆积或缺料现象。养护成型期内严禁车辆和行人进入，为加快开放交通时间，可在稀浆混合料初凝后使用胶轮压路机碾压。经养护和初期交通碾压稳定的稀浆封层，在行车作用下应不飞散且完全密水。

⑥稀浆封层施工中应对稀浆混合料和现场质量进行抽样检测，检测项目、检测频率、质量要求及检测方法应符合现行行业标准《公路沥青路面养护技术规范》(JTG 5142)的规定。

3. 微表处

采用专用设备将改性乳化沥青、粗细集料、填料、水和添加剂等，按设计配合比拌和成稀浆混合料摊铺到沥青路面上，并形成很快开放交通的具有高抗滑和耐久性能的封层。(资源3-3)

微表处适用于二级及二级以上公路、需要改善抗滑等使用性能的沥青路面，其适用的各等级公路路况水平应符合表3-12的规定。

微表处适用的各等级公路路况水平　　　　表3-12

路况指数	高速公路	一、二级公路
PCI、RQI	≥85	≥80

(1)微表处材料应符合下列规定：

①微表处应采用阳离子型改性乳化沥青，改性剂剂量(改性剂有效成分占纯沥青的质量百分比)不宜小于3%，其技术指标应符合现行行业标准《公路沥青路面养护技术规范》(JTG 5142)的规定。

②微表处矿料可采用不同规格的粗细集料、矿粉等掺配而成，粗集料应选择坚硬、粗糙、耐磨、洁净的集料，细集料宜采用碱性石料生产的机制砂，其技术指标应满足现行行业标准《公路沥青路面养护技术规范》(JTG 5142)的规定。

③微表处填料可采用新粉、水泥、消石灰等，应干燥、疏松、无结团，并符合现行行业标准《公路沥青路面施工技术规范》(JTG F40)的有关规定。

④微表处添加剂可采用无机盐类添加剂、有机类添加剂等，添加剂的掺加不得对混合料性能产生不利影响，未经试验验证的添加剂不得在施工中采用。

⑤掺入微表处的纤维类型可选用玻璃纤维、聚酯纤维、矿物纤维或玄武岩纤维，状态为卷轴式纤维盘，长度为6mm、8mm或12mm。

⑥同步微表处黏层材料应采用符合现行行业标准《公路沥青路面施工技术规范》

(JTG F40)规定的改性乳化沥青,其蒸发残留物含量不应小于62%。

⑦微表处施工时可掺入一定比例的水,水质符合三类及三类以上水质标准。

(2)微表处混合料类型应根据使用要求、原路面状况、交通量、气候条件等因素选择,并进行混合料配合比设计、路用性能试验和设计参数的测试,根据试验结果确定混合料配合比。

①按矿料粒径的不同,微表处混合料可分为 MS-2 型和 MS-3 型,MS-3 型微表处适用于高速公路及一级公路沥青路面预防养护,MS-2 型微表处适用于中等交通量高速公路、一级及二级公路沥青路面预防养护。微表处混合料的矿料级配范围应符合表3-13 的规定。

微表处混合料的矿料级配范围   表 3-13

级配类型	通过下列筛孔(mm)的质量百分率(%)							
	9.5	4.75	2.36	1.18	0.6	0.3	0.15	0.075
MS-2	100	90~100	65~90	45~70	30~50	18~30	10~21	5~15
MS-3	100	70~90	45~70	28~50	19~34	12~25	7~18	5~15
波动范围	—	±5	±5	±5	±5	±4	±3	±2

注:填料计入矿料级配。

②用于车辙填充的微表处混合料配合比设计,其矿料级配宜在 MS-3 型级配范围的中值和下限之间,并符合表3-14 的规定。

微表处车辙填补的矿料级配范围   表 3-14

级配类型	通过下列筛孔(mm)的质量百分率(%)							
	9.5	4.75	2.36	1.18	0.6	0.3	0.15	0.075
车辙填补	100	70~80	45~58	28~39	19~27	12~19	7~13	5~8
波动范围	—	±5	±5	±5	±5	±4	±3	±2

③微表处混合料的使用性能应符合现行行业标准《公路沥青路面养护技术规范》(JTG 5142)的规定。

④微表处混合料可掺入其质量1%~3%的纤维,经微表处混合料的配合比试验确定纤维掺量。

(3)微表处施工。

①应采用专用摊铺机摊铺,微表处摊铺机的拌和箱应为大功率双轴强制搅拌式,摊铺箱应带有两排布料器,摊铺机应具有精确计量系统并可记录或显示矿料、改性乳化沥青等的用量。

②掺入纤维的微表处应采用同步微表处摊铺机进行黏层喷洒、纤维切割添加和微表处摊铺的同步施工方法。原路面表面光滑时,宜采用同步微表处摊铺机进行黏层喷洒和微表处摊铺的同步施工方法,过于光滑的原路面表面可采用拉毛处理,保证微表处与原路面黏结良好而不脱落。

③微表处施工环境要求以及拌和、摊铺、供料、人工找补、纵横缝搭接、养护等工艺按稀浆封层的有关规定执行。

④深度不大于15nm 的不规则车辙或轻度车辙,可按要求一次全宽刮平摊铺;深度为15~30mm 的车辙填补应采用专用的 V 形摊铺箱,并按两层进行摊铺,宜在第一层摊铺完开放交通24h 后进行第二层摊铺。

⑤微表处施工中应对稀浆混合料和现场质量进行抽样,检测项目、检测频率、质量要求及检测方法应符合现行行业标准《公路沥青路面养护技术规范》(JTG 5142)的规定。

4.碎石封层

碎石封层是指采用专用设备将沥青胶结料、碎石同步或异步洒(撒)布在沥青路面上形成的封层。

碎石封层适用于二级及二级以下公路需要改善抗滑等使用性能的沥青路面,其适用的各等级公路路况水平应符合表3-15的规定,也可用作各等级公路加铺功能性罩面、结构性补强、桥隧沥青铺装、水泥混凝土路面沥青铺装等需要起到应力吸收作用的黏结防水层。

碎石封层适用的各等级公路路况水平　　表3-15

路况指数	二级公路	三、四级公路
PCI、RQI、RDI	≥80	≥75

(1)碎石封层材料应符合下列规定:

①碎石封层胶结料可采用(改性)乳化沥青、热沥青等,用于预防养护的乳化沥青蒸发残留物含量不应小于55%,改性乳化沥青蒸发残留物含量不应小于60%,其他指标和用作黏结防水层的技术指标应符合现行行业标准《公路沥青路面施工技术规范》(JTG F40)的有关规定。

②碎石封层应选择坚硬耐磨的玄武岩、辉绿岩、石灰岩等岩石破碎而成的单一粒径碎石,其最小粒径与最大粒径之比应为0.6~0.7,压碎值不应大于20%,针片状颗粒含量不应大于10%,其他技术指标应符合现行行业标准《公路沥青路面施工技术规范》(JTG F40)的有关规定。

③按碎石粒径的不同,碎石封层可分为砂粒式、细粒式和中粒式三类,其对应的碎石规格最大粒径不应大于5mm、10mm和15mm;按施工层数的不同,碎石封层可分为单层式和双层式两种,其中双层式碎石封层应采用嵌挤式结构。

④碎石封层的碎石用量和胶结料用量应根据原路面的表面状况、交通量、施工经验、施工季节等,并结合碎石粒径和施工层数进行确定。单层式碎石封层材料规格和用量应符合表3-16的规定,双层式碎石封层材料规格和用量应符合表3-17的规定。

单层式碎石封层材料规格和用量　　表3-16

碎石规格(mm)		碎石用量(m³/1000m²)	乳化沥青用量(kg/m²)	热沥青用量(kg/m²)
砂粒式	1~3	2~5	0.9~1.2	—
	3~5	4~7	1.2~1.5	—
细粒式	5~8	6~9	1.5~1.8	0.9~1.2
	7~10	8~11	1.8~2.1	1.1~1.4
中粒式	9~12	10~13	2.1~2.4	1.4~1.7
	12~15	13~16	2.4~2.7	1.7~2.0

双层式碎石封层材料规格和用量　　表3-17

碎石规格(mm)		碎石用量(m³/1000m²)		乳化沥青用量(kg/m²)		热沥青用量(kg/m²)	
第一层	第二层	第一层	第二层	第一层	第二层	第一层	第二层
7~10	3~5	6~9	2~5	1.2~1.5	0.7~1.0	1.2~1.5	0.4~0.7
9~12	5~8	9~12	4~7	1.5~1.8	1.0~1.3	1.5~1.8	0.7~1.0
12~15	7~10	12~15	6~9	1.8~2.0	1.3~1.6	1.8~2.0	1.0~1.3

⑤碎石封层所用碎石宜采用沥青拌合站进行沥青预裹覆或烘干除尘处理。预裹覆的沥青可与碎石封层喷洒的沥青类型不同,拌和温度道路石油沥青为140℃,预裹覆碎石的沥青用量

应符合表3-18的规定；采用烘干除尘处理的碎石铺筑(改性)乳化沥青碎石封层，宜在沥青胶结料洒布和碎石撒布后，在碎石表面再喷洒其1/3质量的沥青胶结料。

预裹覆碎石的沥青用量   表3-18

碎石规格(mm)	3～5	5～8	7～10	9～12	12～15
沥青用量(质量比,%)	0.4	0.35	0.3	0.25	0.2

(2)碎石封层施工。

①宜采用同步碎石封层车施工，并同步完成胶结料和碎石洒(撒)布；条件不具备的，也可采用沥青洒布车和碎石撒布车的异步施工方法。异步施工应确保工序的紧密衔接，每个作业段的长度应根据施工能力确定。

②碎石封层施工前，应彻底清除原路面的泥土、杂物并保持相对干燥，坑槽、裂缝等病害的路面需进行处治，旧沥青面层老化严重时应喷洒一层渗透性好的沥青再生剂或再生还原剂，路面整体强度不足时应进行补强。

③碎石封层施工应结合原路面状况，选用合适的沥青用量进行洒布，采用的沥青洒布温度应根据黏温曲线确定，不具备条件时可参考现行行业标准《公路沥青路面施工技术规范》(JTG 5142)(JTG F40)各类沥青的拌和温度，乳化沥青采用常温洒布。

④碎石封层施工过程如发现空白、缺边等洒(撒)布数量不足的情况，应及时人工补洒(撒)胶结料和碎石，胶结料积聚应予以刮除。

⑤异步碎石封层施工洒布胶结料后应及时撒布碎石，使用乳化沥青时，碎石撒布应在乳化沥青破乳之前完成。碎石撒布应及时均匀，厚度一致，不应露出胶结料；局部缺料或料过多处，应人工适当找补或清除。

⑥碎石撒布完成后应及时使用胶轮压路机进行碾压，压路机的行驶速度不宜超过3km/h。

⑦乳化沥青碎石封层应待破乳、水分蒸发并基本成型后方可通车，(改性)沥青碎石封层在碾压结束后即可开放交通，并通过开放交通补充压实，成型稳定。在通车初期应设置限速设施控制行车，限制行车速度不得超过20km/h。

⑧应做好碎石封层的初期养护，发现有泛油时，应在泛油处补撒碎石并扫匀，过多的浮料应扫出路外。

⑨碎石封层施工中应对其现场质量进行抽样检测，检测项目、检测频率、质量要求及检测方法应符合现行行业标准《公路沥青路面养护技术规范》(JTG 5142)的规定。

5.纤维封层

纤维封层是指采用专用设备在沥青路面上同步洒(撒)布一层改性乳化沥青、纤维和一层改性乳化沥青，之后撒布碎石形成的封层。

纤维封层适用于二级及二级以下公路、需要改善抗滑等使用性能的沥青路面，其适用的各等级公路路况水平应符合表3-19的规定；也可用作各等级公路加铺功能性罩面、结构性补强、桥隧沥青铺装、水泥混凝土路面沥青铺装等需要起到应力吸收作用的黏结防水层。

纤维封层适用的各等级公路路况水平   表3-19

路况指数	二级公路	三、四级公路
PCI、RQI、RDI	≥80	≥75

(1)纤维封层材料应符合下列规定：

①纤维封层胶结料应采用改性乳化沥青，其蒸发残留物含量不应小于60%，其他指标应

符合现行《公路沥青路面施工技术规范》(JTG F40)的有关规定。

②纤维封层用纤维应具有高抗拉性能和高弹性模量,其类型可采用玻璃纤维、矿物纤维或玄武岩纤维,纤维长度宜为6cm,状态宜为卷轴式纤维盘。

③纤维封层应选择坚硬耐磨的玄武岩、辉绿岩等岩石破碎而成的单一粒径碎石,并应符合碎石封层的相关要求。

④纤维封层的碎石用量、胶结料用量和纤维用量应根据原路面的表面状况、交通量、施工经验、施工季节等,结合碎石粒径和封层类型确定,其碎石用量和胶结料用量可按碎石封层的有关规定执行。

(2)纤维封层施工。

①纤维封层施工前,应彻底清除原路面的泥土、杂物并保持相对干燥,坑槽、裂缝等严重病害的路面应进行修补,路面整体强度不足时应进行补强。

②纤维封层专用设备洒布改性乳化沥青施工后,紧接着撒布碎石层,碎石撒布完成后应及时使用胶轮压路机进行碾压,压路机的行驶速度不宜超过3km/h。

③纤维封层应待改性乳化沥青破乳、水分蒸发并基本成型后方可通车,并做好纤维封层的初期养护,在通车初期应设置限速设施控制行车,限制行车速度不得超过20km/h。

④纤维封层施工中应对其现场质量进行抽样检测,检测项目、检测频率、质量要求及检测方法应符合现行行业标准《公路沥青路面养护技术规范》(JTG 5142)的规定。

6. 复合封层

复合封层是指由碎石封层或纤维封层+微表处,或由碎石封层+稀浆封层组合而成的封层。

复合封层适用于各等级公路、需要改善抗滑等使用性能的沥青路面。碎石封层或纤维封层+微表处适用于二级及二级以上公路,碎石封层+稀浆封层适用于二级及二级以下公路,其适用的各等公路路况水平应符合表3-20的规定。

复合封层适用的各等级公路路况水平 表3-20

路况指数	高速公路	一、二级公路	三、四级公路
PCI、RQI、RDI	≥80	≥75	≥70

(1)复合封层的原材料技术要求,配合比设计与使用性能检验,复合封层的施工与质量检验等应符合碎石封层、纤维封层和微表处、稀浆封层的有关规定。

(2)复合封层施工的工程验收标准应符合现行行业标准《公路沥青路面养护技术规范》(JTG 5142)的规定。

二、修复养护

修复养护指路面出现明显病害或部分丧失服务功能,为恢复技术状况而进行的功能性、结构性修复养护工程。

沥青路面修复养护工程应根据公路等级、路面技状况、交通量大小、预期寿命等因素,合理确定沥青路面修复养护目标,在修复养护目标确定的基础上,根据沥青路面主导损坏类型、交通量大小及组成、气候与地质条件、施工可行性、技术经济性等因素,经过养护设计与方案比选,采取功能性罩面、结构性补强、局部加宽等修复养护措施。

1. 功能性罩面

功能性罩面是指采用专用设备将高黏改性乳化沥青和间断级配的改性热拌沥青混合料同

步喷洒并摊铺到路面上的一种薄层沥青路面结构。

功能性罩面适用于各等级公路预防或修复病害、需要改善抗滑等使用性能且结构强度满足使用要求的沥青路面,铺筑厚度小于40mm的功能性罩面可作为预防养护措施。

功能性罩面可采用铺筑厚度小于25mm的超薄罩面、不小于25mm且小于40mm的薄层罩面和不小于40mm且小于60mm的罩面类型,应根据路面技术状况、主导损坏类型、交通量大小及组成、气候条件、工程经验等因素,合理确定功能性罩面措施。

(1)超薄罩面。

超薄罩面适用于预防或部分修复病害、需要改善抗滑等使用性能的沥青路面,其适用的各等级公路路况水平应符合表3-21的规定。

超薄罩面适用的各等级公路路况水平 表3-21

路况指数	高速公路	一、二级公路	三、四级公路
PCI、RQI	≥85	≥80	≥75
RDI	≥80	≥75	≥70

①超薄罩面宜采用热拌沥青混凝土,也可采用温拌或冷拌沥青混合料进行铺筑,其材料应符合下列规定:

A.沥青胶结料可采用高黏度改性沥青、橡胶改性沥青、温拌或冷拌改性沥青。铺筑厚度不大于15mm的超薄罩面宜采用60℃动力黏度不小于100000Pa·s高黏度改性沥青。

B.粗集料、细集料和填料技术指标应符合现行行业标准《公路沥青路面施工技术规范》(JTG F40)的有关规定。粗集料应采用质地坚硬、表面粗糙、形状接近立方体的玄武岩或辉绿岩加工而成,具有良好的耐磨耗与磨光性能;细集料应采用石灰岩或岩浆岩中的强基性岩石经制砂机破碎得到的机制砂,与沥青有良好的黏结能力;填料应采用石灰岩或岩浆岩中的强基性岩石经磨细得到的矿粉,保证洁净、干燥,能自由地从矿粉仓中流出。

C.超薄层罩面沥青混合料的矿料级配类型及组成结构可采用骨架-空隙型级配(CPA)、骨架-密实型级配(SMA)和密实-悬浮型级配(AC)。CPA矿料级配其公称最大粒径可选用与铺筑厚度相匹配的7.2mm(CPA-7)或9.5mm(CPA-10)。其矿料级配范围应符合表3-22的规定,SMA-10和AC-10矿料级配范围应符合现行行业标准《公路沥青路面施工技术规范》(JTG F40)的有关规定,SAM-5/AC-5矿料级配范围应符合表3-23的规定。

CPA-7/10矿料级配范围 表3-22

级配类型	通过下列筛孔(mm)的质量百分率(%)									
	13.2	9.5	7.2	4.75	2.36	1.18	0.6	0.3	0.15	0.075
CPA-7	—	100	55~100	15~40	12~35	11~19	8~15	3~12	3~9	2~7
CPA-10	100	85~100	—	18~43	12~35	11~19	8~15	3~12	3~9	2~7

SMA-5/AC-5矿料级配范围 表3-23

级配类型	通过下列筛孔(mm)的质量百分率(%)							
	9.5	4.75	2.36	1.18	0.6	0.3	0.15	0.075
SMA-5	100	90~100	35~65	22~36	18~28	15~22	13~18	9~15
AC-5	100	90~100	50~70	35~55	20~40	12~28	7~18	5~9

②超薄罩面施工。

A.超薄罩面铺筑前,应在原路面表面喷洒一层黏层,其材料可采用高黏度改性乳化沥青或不粘轮改性乳化沥青,具有良好的黏结性能和抗水损特性。

B. 超薄罩面施工工艺可分为同步超薄罩面和异步超薄罩面。CPA-7/10 矿料级配类型应采用同步超薄罩面施工工艺,保证黏层与超薄罩面层用同一台施工设备同步喷洒和摊铺;对于其他矿料级配类型,宜采用同步超薄罩面施工工艺,也可采用异步超薄罩面施工工艺。

C. 超薄罩面的施工工艺、设备要求与质量控制应按现行行业标准《公路沥青路面施工技术规范》(JTG F40)的有关规定执行,同步超薄罩面还应符合下列规定:

a. 间歇式拌和机每盘的生产周期应适当延长 5~10s,沥青混合料的储存时间不宜超过 6h。

b. 黏层改性乳化沥青喷洒温度应为 50~80℃,同步施工黏层改性乳化沥青喷洒温度不应小于 80℃。热沥青混合料摊铺在改性乳化沥青喷洒的表面上。

c. 碾压应在沥青混合料温度下降至 90℃之前完成,碾压过程中使用 11~13t 双钢轮压路机静压 2~3 遍,严禁使用轮胎压路机。

d. 纵向接缝宜为冷接缝,摊铺宽度宜为一个车道,纵向接缝宜位于标线处。(资源 3-4)

D. 同步超薄罩面应采用专用同步洒布摊铺设备进行铺筑,施工设备应包含受料斗、传送带、带加热功能的乳化沥青储罐、智能喷洒系统、宽度可调节的振动熨平板等部分,可一次同步实施乳化沥青喷洒、混合料摊铺及熨平,乳化沥青喷洒与混合料摊铺时间间隔不应超过 5s。

(2)薄层罩面。

薄层罩面适用于预防或修复病害、需要改善抗滑等使用性能的沥青路面,其适用的各等级公路路况水平应符合表 3-24 的规定。

薄层罩面适用的各等级公路路况水平 表 3-24

路况指数	高速公路	一、二级公路	三、四级公路
PCI、RQI	≥80	≥75	≥70
RDI	≥75	≥70	≥65

①薄罩面宜采用热拌沥青混凝土,也可采用温拌或冷拌沥青混合料进行铺筑,其材料应符合下列规定:

A. 沥青胶结料应采用高黏度改性沥青、SBS 改性沥青、橡胶改性沥青或温拌改性沥青。温拌或冷拌改性沥青应经试验验证并符合相关产品标准规定。

B. 粗集料、细集料和填料技术指标符合超薄层罩面相关要求。

C. 沥青混合料的矿料级配类型及组成结构可采用骨架-空隙排水型级配(BPA)、骨架密实型级配(SMA)和密实悬浮型级配(AC),其公称最大粒径可选用与铺筑厚度相匹配的 9.5mm(10 型)或 13.2mm(13 型)。BPA-10/13 矿料级配范围应符合表 3-25 的规定,SMA-10/13 和 AC-10/13 矿料级配范围应符合现行行业标准《公路沥青路面施工技术规范》(JTG F40)的有关规定。

BPA-10/13 矿料级配范围 表 3-25

级配类型	通过下列筛孔(mm)的质量百分率(%)									
	16.0	13.2	9.5	4.75	2.36	1.18	0.6	0.3	0.15	0.075
BPA-10	—	100	80~100	25~40	22~35	13~25	9~19	7~14	5~11	3~7
BPA-13	100	80~100	60~80	25~40	22~35	13~25	9~19	7~14	5~11	3~7

D. 层间黏层材料可采用高黏度改性乳化沥青或不粘轮改性乳化沥青。

E. 层间应力吸收层应符合碎石封层或纤维封层的相关要求。

②薄层罩面施工。

薄层罩面铺筑前,可在原路面表面喷洒一层黏层,也可在原路面表面铺筑碎石封层或纤维封层。

薄层罩面施工工艺可分为同步薄层罩面和异步薄层罩面。BPA-10/13 矿料级配类型宜采用同步薄层罩面施工工艺,保证黏层与薄层罩面层用同一台施工设备同步喷洒和摊铺,也可采用异步薄层罩面施工工艺;对于其他矿料级配类型,可采用同步薄层罩面或异步薄层罩面施工工艺。采用铺筑碎石封层或纤维封层应力吸收层时,应采用异步薄层罩面施工工艺。

(3)罩面。

罩面适用于修复病害,需要改善抗滑等使用性能的沥青路面,可分为直接罩面和沥青表面层铣刨后罩面,其适用的各等级公路路况水平应符合表3-26 的规定。

罩面适用的各等级公路路况水平　　　　表 3-26

路 况 指 数	高速公路	一、二级公路	三、四级公路
PCI、RQI	≥80	≥75	≥70

①罩面材料应满足下列要求:

A. 罩面宜采用热拌或温拌沥青混凝土进行铺筑,其材料应符合现行行业标准《公路沥青路面施工技术规范》(JTG F40)的有关规定。

B. 罩面沥青混合料的矿料级配类型及组成结构可采用骨架-空隙排水型级配(PA)、骨架-密实型级配(SMA)和密实-悬浮型级配(AC),其公称最大粒径可选用与铺筑厚度相匹配的3.2mm(13 型)或16mm(16 型),其矿料级配范围应符合现行行业标准《公路沥青路面施工技术规范》(JTG F40)的有关规定。

C. 层间黏层材料可采用改性乳化沥青,其材料要求、施工工艺与质量控制应按现行行业标准《公路沥青路面施工技术规范》(JTG F40)的有关规定执行。

D. 层间应力吸收层应符合碎石封层或纤维封层的相关要求。

②罩面施工。

A. 罩面铺筑前,可在原路面或沥青表面层铣刨后下承层表面喷洒一层黏层,也可在原路面或沥青表面层铣刨后下承层表面铺筑碎石封层或纤维封层。

B. 根据所在路段的公路等级、路面技术大状况、交通量、使用功能等因素,设计碎石封层或纤维封层＋罩面结构组合与厚度,并应符合表3-27 的规定。

碎石外层或纤维封层＋置顶结构组合与厚度　　　　表 3-27

使 用 条 件	碎石封层或纤维封层厚度(cm)	罩面厚度(cm)
路面破损、平整度、抗滑三项指标都在中等以下,要求恢复到优、良等级,且交通量较大、重型车较多的路段	1.2～1.5	4.0～5.5
路面破损、平整度、抗滑三项指标都在中等以下,要求恢复到优、良等级,且中等交通量的路段	0.7～1.2	4.0～5.0
路面破损、平整度、抗滑三项指标都在中等以下,要求恢复到优、良等级,且交通量小、重型车少的路段	0.5～0.8	4.0～5.0

2. 结构性补强

结构性补强是指在原沥青路面不满足结构强度要求的情况下,为提高路面整体承载能力,铺筑厚度不小于6cm加铺层的养护措施。

结构性补强适用于路面结构强度不足、旧路病害严重、需要改善使用性能的沥青路面,应根据路面结构强度状况、主要病害类型与数量、严重程度、产生原因等因素,确定采取直接加铺或铣刨加铺补强措施。

结构性补强应通过结构验算确定路面结构组合与厚度,并采用铺筑总厚度不小于6cm的双层或双层以上路面结构。

应做好结构性补强厚度引起设计高程变化、横坡调整、与桥隧构造物衔接、沿线交通工程等方面的相互协调,并采取相应的处理措施。

与桥涵的衔接处理应符合下列规定:

①结构性补强路段内有桥涵等构造物时,施工前应对其铺装层进行检查,及时修复原铺装层出现的破损。新铺筑的沥青铺装层不宜增加厚度,保证路面与桥涵顶面的纵坡顺适。

②结构性补强可从桥涵两侧的搭板外开始,变坡点设在搭板两侧以外,保证路线纵坡平顺。

③对于无搭板情况,结构性补强变坡点距离桥涵台背端点不小于10m,保证路线纵坡与桥涵构造物在变坡点处的衔接顺适。

结构性补强层与下承层间应采取黏层、封层等处理措施,保证补强层与下承层间有效的黏结防水,与不维修路段界面应涂刷黏层乳化沥青,并在路面压实成型后采用密封胶、贴缝胶等防水材料进行密封,保证水分不从界面处下渗。

结构性补强施工前后,应对排水不良路段采取加深边沟、设置盲沟或渗井、增设隔水层等措施进行处理。

(1)直接加铺补强。

应根据路面结构强度状况、主要病害类型与发生层位等因素,确定采取直接加铺沥青面层或基层与沥青面层共同补强措施,并应符合下列规定:

①高速公路、一级及二级公路路面采取直接加铺沥青面层,或柔性基层与沥青面层共同补强措施。

②三级及四级公路路面采取直接加铺沥青面层或半刚性基层与沥青面层共同补强措施。

采用柔性基层或半刚性基层与沥青面层共同补强时,基层比沥青面层宽出20~25cm或埋设路缘石,保证路面边缘坚实稳定;路肩过窄路段,先加宽路基达到标准宽度,或采用护肩石的方法,再加宽基层。

采用柔性基层或半刚性基层与沥青面层共同补强时,应通过加铺调平层,或加铺柔性基层或半刚性基层的厚度调整,保证原路面纵、横坡符合要求。

③因沥青面层裂缝引起的雨雪水侵入造成基层顶面破坏而形成的翻浆,可待翻浆基层水分蒸发且稳定,采用裂缝处治或挖补后进行直接加铺沥青面层补强。

(2)铣刨加铺补强。

①应根据路面结构强度状况、主要病害发生层位等因素,确定采取铣刨加铺沥青面层或基层与沥青面层共同补强措施,并应符合下列规定:

A.对于沥青面层部分破损、基层完好,仅铣刨处治部分厚度沥青面层的,对部分沥青面层回填压实后,采取沥青面层补强措施。

B.对于沥青面层严重破损、基层较完好,铣刨处治全部沥青面层的,采取直接加铺沥青面层、柔性基层或半刚性基层与沥青面层共同补强措施。

C.对于沥青面层严重破损、基层局部病害,铣刨处治全部沥青面层的,对基层局部病害处理后,采取直接加铺沥青面层、柔性基层或半刚性基层与沥青面层共同补强措施。

D.对于沥青路面整体破损严重,铣刨处治沥青面层与基层的,采取柔性基层或半刚性基层与沥青面层共同补强措施。

E.二级及二级以下公路路面结构强度指数(PSSI)小于70、沥青面层厚度小于4cm且老化破损严重时,可采取水硬性结合料类全深式再生作为基层,直接加铺沥青面层、柔性基层与沥青面层或半刚性基层与沥青面层共同补强措施;也可采取沥青类全深式再生作为柔性基层,直接加铺沥青面层,或柔性基层与沥青面层共同补强措施。

②施工要求。

A.病害铣刨处治与加铺结构性补强重铺前应对下承层病害与结构强度状况进行详细调查,对于铣刨处治部分沥青面层的。应在铣刨处治前详细调查与标记病害位置,铣刨处治后清理干净下承层表面,并按规定对下承层病害进行彻底处治。

B.病害铣刨处治应避免雨季施工,不得严重破坏完好的下承层,不同路面结构层的接缝位置错开不应小于30cm。

C.铣刨的沥青面层和基层旧料应按再生利用要求进行分类收集,并减少泥土或其他杂物混入沥青面层基层旧料,及时回收运送至拌和厂或指定地点进行分类储存与再生利用。

D.因基层水稳定性不良或水量过大造成的翻浆,应铣刨沥青面层和基层全部软弱部分,将基层材料晾晒干,并可适当增加透水性良好的碎石,按每层厚度不超过15cm进行分层填补并压实后,采取加铺沥青面层或基层与沥青面层共同补强措施。

E.由路基引起沥青路面病害的,应按现行行业标准《公路沥青路面施工技术规范》(JTG F40)的有关规定,彻底处治路基病害并完善防排水设施后,采取加铺半刚性基层或柔性基层与沥青面层共同补强措施。

F.路基冻胀与翻浆处治材料应具有良好的防冰冻性能和抗水损害性能,并要求路基处理及垫层施工达到设计及规范要求。

G.因冬季路基中的水结冰引起冻胀,春融季节化冻而引起的翻浆,应采用下列方法进行处治:

a.换填水稳定性好的路基及基层材料。

b.局部发生翻浆的路段,可采用压浆、水泥碎石桩或砂砾桩进行处治。

c.加深边沟,并在翻浆路段两侧路肩上交错开挖宽30~40cm、间距3~5m的横沟,其沟底纵坡不小于3‰。沟深根据解冻情况,逐渐加深至路基。横沟的外口高于边沟的沟底。路面翻浆严重的除挖横沟外,顺路面边缘设置纵向小盲沟,交通量较小的路段挖成明沟,翻浆停止后将明沟填平恢复原状。

H.因路基冻胀使路面局部或大面积隆起影响行车时,应将胀起的沥青路面刨平,待春融后按翻浆处理方法进行处治。

3.局部加宽

为改善局部线形、通行能力与服务水平而采取的局部路段、平面交叉口、弯道路段的加宽和爬坡车道、避险车道、停车港湾的增设加宽等养护措施。可采用单侧或双侧局部加宽。

(1)一般规定。

①单侧或双侧局部加宽方式应根据原公路等级、线形、局部加宽路段类型、交通量等因素，通过对原路面调查分析确定，并应遵循下列选用原则：

A.因线形约束仅一侧具备空余用地，以及弯道路段和爬坡车道、避险车道、停车港湾增设，宜采用单侧局部加宽方式。

B.两侧都具备空余用地的，可采用双侧局部加宽方式。

②单侧局部加宽应调整原路面的路拱横坡，并保证路拱横坡调整层的最小厚度；局部加宽处于路线平曲线处时，应按现行行业标准《公路工程技术标准》(JTG B01)的有关规定设置超高和加宽。

③对于不能采取两侧相等加宽的，两侧局部加宽的宽度差不大于1m时，可不调整原路面的路拱横坡；两侧局部加宽的宽度差大于1m时，宜调整原路面的路拱横坡。

(2)局部加宽施工。

①局部加宽路面结构层应与原路面相应的结构层一致；局部加宽与原路面功能性罩面或结构性补强同步实施时，其结构层宜一致，并同步施工。

②局部加宽路面结构层与原路面纵向搭接应与路中线平行，横向搭接应采取台阶式搭接、土工合成材料加筋等措施，上、下结构层搭接错开距离为30cm，保证搭接处不出现纵向裂缝。

③原路面功能性罩面或结构性补强和局部加宽的结构层间应采取封层、黏层等处理措施，保证路面各结构层间有效的黏结防水和整体的使用功能。

④局部加宽路基设计与施工应按现行行业标准《公路路基设计规范》(JTG D30)、《公路路基施工技术规范》(JTG F10)等的有关规定执行，并根据路基地下水位情况采取可靠的防排水措施，路基填筑材料可采用旧路路基挖除或基层铣刨材料。

(3)基层加宽施工与质量控制。

①局部加宽基层原材料要求、混合料配合比设计与性能检验应按现行行业标准《公路路面基层施工技术细则》(JTG/T F20)的有关规定执行，其混合料经试验验证可采用基层再生材料。

②新旧基层横向搭接处理应符合下列规定：

A.基层厚度不小于25cm时，宜采用相错搭接法，搭接长度不小于30cm，搭接部位应首先采用小型机具夯实至设计规定的压实度，然后再对整个加宽基层采用机械全面压实，压实质量应符合设计要求，压实成型的新基层应与原基层平齐。

B.基层厚度小于25m时直采用平头接头法，新铺筑的基层成型后，应与原路面基层平齐。

C.邻接加宽部位30cm的旧沥青面层应揭掉，并使原路面露出坚硬的边缘，材料不可松动，保持沥青面层边缘垂直，基层顶面应平整。旧基层上的松散浮土、浮石渣应清扫干净，并将其顶面拉毛。

③局部加宽基层需调拱时，加宽部分与调拱部分应按路面横坡一次调正与整型压实，并将旧面层先铲掉，把原基层拉毛后再与调拱层结合，保证调拱部分新旧基层结合良好。调拱基层的最小厚度应满足现行行业标准《公路沥青路面设计规范》(JTG D50)的要求，不足时可向下开挖原基层，保证调拱基层的最小厚度要求。

④局部加宽基层施工工艺、设备要求与质量控制应按现行行业标准《公路路面基层施工

技术细则》(JTG/T F20)的有关规定执行。

(4)沥青面层加宽施工与质量控制。

①局部加宽沥青面层原材料要求、混合料配合比设计与性能检验应按现行行业标准《公路沥青路面施工技术规范》(JTG F40)的有关规定执行,其混合料经试验验证可采用沥青面层再生材料,平面交叉口、弯道路段加宽和爬坡车道、停车港湾增设的沥青面层宜采用抗车辙或高模量沥青混合料。

②新旧沥青面层横向搭接宜采用立茬毛缝方法,并应符合下列规定:

A. 在基层加宽的基础上将原路面边缘刨切整齐,使其露出坚硬的垂直边缘,原路面面层和新铺基层的粒料不可松动,并将加宽的基层表面清扫干净。

B. 在接茬处应均匀涂覆黏结乳化沥青,以保证新铺混合料与原沥青面层更好地黏结。

C. 单层沥青面层接茬,混合料摊铺应与原路面平齐对接,压实后的高度与原路面面层平齐。

D. 双层或双层以上沥青面层接茬,上、下面层不宜接在同一垂直面上,应错开30cm以上,做成台阶式。

(5)新旧沥青面层搭接施工应符合下列规定:

①接茬部位沥青混合料的摊铺可视加宽宽度选择人工摊铺或机械摊铺。采用人工摊铺时,按松铺厚度摊平,并沿边缘用沥青混合料覆盖于原路面边缘预热,及时用小型振动板沿纵向接茬部位朝向接茬处压实,新铺沥青面层可比原面层略高,再用重型压路机后轮对新铺沥青面层进行充分碾压,成型的高度应与原面层平齐;采用机械摊铺法施工时,可直接沿纵向接茬部位摊铺,并朝向接茬处压实,及时对接茬部位进行整平或补料。

②加宽部位原路面不需要调拱时,新铺沥青混合料的碾压应朝向接茬处压实,保证满足设计要求的路拱;原路面需要调拱时,压实方法同新建沥青路面的有关规定,保证接缝位置平顺和满足设计要求的路拱,以及实度满足设计要求。

(6)局部加沥青面层的施艺工艺、设备要求与质量控制应按现行行业标准《公路沥青路面施工技术规范》(JTG F40)的有关规定执行。

三、专项养护

为恢复、保持或提升沥青路面服务功能而集中实施的路面改造、局部加宽、专项处治、灾后恢复等养护工程。

四、应急养护

应急养护是指突发情况下造成沥青路面损毁、中断、产生重大安全隐患等,为较快恢复路面安全通行能力而实施的应急性抢通、保通和抢修养护工程。

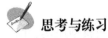 思考与练习

一、填空题

1. 养护工程包括_____、_____、_____、_____。

2. 养护措施包括_____、_____、_____、_____、_____、_____、

_____等。

3. 稀浆封层适用于_____公路沥青路面。
4. 碎石封层施工宜采用_____车施工,并同步完成胶结料和碎石洒(撒)布。
5. 修复养护措施包括_____、_____、_____。

二、问答题

1. 预防养护措施及适用范围有哪些?
2. 功能性罩面适用条件是什么?有哪几种?施工应注意的事项有哪些?
3. 结构性补强适用条件是什么?有哪几种?施工应注意的事项有哪些?
4. 局部加宽的一般规定有哪些?

模块五 绿色养护

1. 掌握绿色养护及其优点;
2. 掌握沥青路面再生利用、温拌沥青路面、降噪沥青路面、钢渣等工业废料应用,以及油改气、低碳排放施工等绿色养护技术及要求。

1. 能够叙述绿色养护的优点;
2. 能够合理制订绿色养护方案。

沥青路面养护应积极采用节能减排、低碳环保的绿色养护技术。

绿色养护可采用旧沥青路面再生、温拌沥青路面、降噪沥青路面、钢渣等工业废料,以及油改气、低碳排放施工等技术。

结合沥青路面养护实际、工程经验及应用条件,合理选用绿色养护各种技术措施。

一、旧沥青路面再生利用

旧沥青路面再生技术是指将需要翻修或废弃的沥青路面,经过路面再生专用设备的翻挖、回收、加热、破碎、筛分后,与再生剂、新沥青、新集料等按一定比例重新拌和成混合料,满足一定的路用性能并重新铺筑于路面的一整套工艺。

再生技术可分为厂拌热再生、就地热再生、厂拌冷再生、就地冷再生和全深式就地再生。(资源3-5)

(1)沥青路面再生技术应根据公路等级、路面状况、施工环境及能力、交通与气候条件等因素合理选用,并应符合下列规定:

①沥青路面养护工程的面层材料优先选用厂拌再生。
②用于沥青路面上面层的材料优先选用厂拌热再生。
③用于沥青路面中、下面层的材料选用厂拌热再生或厂拌冷再生。

④沥青路面表面功能恢复选用就地热再生。
⑤沥青路面基层材料采用就地冷再生或厂拌冷再生。
⑥面层与基层复合就地利用采用全深式就地再生。

(2)沥青面层材料与基层材料应分别回收、堆放并再生利用,其回收、处理与管理应符合下列规定:

①高速公路和一、二级公路沥青路面材料应集中回收与统筹利用,三、四级公路沥青路面材料宜就地再生利用,具备条件的可集中回收与统筹利用。

②回收料再生利用前,回收站点应配备筛分设备或破碎与筛分设备进行预处理,沥青面层回收料应筛分成不少于两种不同规格料,基层回收料应筛除超粒径颗粒,具备条件的可筛分成两种不同规格料。

③经预处理后的回收料应按不同规格料分开堆放,沥青面层回收料应覆盖做好防雨、防二次污染,基层回收料宜覆盖做好防尘污染。

(3)沥青路面再生利用的结合料分为沥青类和水硬性结合料类,其选用应符合下列规定:

①沥青面层回收料热再生应采用基质沥青、改性沥青、再生剂等沥青类结合料。

②沥青面层回收料冷再生和面层与基层全深式再生既可采用乳化沥青、泡沫沥青等沥青类结合料,并掺入少量的水泥,也可采用水泥、石灰、粉煤灰等水硬性结合料类。

③基层回收料冷再生宜采用水泥、石灰与粉煤灰、水泥与粉煤灰等水硬性结合料类。

(4)沥青路面再生利用的原材料要求、混合料设计与性能检验、设备要求、施工工艺与质量管理应按现行行业标准《公路沥青路面再生技术规范》(JTG/T 5521)的有关规定执行。

二、温拌沥青路面应用

温拌沥青路面技术措施可分为泡沫沥青温拌、添加温拌剂和温拌沥青结合料。

应根据公路等级、路面状况、施工环境及能力、交通与气候条件等因素,结合试验、工艺与工程验证结果,在沥青路面养护工程中合理选用温拌技术措施,并保证工程应用的技术可靠、耐久经济和便于实施。

温拌沥青混合料是指与相同类型热拌沥青混合料相比,在基本不改变沥青混合料配合比和施工工艺的前提下,通过增设发泡装置、添加温拌剂(包括含水矿物添加剂、有机添加剂和表面活性剂,常用的材料有合成沸石、高分子量蜡、低分子量蜡、聚烯烃类改性剂、表面活性剂水溶液、表面活性剂浓缩液等),采用温拌沥青结合料等技术措施,使沥青混合料的拌和温度相应降低30℃以上,其使用性能达到热拌沥青混合料技术要求的新型沥青混合料。

温拌沥青混合料性能指标应达到相应的热拌沥青混合料技术要求,其原材料要求、混合料设计与性能检验、施工工艺、设备要求与质量管理应按现行行业标准《公路沥青路面施工技术规范》(JTG F40)的有关规定执行。

三、降噪沥青路面应用

降噪沥青路面技术措施可分为排水沥青面层、高弹胶结料沥青面层和弹性颗粒填充沥青面层,这三种降噪技术措施均能达到降低路面噪声的效果。

实际养护工程中,应根据公路等级、路面状况、施工环境及能力、交通与气候条件等因素,结合试验、工艺与工程验证结果,合理选用降噪沥青路面技术措施,并保证其降噪性能、使用性能等满足设计及规范要求。

(1)排水沥青面层原材料要求、混合料设计与性能检验、施工工艺、设备要求与质量管理应按现行行业标准《公路沥青路面施工技术规范》(JTG F40)的有关规定执行。

大空隙排水沥青面层具有降噪效果好、抑制行车水雾、防止轮胎水漂、雨天可视性好、减轻夜间眩光、抗滑安全性高等突出优点,是降噪沥青路面铺筑和海绵城市建设首选的技术措施。

(2)高弹胶结料是一种良好的黏弹性材料,如废旧橡胶改性沥青、高弹高黏改性沥青等,掺入沥青面层可降低行车轮胎振动噪声。

高弹胶结料沥青面层原材料要求、混合料设计与性能检验、施工工艺、设备要求与质量管理可按现行行业标准《公路沥青路面施工技术规范》(JTG F40)等的有关规定执行。

(3)掺入弹性颗粒干法拌制的沥青面层混合料性能指标应达到相应的热拌沥青混合料技术要求,其原材料要求、混合料设计与性能检验、施工工艺、设备要求与质量管理可按现行行业标准《公路沥青路面施工技术规范》(JTG F40)等的有关规定执行。

弹性颗粒如橡胶颗粒、弹性粒料等是一种良好的弹塑性材料,填充沥青面层起到海绵效应,可减缓行车轮胎振动对沥青路面的冲击作用,并吸收行车轮胎振动产生的噪声而起到降噪效果。

四、钢渣等工业废料应用

工业废料可分为钢渣、煤矸石等,主要用作养护工程沥青路面混合料的粗细集料。

应根据公路等级、路面状况、施工环境及能力、交通与气候条件等因素,结合试验、工艺与工程验证结果,在养护工程中合理选用钢渣、煤矸石等工业废料,保证工程应用良好的使用性能。

利用钢渣等工业废料拌制的沥青混合料性能指标应达到相应的热拌沥青混合料技术要求,其原材料要求、混合料设计与性能检验、施工工艺、设备要求与质量管理可按现行行业标准《公路沥青路面施工技术规范》(JTG F40)的有关规定执行。

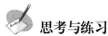
思考与练习

一、填空题

1. 绿色养护包括_____、_____、_____、_____、_____等技术。
2. 再生利用技术可分为_____、_____、_____、_____、_____等。
3. 温拌沥青路面技术措施可分为_____、_____、_____。
4. 降噪沥青路面技术可分为_____、_____、_____三种。
5. 钢渣作为工业废料,主要用作养护工程沥青路面混合料的_____。

二、问答题

1. 什么是沥青路面再生技术?
2. 沥青路面再生利用的技术要求有哪些?
3. 简述沥青路面再生对旧料的要求。
4. 简述温拌沥青路面。

项目四　水泥混凝土路面养护

水泥混凝土路面是以水泥与水拌和而成的水泥浆为结合料,以碎(砾)石、砂为集料,掺入适当的外加剂,拌和成水泥混凝土混合料,运输至现场,经摊铺、振捣、养护而达到一定强度的路面。其优点是强度高、稳定性好,平整度和粗糙度好,维修费用少,运输成本低,有利于夜间行车;缺点是对水泥和水的需用量大,有接缝,开放交通较迟,修复困难。常见的水泥混凝土路面有钢筋混凝土路面、连续配筋水泥混凝土路面、碾压水泥混凝土路面、钢纤维水泥混凝土、复合式混凝土路面等。

模块一　水泥混凝土路面养护内容

 知识目标

1. 掌握水泥混凝土路面养护内容;
2. 掌握水泥混凝土路面日常养护内容;
3. 掌握水泥混凝土路面预防养护措施;
4. 掌握水泥混凝土路面修复养护措施。

 能力目标

1. 能够进行水泥混凝土路面的清扫保洁、接缝保养及填缝料更换、排水设施养护、冬季养护等日常养护工作;
2. 能够根据水泥混凝土路面损坏情况,采取合理的预防或修复养护措施。

水泥混凝土路面养护对象有行车道、接缝、路肩、路缘石、路基路面排水设施、交通标线、路肩外和中央分隔带内种植的树木等。水泥混凝土路面养护包括日常养护、预防养护、修复养护和专项养护。

一、养护内容

(1)行车道与硬路肩上的泥土和杂物,应经常予以清扫。当设有中间带、变速车道、爬坡车道、应急停车带时,其上的泥土和杂物亦应清扫干净。

(2)水泥混凝土路面各种接缝的填缝料出现缺损或溢出,应及时填补或清除,并应防止泥土、砂石及其他杂物挤压进入接缝内,影响混凝土路面板的正常伸缩。

(3)路基路面(包括路肩、中央分隔带)排水设施,应经常检查和疏通,防止积水,以保护路面不受地面水和地下水的损害。

(4)路面各种标线、导向箭头及文字标记,应及时清洗和恢复,经常保持各种标线、标记完整无缺,清晰醒目。辅助和加强标线作用的突起路标,应无损坏、松动或缺失,并保持其反射性能。

（5）路肩外和中央分隔带内种植的乔木、绿篱和花草,应及时浇灌、剪修,以保持路容整齐、美观。如有空缺或老化,应适时补植或更新。对病虫害,应及时防治。对影响视距和路面稳定的绿化栽植,应予以处理。

（6）对路面、路肩和路缘石等的局部损坏,应查清原因,采用合适的材料并采取相应的措施进行修复,以保持路面具备各级公路所要求的使用状态和服务水平。

（7）对路面的较大损坏,应按现行行业标准《公路水泥混凝土路面养护技术规范》(JTJ 073.1)对路面检查评定结果确定的养护对策,安排专项工程,进行维修和整治。局部路段面损坏严重的,应予以翻修,以达到设计标准；整个路段路面平整度、抗滑能力不足的,可采取罩面、铺筑加铺层措施,以恢复其表面功能；整个路段路面接缝填缝料失效的,应予以全面更换。

（8）对承载能力不足或不适应交通发展要求的路面,可根据不同情况进行加铺、加宽,以提高承载能力和通行能力。

二、日常养护

1. 一般要求

水泥混凝土路面日常养护应做好预防性、经常性养护,通过经常的巡视检查,及早发现缺陷,查清原因,采取适当措施,清除障碍物,保持路面状况良好。

2. 清扫保洁

（1）水泥混凝土路面必须定期清扫泥土和污物；与其他不同类型路面平面连接处及平交道口应勤加清扫；路面上出现的小石块等坚硬物应予以清除；中央分隔带内的杂物应定期清除；保持路容整洁。

（2）路面清扫频率应根据公路状况、交通量大小及其组成、环境条件等确定。路面清扫宜采用机械作业。机械清扫留下的死角,应用人工清除干净。

（3）路面清扫时,应尽量减少清扫作业产生的灰尘,以免污染环境,危及行车安全。清扫作业宜避开交通量高峰时段进行。

（4）路面清扫后的垃圾应运至指定地点进行处理,不得随意倾倒。

（5）当路面被油类物质或化学药品污染时,应清洗干净,必要时用中和剂或其他材料处理后再用水冲洗。

（6）交通标志标牌、示警桩、轮廓标以及防撞栏等交通安全设施应定期擦拭,交通标志及标线受到污染后应及时清扫(洗),保持整洁、醒目。

（7）应保持交通标志标牌、标线、示警桩、轮廓标的完整,发生局部脱落、破损时应用原材料进行修复或更换。

3. 接缝保养及填缝料更换

（1）应对接缝进行适时的保养,保持接缝完好,表面平顺。

①填缝料凸出板面,高速公路、一级公路超出3mm,其他等级公路超过5mm时应铲平。

②填缝料外溢流淌到接缝两侧面板,影响路面平整度和路容时应予清除。

③杂物嵌入接缝时应予清除,若杂物系小石块及其他坚硬物时,应及时剔除。

（2）应对填缝料进行周期性或日常性的更换。

①填缝料的更换周期一般为2~3年。

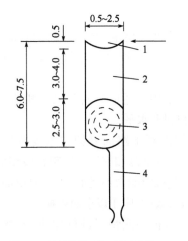

图4-1 填缝料的更换(尺寸单位:cm)
1-膨胀空间;2-填入接缝材料;3-支撑条;4-导裂缝

②填缝料局部脱落时应进行灌缝填补;填缝料脱落缺失大于三分之一缝长或填缝料老化、接缝渗水严重时应立即进行整条接缝的填缝料更换。

(3)填缝料的更换应做到饱满、密实、黏结牢固。清缝、灌缝宜使用专用机具。

①更换填缝料前应将原填缝料及掉入缝槽内的砂石杂物清除干净,并保持缝槽干燥,清洁。

②填缝料灌注深度宜为3~4cm。当缝深过大时,缝的下部可填2.5~3.0cm高的多孔柔性垫底材料或泡沫塑料支撑条(图4-1)。

③填缝料的灌注高度,夏天宜与面板平,冬天宜稍低于面板2mm。多余的或溅到面板上的填缝料应予以清除。

④填缝料更换宜选在春秋两季,或宜在当地年气温居中且较干燥的季节进行。

4. 排水设施养护

(1)必须对路面、路肩、中央分隔带、边沟、边坡、挡土墙以及所有排水构造物进行妥善的日常维护,保持系统的排水功能。当排水系统整体功能不能满足要求时,应通过改善或改建工程进行完善提高。

(2)对路面排水设施,应采取经常性的巡查并与重点检查相结合,发现损坏应及时安排修复,发现堵塞必须立即疏通,路段积水应及时排出。

(3)雨天应重点检查超高路段的中央分隔带纵向排水沟、横向排水管、雨水井、集水井等的排水状况,出现堵塞、积水应及时排出。

(4)排水构造物及路肩修复宜采用与原构造物相同材料。

(5)保持路面横坡及路面平整度。当内侧车道是水泥混凝土路面,外侧车道或非机动车道是沥青路面时,应保持沥青路面横坡大于水泥混凝土路面横坡。

(6)保持路肩横坡大于路面横坡,路肩横坡应顺适,并及时修复路肩缺口。

(7)路面板裂缝应按破损处理中裂缝维修的要求进行缝隙封闭。

(8)路面接缝、路肩接缝及路缘石与路面接缝出现接缝变宽渗水时应进行填缝处理。

(9)定期修整路肩植物、清除路肩杂物,疏通路肩排水设施和中央分隔带排水设施,常年保持路面排水顺畅。

①及时清除路肩堆积物、杂草、污物。

②定期疏通路肩边沟、集水井、排水管、集水槽(由拦水带和路肩构成)、泄水口、急流槽等路肩排水设施。

③定期疏通中央分隔带的进水口、纵向排水沟、雨水井、集水井、横向排水管、渗沟等,同时定期清除雨水井、集水井污物。

5. 冬季养护

(1)冰雪地区路段水泥混凝土路面冬季养护的重点是除雪、除冰、防滑;作业的重点是桥面、坡道、弯道、垭口及其他严重危害行车安全的路段。

(2)除雪、除冰、防滑要根据气象资料、沿线条件、降雪量、积雪深度、危害交通范围等确定作业计划,并做好驾驶人员培训以及机械设备、作业工具、防冻防滑材料的准备。

(3)除雪作业以清除新雪为主。化雪时应及时清除雪水和薄冰。除冰困难的路段应以防滑措施为主,除冰为辅。除冰作业应防止破坏路面。

(4)路面防冻防滑的主要措施:

①使用盐或其他融雪剂降低路面上的结冰点。

②使用砂等防滑材料或与盐掺和使用,加大轮胎与路面间的摩擦系数。

③防冻、防滑料施撒时间,主要根据气象条件(降雪、风速、气温)、路面状况等来确定。一般可在刚开始下雪时就撒布融雪剂或与防滑料掺和撒布,或者估计在路面出现冻结前 1~2h 撒布。

④防止路面结冰时,通常撒布一次防冻料即可,除雪作业时,撒布次数可以和除雪作业频率一致。

(5)在冻融前,应将积雪及时清除于路肩之外,以免雪水渗入路肩。冰雪消融后,应清除路面上的残留物。

(6)禁止将含盐的积雪堆积于绿化带。

三、预防养护

水泥混凝土路面出现轻微损坏时,预防养护应采取下列一种或多种组合措施:

(1)路段内填缝料损坏比例达到 15% 及以上时,应更换 30% 以上的填缝料;填缝料损坏比例达到 50% 及以上,或填缝料达到使用寿命时,应全部更换。

(2)路面出现裂缝时,应及时进行裂缝密封处理。

(3)因基层冲刷、路床软弱、路基不均匀沉降等造成路面局部脱空或错台等病害时,可分别采取板底灌浆、路床加固灌浆或填充灌浆等加固措施。灌浆处理后错台尚未完全消除的,应进行磨平或整平处理。

(4)路面结构内部存在积水时,应增设路面结构内部排水系统或边缘排水系统。因积水导致路床软化时,应对路床进行灌浆加固处理。

四、修复养护

当水泥混凝土路面出现非结构性损坏时,应进行非结构性修复,并应符合下列要求:

(1)路面抗滑性能不足时,可采取机械硬刻槽、抛丸、化学处理或金刚石纵向铣刨等措施。(资源 4-1)

(2)路面抗滑性能和平整度均不足时,可采取聚合物水泥砂浆罩面或薄层沥青混凝土罩面等措施。

(3)路面出现坑洞时,应采用低收缩干硬性混凝土或补偿收缩快通混凝土等及时进行修复。

(4)路面出现较大范围脱空或错台时,应及时处理,可采取板底灌浆、路床加固灌浆或填充灌浆等加固措施。灌浆处理后错台尚未完全消除的,应进行磨平或整平处理。

当水泥混凝土路面出现结构性损坏时,应采取一种或多种组合措施,单项修复措施包括植筋补强、设置隔离缝、补设传力杆或拉杆、全深度补块、拱起修复,以及结合式加铺、直接式加铺或沥青混凝土加铺等。同一路段有多块面板出现较大面积损坏时,宜采用大块预制拼装修复技术。

五、专项养护

当水泥混凝土路面发生全面性的结构性损坏,采用结构性修复措施难以恢复良好技术状况时,应实施专项工程进行全面加铺补强、改建或重建。

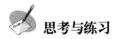

一、填空题

1. 水泥混凝土路面日常养护应做好_____、_____养护,通过经常的巡视检查,及早发现缺陷,查清原因,采取适当措施,清除障碍物,保持路面状况良好。
2. 填缝料凸出板面,高速公路、一级公路超出____mm,其他等级公路超过____mm时应铲平。
3. 冰雪地区路段水泥混凝土路面冬季养护的重点是_____、_____、_____。

二、问答题

1. 简述水泥混凝土路面养护内容。
2. 简述水泥混凝土路面清扫保洁要求。
3. 简述水泥混凝土路面接缝保养及填缝料更换方法。
4. 简述水泥混凝土路面排水设施养护要求。
5. 路面防冻防滑的主要措施有哪些?
6. 水泥混凝土路面预防养护措施有哪些?
7. 水泥混凝土路面修复养护措施有哪些?

模块二　水泥混凝土路面病害及处治

1. 掌握水泥混凝土路面病害的类型和分级;
2. 掌握水泥混凝土路面病害处治方法。

1. 能够判别水泥混凝土路面病害类型;
2. 能够合理选择水泥混凝土路面病害处治措施。

一、水泥混凝土路面病害类型和分级(资源4-2)

1. 水泥混凝土面层断裂类病害

(1)贯穿水泥混凝土面层的断裂裂缝,按裂缝出现的方位和板断裂的块数,分为下列4种病害:

①平行或近于平行路面中心线的纵向裂缝(图4-2)。
②垂直或斜向路面中心线的横向或斜向裂缝(图4-3)。
③从板角隅到斜向裂缝两端距离小于1.8m的角隅断裂(图4-4)。
④两条以上裂缝交叉,使板断裂成3块以上的交叉裂缝和断裂板(图4-5)。

图4-2 纵向裂缝

图4-3 横向裂缝

图4-4 角隅断裂

图4-5 断裂板

(2)纵向、横向或斜向裂缝和角隅断裂病害,按裂缝缝隙边缘碎裂程度和缝隙宽度,可分为下列3个轻重程度:

①轻微。缝隙边缘无碎裂或错台的细裂缝,缝隙宽度小于3mm;或者,填封良好、边缘无碎裂或错台的裂缝。

②中等。缝隙边缘中等碎裂(或)错台小于10mm的裂缝,且缝隙宽度小于15mm。

③严重。缝隙边缘严重碎裂或错台大于10mm,且缝隙宽度大于15mm。

(3)交叉裂缝和断裂板病害,按裂缝等级和板断裂的块数可分为下列3个轻重程度等级:

①轻微。板被轻微裂缝分割成2～3块。

②中等。板被中等裂缝分割成3～4块,或被轻微裂缝分割成5块以上。

③严重。板被严重裂缝分割成4～5块,或被中等裂缝分割成5块以上。

2.水泥混凝土面层竖向位移类病害

(1)水泥混凝土面层的竖向位移,按产生原因的不同分为下列2种病害:

①沉陷(图4-6)。

②胀起(图4-7)。

图4-6 沉陷　　　　　　　　　　图4-7 胀起

(2)沉陷和胀起病害,按其对行车的影响可分为下列3个轻重程度等级:
①轻微。车辆以限速驶过时仅引起无不舒适感的轻微跳动。
②中等。车辆驶过时有产生不舒适感的较大跳动。
③严重。车辆驶过时产生过大的跳动,引起严重不舒适或不安全。

3.水泥混凝土面层接缝类病害

(1)水泥混凝土路面板接缝处的损坏,按损坏的形态和影响范围可分为下列6种病害:
①接缝填缝料损坏。
②纵向接缝张开。
③唧泥和板底脱空。
④错台(图4-8)。
⑤接缝碎裂。
⑥拱起(图4-9)。

图4-8 错台　　　　　　　　　　图4-9 拱起

(2)接缝填缝料损坏,按填缝料出现老化、挤出、缺损的情况,可分为下列3个轻重程度等级:
①轻微。整个路段接缝填缝料情况良好,仅有少量接缝出现上述损坏。
②中等。整个路段接缝填缝料情况尚可,1/3以下的接缝长度出现上述损坏,水和硬质材料易渗入或挤入。
③严重。接缝填缝料情况很差,1/3以上的接缝长度出现上述损坏,水和硬质材料能自由

渗入或挤入,填缝料需立即更换。

(3)纵向接缝张开病害,按接缝的张开量可分为下列2个轻重程度等级:
①轻微。接缝张开10mm以下。
②严重。接缝张开10mm以上。

(4)唧泥和板底脱空病害,可分为下列2个轻重程度等级:
①轻微。车辆驶过时,有水从板缝或边缘外唧出,或者在板接(裂)缝或边缘的邻近表面残留有少量唧出材料的沉淀物。
②严重。在板接(裂)缝或边缘的表面残留有大量唧出材料的沉淀物,车辆驶过时,板有明显的颤动和脱空感。

(5)错台病害,按相邻板边缘的高差大小可分为下列3个轻重程度等级:
①轻微。错台量小于5mm。
②中等。错台量5~10mm。
③严重。错台量大于10mm。

(6)接缝碎裂病害,按碎裂范围和程度可分为下列3个轻重程度等级:
①轻微。碎裂仅出现在接缝或裂缝两侧8cm范围内,尚未采取临时修补措施。
②中等。碎裂范围大于8cm,部分碎块松动或散失,但不影响安全或危害轮胎。
③严重。影响行车安全或危害轮胎。

(7)拱起病害,按其对行车的影响可分为下列3个轻重程度等级:
①轻微。车辆以限速驶过时仅引起无不舒适感的轻微跳动。
②中等。车辆驶过时有产生不舒适感的较大跳动。
③严重。车辆驶过时产生过大的跳动,引起严重不舒适或不安全。

4. 水泥混凝土面层表层类病害

(1)水泥混凝土面层的表层损坏,可分为下列5种病害:
①磨损和露骨。
②纹裂、网裂和起皮。
③活性集料反应引起的网裂。
④粗集料冻融裂纹。
⑤坑洞。

(2)磨损和露骨病害,按磨损或露骨的深度分为下列2个轻重程度等级:
①轻微。磨损、露骨深度小于或等于3mm。
②严重。磨损、露骨深度大于3mm。

(3)纹裂、网裂和起皮病害,按是否出现起皮和起皮病害的面积,可分为下列3个轻重程度等级:
①轻微。板的大部分面积出现纹裂或网裂,但表面状况良好,无起皮。
②中等。板出现起皮,面积小于或等于混凝土板面积的10%。
③严重。板出现起皮,面积大于混凝土板面积的10%。

(4)活性集料反应病害可分为下列3个轻重程度等级:
①轻微。板出现网裂,面层可能变色,但未出现起皮和接缝碎裂。
②中等。出现起皮和(或)接缝碎裂,沿裂缝和接缝有白色细屑。

③严重。出现起皮和(或)接缝碎裂的范围发展到影响行车安全或危害轮胎,路表面有大量白色细屑。

(5)集料冻融裂纹病害可分为下列3个轻重程度等级:
①轻微。裂纹出现在缝或自由边附近0.3m范围内,缝未发生碎裂。
②中等。裂纹出现在缝或自由边附近,范围大于0.3m,受影响区内缝出现轻微或中等碎裂。
③严重。裂纹影响区内裂缝出现严重碎裂,不少材料散失。

(6)坑洞病害不分轻重程度等级。

(7)修补损坏病害,按修补处再次出现的损坏情况,分为下列3个轻重程度等级:
①轻微。轻微破损,或边缘处有轻微碎裂。
②中等。轻微裂缝或车辙、推移,边缘处有中等碎裂和10mm以下错台。
③严重。出现严重裂缝、车辙、推移或错台,需重新进行修补。

二、水泥混凝土路面病害处治

1. 裂缝维修

(1)扩缝灌浆。

对宽度小于3mm的轻微裂缝,可采取扩缝灌浆法。
①顺着裂缝扩宽成1.5~2.0cm的沟槽,槽深可根据裂缝深度确定,最大深度不得超过2/3板厚。
②清除混凝土碎屑,吹净灰尘后,填入粒径0.3~0.6cm的清洁石屑。
③根据选用的清缝材料,按现行行业标准《公路水泥混凝土路面养护技术规范》(JTJ 073.1)规定进行配料,混合均匀后,灌入扩缝内。
④灌缝材料固化后,达到通车强度,即可开放交通。

(2)条带罩面。

对贯穿全厚的大于3mm且小于15mm的中等裂缝,可采取条带罩面进行补缝。
①在裂缝两侧切缝时,应平行于缩缝,且距裂缝距离不小于15cm,如图4-10a)所示。
②凿除两横缝内混凝土的深度以7cm为宜。
③每间隔50cm打一对耙钉孔,耙钉孔的大小应略大于耙钉直径2~4mm,并在两耙钉孔之间打一对与耙钉孔直径相一致的耙钉槽。
④耙钉宜采用16mm螺纹钢筋,使用前应予以除锈。耙钉长度不小于20cm,弯钩长度为7cm。
⑤耙钉孔必须填满砂浆,方可将耙钉插入孔内安装。
⑥切割的缝内壁应凿毛,并清除松动的混凝土碎块及表面尘土、裸石。
⑦浇筑混凝土应及时振捣密实、抹平,并喷洒养护剂。
⑧修补块面板两侧,应加深缩缝,并灌注填缝料,如图4-10b)所示。

(3)全深度补块。

对宽度大于15mm的严重裂缝,可采用全深度补块。全深度补块分集料嵌锁法、刨挖法、设置传力杆法。
①集料嵌锁法。
A.在修补的混凝土路面位置上,平行于缩缝画线,沿画线位置进行全深度切割。在保留

板块边部,沿内侧4cm位置,锯5cm深的缝,如图4-11所示。

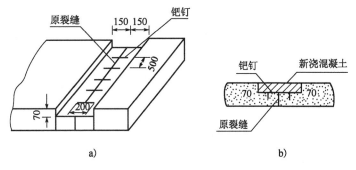

图4-10 条带补缝(尺寸单位:mm)

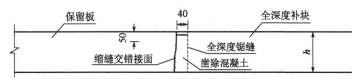

图4-11 集料嵌锁法(尺寸单位:mm)

B. 破碎、清除旧混凝土过程中不得伤及基层、相邻面板和路肩。若破除的旧混凝土面积当天完不成混凝土浇筑时,其补块位置应做临时补块。

C. 全深锯口和半深锯口之间的4cm宽条混凝土垂直面应凿成毛面。

D. 处理基层时,基层强度符合规范要求,应整平基层;基层强度低于规范要求,应予以补强,并严格整平;若基层全部损坏或松软,应按原设计基层材料重新做基层,其技术要求应符合现行行业标准《公路路面基层施工技术细则》(JTG/T F20)的规定。

E. 混凝土的配合比应根据设计弯拉强度、耐久性、耐磨性、和易性等要求,先用原材料进行配比设计,各种材料的物理性能及化学成分应符合现行行业标准《公路水泥混凝土路面设计规范》(JTG D40)的规定。

F. 用水量应控制在混合料运到工地最佳和易性所需的最小值,最大水灰比为0.4。如采用JK系列混凝土快速修补材料,水灰比以0.30~0.40为宜,坍落度宜控制在2cm内。混凝土24h弯拉强度应不低于3.0MPa。

G. 混凝土摊铺应在混凝土拌和后30~40min内卸到补块区内,并振捣密实。

H. 浇筑的混凝土面层应与相邻路面的横断面吻合,其表面平整度应符合现行行业标准《公路工程质量检验评定标准 第一册 土建工程》(JTG F80/1)的规定,补块的表面纹理应与原路面吻合。

I. 补块养护宜采用养护剂,其用量根据养护材料性能确定。

J. 做接缝时,将板中间的各缩缝锯切到1/4板厚处,将接缝材料填入缩缝内。

K. 混凝土达到通车强度后,即可开放交通。

②刨挖法。

刨挖法亦称倒T形法,如图4-12所示。

在相邻板块横边的下方暗挖15cm×15cm的一块面积用于荷载传递。

③设置传力杆法。

A. 设置传力杆法如图4-13所示。

B. 处理基层后,应修复、安设传力杆和拉杆。

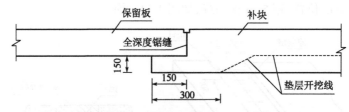

图 4-12 刨挖法(尺寸单位:mm)

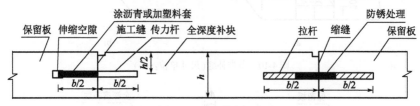

图 4-13 设置传力杆法
b-传力杆或拉杆长度;h-板厚

C. 原混凝土面板没有传力杆或拉杆折断时,应用与原规格相同的钢筋焊接或重新安设。安装时应在板厚 1/2 处钻出比传力杆直径大约 2~4mm 的孔,孔中心距 30cm,其误差不应超过 3mm。

D. 横向施工缝传力杆直径为 $\phi25mm$,长度为 45cm,嵌入相邻保留板内深 22.5cm。

E. 拉杆孔直径宜比拉杆直径大 2~4mm,并应沿相邻板块间的纵向接缝板厚 1/2 处钻孔,中心距 80cm。拉杆采用 $\phi16$ 螺纹钢筋,长 80cm,有 40cm 嵌入相邻车道的板内。

F. 传力杆和拉杆宜用环氧砂浆牢牢地固定在规定位置,摊铺混凝土前,光圆传力杆的伸出端应涂少许润滑油。

G. 新补板块与沥青路肩相接时,应和现有路肩齐平。

H. 传力杆若安装倾斜或松动失效,应予以更换。

2. 板边、板角修补

(1)板边修补。

①当对水泥混凝土面板边轻度剥落进行修补时,应将剥落的表面清理干净,用沥青混合料或接缝材料修补平整。

②当板边严重剥落时,其修补方法参照条带罩面法进行。

③如板边全深度破碎,其修补方法参照全深度补块法进行。

(2)板角修补。

①板角断裂应按破裂面的大小确定切割范围,如图 4-14 所示。

②切缝后,凿除破损部分时,应凿成规则的垂直面。对原有钢筋不应切断,如果钢筋难以全部保留,至少也要保留 20~30cm 长的钢筋头,且应长短交错。

③原有滑动传力杆,如果有缺陷应予以更换并在新老混凝土之间加设传力杆,传力杆间距控制在 30cm。

④基层不良时,可采用 C15 混凝土浇筑基层。

⑤与原有路面板的接缝面,应涂刷沥青。如为胀缝,应设置接缝板。

⑥现浇混凝土与老混凝土面板之间的接缝应切出宽 3mm、深 4mm 的接缝槽,并灌入填缝材料。

⑦待混凝土达到强度后,方可开放交通。

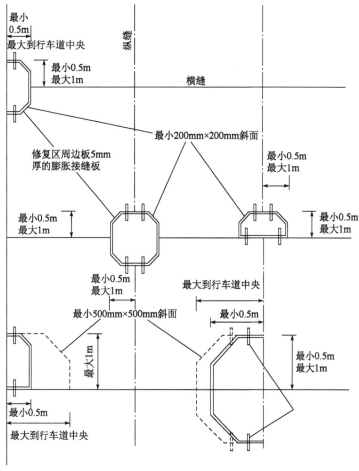

图 4-14 板角修补法
注:修复纵向边不能位于车轮轨迹上。

3. 板底脱空处治

(1)水泥混凝土面板脱空位置的确定可采用弯沉测定法。

①须用 5.4m 长杆弯沉仪,以及相当于 BZZ-100 的重型标准汽车。

②弯沉仪的测点与支座不应放在相邻两块板上,待弯沉车驶离测试板块,方可读取百分表值。

③凡弯沉超过 0.2mm 的,应确定为面板脱空。

(2)灌浆孔布设基本要求如图 4-15 所示。

①灌浆孔布设应根据路面板的尺寸、下沉量大小、裂缝状况以及灌浆机械确定。

②用凿岩机在路面上打孔,孔的大小应和灌注嘴的大小一致,一般为 50mm 左右。

③灌浆孔与面板边的距离不应小于 0.5m。在一块板上,灌浆孔的数量一般为 5 个,也可根据情况确定。

(3)水泥混凝土路面板和基层之间由于出现空隙而导

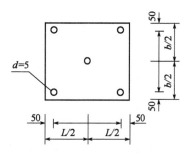

图 4-15 灌浆孔布置(尺寸单位:cm)
d-灌浆孔直径;L-板长;b-板宽

致路面沉陷的,可采用沥青灌注、水泥浆、水泥粉煤灰浆和水泥砂浆灌浆等方法进行板下封堵。

①沥青灌注方法。

A.灌浆孔钻好后,应采用压缩空气将孔中的混凝土碎屑、杂物清除干净,并保持干燥。

B.宜采用建筑沥青,沥青加热熔化温度一般为180℃。

C.沥青洒布车或专用设备的压力为200~400kPa。灌注沥青压满后约0.5min,应拔出喷嘴,用木楔堵塞。

D.沥青温度下降后,应拔出木楔,填进水泥砂浆,即可开放交通。

②水泥灌浆法。

A.灌浆孔的布设与沥青灌注法相同。

B.灌注机械可用压力灌浆机或压力泵,灌注压力为1.5~2.0MPa。

C.灌浆作业应先从沉陷量大的地方的灌浆孔开始,逐步由大到小。当相邻孔或接缝中冒浆,可停止泵送水泥浆,每灌完一孔应用木楔堵孔。

D.待砂浆抗压强度达到3MPa时,用水泥砂浆堵孔,即可开放交通。

4.唧泥处理

(1)水泥混凝土路面唧泥病害应采取压浆处理措施。

(2)水泥混凝土面板进行压浆处理后,应对接缝及时灌缝。

(3)设置排水设施基本要求:

①路面和路肩应保持设计横坡,宜铺设硬路肩。

②路面裂缝、接缝以及路面与硬路肩接缝应进行密封。

③设置纵向集水管和横向出水管。

A.在水泥路面的外侧边缘挖一条纵向沟,宽15~25cm,沟深挖至集料基层之下15cm,横沟与纵沟的交角应在45°~90°之间,横沟间的距离约30m,如图4-16所示。

B.集水管一般采用φ7.5cm多孔塑料管,出水管为无孔塑料管。

C.设置纵向和横向水管,并按设计的距离将集水管和出水管连接起来。

D.纵向多孔管应包一层渗透性较强的土工织物。

E.集水管和出水管放入沟槽时,其底部应平顺,横向出水管的坡度应大于或等于纵向排水坡度,出水管的管端应延伸到排水沟内,并设端墙。

F.管的外围应填放粗砂等渗滤集料,并振动压实。

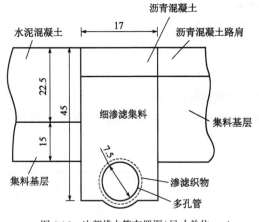

图4-16 边部排水管布置图(尺寸单位:cm)

G.回填沟槽时,应采用与原路肩相同的材料恢复原状。

④盲沟设置基本要求:

A.在沿水泥路面外侧挖纵向沟时,沟底应低于面板以下10cm,在水泥混凝土路面接缝处挖横向沟,如图4-17所示。

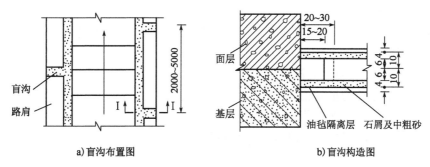

a) 盲沟布置图　　　　　　　b) 盲沟构造图

图 4-17　盲沟设置示意图(尺寸单位:cm)

B. 沟槽底面及外侧铺油毡隔离层,沿水泥路面交界处及盲沟顶部铺设土工布过滤层。

C. 盲沟内宜填筑碎(砾)石过滤材料。

D. 盲沟上应用相同材料恢复路面(路肩)。

5. 错台处治

(1)错台的处治方法有磨平法和填补法两种,可按错台的轻重程度选定。

(2)高差小于或等于 10mm 的错台,可采用磨平机磨平,或人工凿平。

①应从错台最高点开始向四周扩展,边磨边用 3m 直尺找平,直至相邻两块板齐平为止,如图 4-18 所示。

②磨平后,应将接缝内杂物清除干净,并吹净灰尘,及时将嵌缝料填入。

(3)高差大于 10mm 的严重错台,可采取沥青砂或水泥混凝土进行处治。

①沥青砂填补基本要求。

A. 在沥青砂填补前应清除路面杂物和灰尘,并喷洒一层热沥青或乳化沥青,沥青用量为 $0.40 \sim 0.60 \text{kg/m}^2$。

B. 修补面纵坡变化应控制在 $i \leq 1\%$。

C. 沥青砂填补后,宜用轮胎压路机碾压。

D. 初期应控制车辆慢速通过。

②水泥混凝土修补基本要求。

A. 应将错台下沉板凿除 2~3cm 深,修补长度按错台高度除以坡度(1%)计算,如图 4-19 所示。

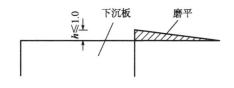
图 4-18　错台磨平法示意图(尺寸单位:cm)

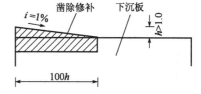
图 4-19　错台填补法示意图(尺寸单位:cm)

B. 凿除面应清除杂物和灰尘。

C. 浇筑聚合物细石混凝土。

D. 混凝土达到要求强度后,即可开放交通。

6. 沉陷处理

(1)沉陷处理应根据发生的原因设置排水设施。

（2）面板顶升基本要求：

①面板在顶升前，应用水准仪测量下沉板的下沉量，测站距下沉处应大于50m，并绘出纵断面，求出升起值。

②在混凝土面板上钻孔，孔深应略大于板厚2cm。

③板块顶升宜采用起重设备或千斤顶。

④灌注材料可采用水泥砂浆。

⑤灌注材料压入后，每灌一孔应用木楔堵塞，压浆全部完毕，应拔出木楔，宜用高强水泥砂浆堵孔。

⑥压浆材料的抗压强度达到6MPa时，方可开放交通。

（3）当水泥混凝土整板沉陷并产生破碎时，应整板翻修。

7. 拱起处理

拱起处理应根据具体情况，采取不同的方法进行处治。

（1）板端拱起但路面完好时，应根据板块拱起高低程度，计算要切除部分板块的长度。先将拱起板块两侧附近1～2条横缝切宽，待应力充分释放后切除拱起端，逐渐将板块恢复原位，在缝隙和其他接缝内应清缝，并灌接缝材料，如图4-20所示。

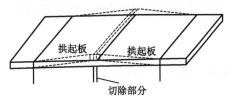

图4-20 板体拱起修复

（2）拱起板端发生断裂或破损时，可采用全深度补块处理。

（3）拱起板两端间因硬物夹入发生拱起，应将硬物清除干净，使板块恢复原位，应清理接缝内杂物和灰尘，灌填缝料。

（4）胀缝间因传力杆部分或全部在施工时设置不当，使板受热时不能自由伸长而发生拱起，应重新设置胀缝。按水泥混凝土路面有关施工规范执行，使面板恢复原状。

（5）混凝土路面板的胀起与拱起的处理方法一致。

8. 坑洞修补

坑洞修补应根据不同情况采取相应措施进行。（资源4-3）

（1）对个别的坑洞，应清除洞内杂物，用水泥砂浆等材料填充，达到平整密实。

（2）对较多坑洞且连成一片的，应采取薄层修补方法进行修补。

①切割面积的图形边线，应与路中心线平行或垂直。

②切割的深度应在6cm以上，并将切割面内的光滑面凿毛。

③应清除槽内的混凝土碎屑。

④将混凝土拌和物填入槽内，振捣密实，并保持与原混凝土面板齐平。

⑤宜喷洒养护剂养护。

⑥待混凝土达到要求强度后，方可开放交通。

（3）二级以下公路对面积较大、深度在3cm以内、成片的坑洞，可用沥青混凝土进行修补。

①用风镐凿除一个处治区，其图形边线应与路中心线平行或垂直。

②凿除深度以2～3cm为宜，并清除混凝土碎屑。

③铺筑沥青混凝土前，应将凿除的槽底面和槽壁洒黏层沥青，其用量为$0.4～0.6kg/m^2$。

④将沥青混凝土碾压密实、平整。

⑤待沥青混凝土冷却后,控制车速通车。

9. 接缝维修

(1)接缝填缝料损坏维修,应符合下列要求:

①接缝中的旧填缝料和杂物,应予清除,并将缝内灰尘吹净。

②在胀缝修理时,应先将热沥青涂刷缝壁,再将接缝板压入缝内。对接缝板接头及接缝板与传力杆之间的间隙,必须用沥青或其他填缝料填实抹平。上部用嵌缝条的应及时嵌入嵌缝条。

③用加热式填缝料修补时,必须将填缝料加热至灌入温度。宜用嵌缝机填灌,填缝料应与缝壁黏结良好和填灌饱满。在气温较低季节施工时,应先用喷灯将接缝预热。

④用常温式填缝料修补时,除无须加热外,其施工方法与加热式填缝料相同。

(2)纵向接缝张开维修,应符合下列要求:

①当相邻车道面板横向位移,纵向接缝张开宽度在 10mm 以下时,宜采取聚氯乙烯胶泥、焦油类填缝料和橡胶沥青等加热施工式填缝料。

②当相邻车道板横向位移,纵向接缝张口宽度在 10mm 以上时,宜采取聚氨酯类常温施工式填缝料进行维修。

A. 维修前应清除缝内杂物和灰尘。

B. 应按材料配比配制填缝料。

C. 宜采用挤压枪注入填缝料。

D. 填缝料固化后,方可开放交通。

③当纵向接缝张口宽度在 15mm 以上时,采用沥青砂填缝。

(3)接缝出现碎裂时,接缝维修应符合下列要求:

①在破碎部位外缘,应切割成规则图形,其周围切割面应垂直于面板,底面宜为平面。

②应清除混凝土碎块,吹净灰尘杂物,并保持干燥状态。

③宜用高模量补强材料进行填充维修。

④修补材料达到要求强度后,方可开放交通。

10. 表面起皮(剥落、露骨)处治

表面起皮(剥落、露骨)处治,应根据公路等级和表面破损程度,采用不同的材料和施工方法进行,对局部板块的表面起皮应进行罩面。

(1)一般公路水泥混凝土板表面起皮(剥落、露骨)宜采用稀浆封层加以处治。

(2)高速公路水泥混凝土板表面起皮(剥落、露骨)宜采用改性沥青稀浆封层或沥青混凝土加以处治。

(3)对于较大面积的水泥混凝土面板表面起皮(剥落、露骨)宜采取稀浆封层及沥青混凝土罩面措施。

 思考与练习

一、填空题

1. 贯穿水泥混凝土面层的断裂裂缝,按裂缝出现的方位和板断裂的块数,分为 4 种病害,分别是_____、_____、_____、_____。

2. 水泥混凝土面层的竖向位移，按产生原因的不同分为两种病害，分别为_____、_____。

3. 水泥混凝土路面板接缝处的损坏，按损坏的形态和影响范围可分为6种病害，分别为接缝填缝料损坏、纵向接缝张开、_____、_____、接缝碎裂、_____。

4. 水泥混凝土面层的表层损坏，可分为5种病害，分别为磨损和露骨、_____、活性集料反应引起的网裂、_____、_____。

二、问答题

1. 简述水泥混凝土路面裂缝维修方法。
2. 简述水泥混凝土路面板边、板角修补方法。
3. 简述水泥混凝土路面板块脱空处治方法。
4. 简述水泥混凝土路面唧泥处理方法。
5. 简述水泥混凝土路面错台处治方法。
6. 简述水泥混凝土路面沉陷处理方法。
7. 简述水泥混凝土路面拱起处理方法。
8. 简述水泥混凝土路面坑洞修补方法。
9. 简述水泥混凝土路面接缝维修方法。
10. 简述水泥混凝土路面表面起皮(剥落、露骨)处治方法。

模块三　水泥混凝土路面改善

1. 掌握水泥混凝土路面表面功能恢复方法；
2. 掌握水泥混凝土加铺层具体做法；
3. 掌握在水泥混凝土路面上加铺沥青混凝土加铺层的具体做法；
4. 掌握水泥混凝土路面加宽方法。

能力目标

1. 能够进行水泥混凝土路面表面功能恢复设计与施工；
2. 能够进行水泥混凝土加铺层设计与施工；
3. 能够进行在水泥混凝土路面上加铺沥青混凝土加铺层的设计与施工；
4. 能够进行水泥混凝土路面加宽设计与施工。

一、水泥混凝土路面表面功能恢复

(1)水泥混凝土路面整条路段出现较大面积的磨损、露骨，应采取铺设沥青磨耗层的方法；对局部路段出现路面磨光，应采取机械刻槽的方法，以恢复水泥混凝土路面的表面平整度和摩擦系数。(资源4-4)

(2)对于水泥混凝土路面板较大范围的磨损和露骨可铺设沥青磨耗层。

①沥青磨耗层铺筑前应对混凝土面板进行修整和处理,应使水泥混凝土路面干燥清洁,不得有尘土、杂物或油污。

②水泥混凝土路面表面应喷洒 0.4~0.6kg/m² 的黏层沥青,宜采用快裂型乳化沥青。

③黏层沥青宜用沥青洒布车进行喷洒,在路缘石、雨水进水口、检查井等局部位置与沥青面层接触处用人工涂刷。

④喷洒黏层沥青应符合下列要求:

A. 黏层沥青应均匀洒布或涂刷,喷洒过量处应予刮除。

B. 当气温低于10℃或路面潮湿时,不得喷洒黏层沥青。

C. 喷洒黏层沥青后,除沥青混合料运输车辆外严禁其他车辆、行人通过。

D. 黏层沥青洒布后,应立即铺筑沥青层,乳化沥青应待破乳后铺筑。

(3)沥青磨耗层,采用沥青砂,厚度一般为 1.0~1.5cm。

(4)磨耗层采用稀浆封层时,应符合下列要求:

①稀浆封层的施工温度不得低于10℃,路面应清洁。

②稀浆封层机摊铺时应保持槽内有近半槽稀浆,摊铺过程中出现局部稀浆过厚,需用橡皮板刮平,稀浆过少应用铁锹取浆补齐,流出的乳液需用刮板刮平,摊铺终点接头处应平直整齐。

③稀浆封层铺筑后到成型前应封闭交通。

④开放交通初期应有专人指挥,控制车速不得超过20km/h,并不得制动或掉头。

(5)采用改性沥青稀浆封层时,其施工程序与普通稀浆封层基本相同,但必须使用改性稀浆封层机,采用慢裂快凝型乳化沥青。

(6)路面磨光时,可采用刻槽法进行处治。混凝土板刻槽宜采用自行式刻槽机,应在指定的线路上安置导向轨,并将导向轮扣在导向轨上,刻槽深度 3~5mm,槽宽 3~5mm,缝距为 10~20mm。刻槽时宜由高向低逐步推进。

二、水泥混凝土加铺层

(1)在旧水泥混凝土路面上加铺水泥混凝土面层之前应对旧混凝土路面进行处理。

①对旧混凝土路面进行调查,分板块逐一编号,绘制病害平面图。

②按设计要求对病害面板进行处理。

③板底脱空可采用板下封堵的方法进行压浆处理。

④板块破碎、角隅断裂、沉陷、掉边、缺角等病害板,必须用破碎机(液压镐)凿除。清除混凝土碎屑后,整平基层,并夯压密实,然后铺筑与旧板块等强度的水泥混凝土,其高程控制与旧板面齐平。

(2)在旧混凝土顶面宜铺筑一层隔离层。

①铺筑前应先清除旧面板表面杂物,冲刷尘污,使板面洁净无异物。

②用清缝机清除水泥混凝土面板接缝杂物,用灌缝机灌入接缝材料。

③在旧混凝土表面洒布黏层沥青。

A. 在封闭交通施工的路段,施工路段长度一般不宜大于1000m;在半幅通车半幅施工路段,一般不宜大于300m。

B. 黏层沥青采用热沥青或乳化沥青,沥青用量为 0.4kg/m²。使用乳化沥青,宜采用快裂洒布型乳化沥青 PC-3、PA-3,乳液中沥青含量不少于50%,乳化沥青用量为 0.6kg/m²。洒布过量处,应予刮除。

C. 严禁在已洒布或涂刷黏层沥青的面板上通行车辆和行人,并防止土石杂物等散落在沥青上面。

④沥青混凝土隔离层。

A. 沥青混凝土厚度以 1.5~2.5cm 为宜。

B. 摊铺宽度应超过加铺板边缘 25cm,严禁出现空白区。

C. 碾压机械宜采用轮胎压路机,自路边向路中心碾压,边压边找平,至沥青混凝土隔离层平整无轮迹为止。

⑤土工布隔离层。

A. 在水泥混凝土路面上满铺土工布。

B. 土工布纵横向搭接宽度为 2cm。

C. 在土工布搭接部分涂刷热沥青。

⑥沥青油毡隔离层。

A. 在水泥混凝土路面上满铺沥青油毡。

B. 沥青油毡纵横向搭接宽度为 20cm。

C. 在沥青油毡搭接部分涂刷热沥青。

(3)水泥混凝土加铺层厚度应通过计算确定,且不小于 18cm。

①水泥混凝土加铺层半幅施工时模板应采用钢模板,中模以角钢为宜,必须支立稳固,其平面位置与高度应符合设计要求。

②安装模板宜采取由边模固定中模的方法。边模由钢钎固定,中模每间隔 1m 用膨胀螺栓将模板外侧底部预先定位固定,中、边模之间采用横跨两模板的活动卡梁辅助固定。活动卡梁间距不大于 2m,并随铺筑进度相应装拆推移。

③混凝土配合比设计,混合料搅拌、运输、摊铺、振捣、整平、接缝设置、表面修整、养护、锯缝、填缝等工艺应符合公路水泥混凝土路面有关施工规范规定。

④加铺层,新、旧混凝土面板应尽可能对缝,模板拆除时必须做好锯缝位置的标记。

(4)钢纤维混凝土加铺层适用于路面高程受到限制的路段。

①钢纤维混凝土路面板厚应通过结构设计确定,也可取普通混凝土路面板厚度的 0.65 倍,一般不小于 12cm。

②集料的粒径不大于 15mm,钢纤维规格应符合现行行业标准《公路水泥混凝土路面设计规范》(JTG D40)的规定。

③钢纤维体积率为 1.2%、钢纤维混凝土拌和物的配合比,混合料搅拌、摊铺、振捣、整平、养护等,均应符合公路水泥混凝土路面有关施工规范的规定。

④纵、横缝应与旧混凝土面板一致,拆模时必须做好锯缝标记。

(5)连续配筋混凝土加铺层适用于高速公路。

①纵、横向钢筋应采用螺纹钢筋。纵向钢筋配筋率一般控制在 0.5%~0.7% 范围内。横向钢筋用量可取纵向钢筋用量的 1/8~1/5。

②钢筋布置应符合下列要求:

A. 纵向钢筋间距不小于 10cm 且不大于 25cm。

B. 横向钢筋间距不大于 80cm。

C. 纵向钢筋焊接长度不小于 50cm 或钢筋直径的 30 倍,焊接位置相互错开,不应在一个断面上重叠。

D. 纵向钢筋应设在面板厚度的 1/2 处,横向钢筋位于纵向钢筋之下,横向钢筋下设梯形混凝土支撑垫块。

E. 边缘钢筋至板边的距离一般为 10~15cm。

③端部处理。

在与其他路面或桥梁、涵洞等构造物连接处,必须进行端部处理。可根据实际情况连续设置三道胀缝或三道矩形锚固梁。

④接缝设置。

A. 纵缝不另设拉杆,由一侧板的横向钢筋延伸,并穿过纵缝代替拉杆。

B. 施工缝可采用平缝,纵向钢筋应保持连续,穿过接缝。

(6)钢筋混凝土加铺层适用于一般路段。

①钢筋混凝土板厚按普通混凝土板规定进行设计。

②纵、横向钢筋宜采用相同的直径。钢筋的最大间距和最小直径按表 4-1 确定。

钢筋最小直径和最大间距 表 4-1

钢筋类型	光面钢筋	螺纹钢筋
最小直径(mm)	8	12
纵向最大间距(cm)	15	35
横向最大间距(cm)	30	75

③钢筋的搭接长度宜大于直径的 25 倍,钢筋应设在板面下 1/3~1/2 板厚范围内,外侧钢筋中心距接缝或自由边的距离为 10~15m,钢筋保护层的最小厚度不小于 5cm。

④横向缩缝间距宜为 10m,并应设传力杆。纵缝、胀缝和施工缝的设置与普通混凝土路面相同。

(7)直接式加铺层施工须清除旧面板表面积物,冲刷尘污,使板面洁净无异物。直接式加铺层厚度应通过计算确定且不小于 14cm。

①采用直接式加铺层的路段,其板面应基本完好、平整。旧混凝土面板局部裂缝处应采用钢筋网片补强,钢筋网片覆盖于裂缝之上,超过裂缝不小于 50cm,网片距板底面 5cm。

②水泥混凝土路面施工,按照公路水泥混凝土路面有关施工规范规定执行。

三、沥青混凝土加铺层

(1)沥青混凝土加铺层要求旧混凝土路面稳定、清洁,对面板损坏部分必须维修,对旧水泥混凝土路面进行相应的处理。

(2)反射裂缝的防治可采用土工格栅、油毡、土工布、切缝填封橡胶沥青或做二灰碎石、水泥稳定粒料层。

①采用土工格栅施工,应符合下列要求:

A. 先在混凝土面板上洒黏层沥青,沥青用量为 $0.4~0.6kg/m^2$。

B. 用 1~2cm 沥青砂调平旧混凝土路面。

C. 宜采用玻璃纤维格栅压入沥青调平层。

D. 采用膨胀螺栓加垫片固定格栅端部。
E. 格栅纵、横向的搭接部分不小于20cm。
F. 格栅中部在混凝土面板纵、横缝位置及两外侧边缘用铁钉加垫片固定。
②采用聚酯改性沥青油毡施工,应符合下列要求:
A. 将油毡切割成50cm宽的长条带。
B. 用压缩空气清除表面杂物。
C. 将油毡铺放在接缝处,缝两侧各25cm。
D. 用汽油喷灯烘烤油毡。
E. 当油毡处于熔融状态后压实。
F. 用一层沥青砂覆盖油毡表面。
③采用土工布施工,应符合下列要求:
A. 凿平板块错台部位。
B. 喷洒黏层沥青,沥青用量为 $0.4 \sim 0.6 kg/m^2$。
C. 一端固定土工布,然后拉紧、铺平、粘贴土工布。
④在沥青混凝土加铺层上对应水泥混凝土横向接缝处切缝,灌接缝材料。
A. 按旧水泥混凝土路面平面图,确定水泥混凝土板的接缝位置。
B. 在沥青混凝土加铺层已定位的接缝上方,锯深1.5cm、宽0.5cm的缝。
C. 用压缩空气将锯缝清理干净,并保持干燥。
D. 灌填橡胶沥青。
⑤做二灰碎石、水泥稳定碎石上基层,基层厚度不小于15cm。
(3)沥青混凝土加铺层结构厚度应满足沥青混凝土最小结构厚度要求,一般不小于7cm。

四、水泥混凝土路面加宽

水泥混凝土路面的加宽应符合下列要求:
(1)路基加宽应符合公路路基设计、施工规范的有关规定。
(2)基层加宽时,新加宽的基层强度不得低于原有水泥混凝土路面的基层强度,并宜采用台阶法搭接。
(3)两侧新加宽的水泥混凝土路面宽度差大于1m和单侧加宽时,应调整路拱。如条件许可,应尽可能采取双侧相等加宽方式。
(4)在平曲线处,应按现行行业标准《公路工程技术标准》(JTG B01)规定设置超高、加宽,原来漏设的,应予补设。
(5)路面板加宽处的纵缝应设置拉杆。
(6)加宽水泥混凝土面板的强度、厚度、路拱、横缝均应与原设计相同。加宽水泥混凝土路面的施工,应符合相关施工规范规定。

1. 土基拓宽

土基拓宽时应先将原边坡坡脚或边沟清淤。
(1)必须铲除边坡杂草、树根和浮土,并按现行行业标准《公路路面基层施工技术细则》(JTG/T F20)规定处理。

(2)应分层填筑压实土基。

(3)必须处理好新旧路基的衔接,在新旧路基交界处,路基与基层界面上铺设一层土工格栅。

(4)在做路基加宽时,应同时做好路基排水系统。

2. 路面基层拓宽

路面基层拓宽时,新加宽的基层强度不得低于原有水泥混凝土路面的基层强度,宜采用相错搭接法(图4-21)。

3. 混凝土路面加宽

混凝土路面加宽应符合下列要求:

(1)双侧加宽。如原路基较宽,路面加宽后路肩宽度大于75cm时,可以直接加宽;如路基较窄不具备加宽路面条件的路段,应先加宽路基。如果施工机械和操作方法能保证路基加宽部分达到规定密实度,即可加宽路面,否则应待路基压实稳定后,再加宽路面。宜采用两侧相等加宽的方式,如图4-22所示。$a-a'<1m$ 时不调整路拱,$a-a'>1m$ 时调整路拱,两侧不等宽的加宽方式如图4-23、图4-24所示。

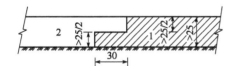

图4-21 相错搭接法(尺寸单位:cm)
1-原有基层;2-新铺加宽基层

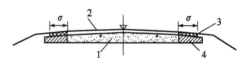

图4-22 两侧相等加宽路面
1-原基层;2-原路面;3-加宽路面;4-加宽基层

图4-23 两侧不相等加宽路面
1-原基层;2-原路面;3-加宽基层较窄;4-加宽面层较窄;5-加宽面层较宽;6-加宽基层较宽
注:$a-a'<1m$ 时不调拱。

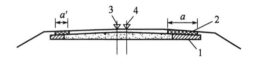

图4-24 两侧不相等加宽路面
1-加宽基层;2-加宽面层;3-原路拱;4-新铺路拱
注:$a-a'>1m$ 时必须调整拱。

(2)单侧加宽。由于受线形和地形限制必须采用单侧加宽时,可采用图4-25所示的加宽图式。

(3)在平曲线处,均应按现行行业标准《公路工程技术标准》(JTG B01)规定设置超高、加宽,原来漏设的,也应结合加宽补设。

(4)加宽的混凝土面板的强度、厚度、路拱、横缝均宜与原混凝土面板相同。板块长宽比应为1.3~1.2。路面板加宽应增设拉杆,拉杆设置参照现行行业标准《公路水泥混凝土路面设计规范》(JTG D40)执行。

(5)路面板加宽应按下列方法增设拉杆:

①在面板外侧每间隔60cm,在1/2板厚处打一深度为30cm、直径为18mm的水平孔。

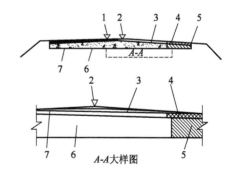

图4-25 单侧加宽
1-旧路拱中心;2-调拱后中心;3-调拱三角垫层;4-加宽面层;5-加宽基层;6-旧基层;7-旧面层

②清除孔内混凝土碎屑。
③向孔内压入高强砂浆。
④插入直径为14mm、长度为60cm的螺纹钢筋。
(6)水泥混凝土路面的施工,应符合公路水泥混凝土路面有关施工规范规定。

思考与练习

一、填空题

1. 水泥混凝土路面整条路段出现较大面积的磨损、露骨,应采取铺设_____;对局部路段出现路面磨光,应采取_____的方法,以恢复水泥混凝土路面的表面平整度和摩擦系数。
2. 在旧水泥混凝土路面上加铺水泥混凝土面层之前,在旧混凝土顶面宜铺筑一层隔离层,例如_____隔离层、_____隔离层、_____隔离层等。
3. _____加铺层适用于路面高程受到限制的路段。
4. 水泥混凝土路面基层加宽时,新加宽的基层强度不得低于原有水泥混凝土路面的基层强度,并宜采用_____搭接。

二、问答题

1. 简述水泥混凝土路面表面功能恢复方法。
2. 简述水泥混凝土加铺层具体做法。
3. 简述在水泥混凝土路面上加铺沥青混凝土加铺层的具体做法。
4. 简述水泥混凝土路面加宽方法。

模块四　水泥混凝土路面修复

知识目标

1. 掌握水泥混凝土路面整块面板翻修方法;
2. 掌握水泥混凝土路面部分路段修复方法;
3. 掌握旧水泥混凝土路面再生利用的具体做法。

能力目标

1. 能够进行水泥混凝土路面整块面板翻修设计与施工;
2. 能够进行水泥混凝土路面部分路段修复设计与施工;
3. 能够进行旧水泥混凝土路面再生利用的设计与施工。

一、整块面板翻修

水泥混凝土路面由于施工、养护和自然因素等原因,使路面产生严重沉陷或严重破碎等病害,而且集中于一块板内,这时,正常养护手段无济于事,只能通过整块面板的翻修,才能恢复其使用功能。整块面板翻修的方法和工艺如下:

1. 清除混凝土碎块

用风镐或液压镐凿除损坏的水泥混凝土面板块,尽可能保留原有拉杆、传力杆,若拉杆、传力杆有损坏,应该重新补设,并将破碎的混凝土块清运至合适地方。

2. 处治基层

视基层损坏程度采取不同处治方法:

(1)基层损坏厚度小于8cm,整平基层压实后,可直接浇筑与原路面强度相同的水泥混凝土,其施工应符合水泥混凝土加铺层施工规范的要求。

(2)基层损坏厚度大于8cm,且坑洼不平,应首先整平、压实基层后,采用C15号贫混凝土进行补强。其补强层顶面高程应与旧路面基层顶面高程相同。

(3)基层损坏极为严重,其厚度大于20cm时,应分层处理基层,其材料应符合现行行业标准《公路路面基层施工技术细则》(JTG/T F20)的有关规定。

(4)在基层上,按$0.5kg/m^2$沥青用量喷洒一层乳化沥青,作为防水层。

3. 排水处理

对翻修的混凝土板,处在路面排水不良地带,路面板的边缘及路肩应设置路基纵、横向排水系统。

(1)单一边板翻修时,应在路面板接缝处设置横向盲沟,其设置要求按设置盲沟的有关规定执行。

(2)连续数块混凝土板块翻修时,宜设纵、横向盲沟,并应在纵坡底部设置横向盲沟,其设置要求按设置盲沟的有关规定执行。

4. 水泥混凝土路面板块翻修工艺

(1)混凝土施工配合比及所用的材料,应根据路面通车时间的要求,选用快速修补材料。

(2)将混凝土拌和机设置在施工现场附近,可采用翻斗车运送混合料。

(3)混合料的摊铺由运输车直接卸在基层上,用铁锹摊铺均匀,严禁使用钉耙耧耙,以防离析;摊铺的材料厚度,应考虑振实的影响而预留一定的高度,松铺系数一般控制在1.1左右,或根据试验确定。

(4)混合料的振捣应先用插入式振捣器在板边、角隅处或全面顺序振捣一次,同一位置不少于20s。再用平板振捣器全面振捣,振捣时应重叠10~20cm,不小于15~30s,以不再冒泡并泛出水泥浆为止。在全面振捣后再用振动梁振实、整平,往返拖拉2~3遍,振动梁移动的速度应缓慢而均匀,其速度以1.2~1.5m/min为宜。对不平处,应及时人工补平,最后用平直的滚杆进一步滚平表面,使表面进一步提浆。

(5)进行混凝土表面整修时,应用木抹多次抹面至表面无泌水为止。发现面板低处应补充混凝土,并用直尺检查平整度。

(6)按原路面纹理修面,可用尼龙丝刷或拉槽器在混凝土表面横向拉槽。

(7)混凝土凝结硬化后,要在尽早时间内用切割机切缝,切割深度宜为板块1/4厚度,合适的切缝时间需依据经验并进行试切后决定。经验切缝时间见表4-2。

经 验 切 缝 时 间　　　　　　　　　　表 4-2

昼夜平均温度(℃)	常规切缝时间(h)	真空脱水作业时间(h)
5	45～50	40～45
10	30～45	25～30
15	22～26	18～32
20	18～21	12～15
25	15～18	8～11
30	13～15	5～7

注：表列时间为采用普通硅酸盐水泥不掺外加剂的锯缝时间。

(8) 混凝土的养护。

① 混凝土板抹平之后，可在其表面喷洒养护剂进行养护，养护剂应在纵、横向各洒一次，洒布要均匀，其用量不得少于 350g/m²。

② 也可采取洒水养护，用草帘或麻袋覆盖在混凝土板表面，每天洒水 2～3 次，使混凝土经常保持潮湿状态。

(9) 混凝土接缝填封应在混凝土板养护期满后立即进行。

① 接缝填缝材料分接缝板及填缝料两种。填缝料又分为加热施工式和常温施工式两种。接缝板和填缝料的技术要求，应符合接缝板和填缝料的有关规定。

② 填缝前缝内必须清扫干净，灌注填缝料必须在缝槽干燥状态下进行，其灌注深度以 3～4cm 为宜，下部可填入多孔柔性材料。

③ 填缝料的灌注高度，夏天应与面板平，冬天宜稍低于面板。

(10) 混凝土强度达到设计要求，即可开放交通。

二、部分路段修复

水泥混凝土路面部分路段损坏，一般是由于设计、施工、材料、工艺、交通量、超载、养护不当等因素造成，严重影响行车安全。对水泥混凝土路面损坏路段，必须进行彻底修复。

1. 修复前的准备工作

(1) 对损坏路段进行详细、全面的调查，分析原因，并制订科学的修复措施。

(2) 编制施工组织设计。包括修复的资金、人员、机械、材料、施工工艺、计划进度等。

2. 施工

(1) 旧混凝土破碎。

① 人工用风镐进行混凝土板块破碎，尽量使其破碎板成为约 30cm×30cm 的矩形小块，以利旧板利用。

② 采用配备液压镐的混凝土破碎机进行混凝土板块破碎，破碎时液压镐落点间距离约 40cm。

③ 清除混凝土碎块，运至指定地点堆放，并加以利用，防止环境污染。

(2) 处理基层。

① 对强度尚好、损坏又不严重的基层，应进行整平，并采用轻型压路机压实。对压不到的死角部分可用冲击夯等机具压实。

②基层强度不足且损坏较为严重时,可采用水稳性较好的材料,如水泥稳定碎石或石灰粉煤灰稳定碎石等结构层进行补强。其材料技术标准、施工工艺应符合《公路路面基层施工技术细则》(JTG/T F20)的有关规定。

③石灰工业废渣稳定土的基本要求:

A. 石灰。石灰质量应符合表4-3、表4-4规定的Ⅲ级以上生石灰或消石灰的技术指标。

生石灰技术要求　　　　　　　　　　　　　　　　　　表4-3

指标	钙质生石灰			镁质生石灰			试验方法
	Ⅰ	Ⅱ	Ⅲ	Ⅰ	Ⅱ	Ⅲ	
有效氧化钙加氧化镁含量(%)	≥85	≥80	≥70	≥80	≥75	≥65	T 0813
未消化残渣含量(%)	≤7	≤11	≤17	≤10	≤14	≤20	T 0815
钙镁石灰的分类界限,氧化镁含量(%)	≤5			>5			T 0812

消石灰技术要求　　　　　　　　　　　　　　　　　　表4-4

指标		钙质消石灰			镁质消石灰			试验方法
		Ⅰ	Ⅱ	Ⅲ	Ⅰ	Ⅱ	Ⅲ	
有效氧化钙加氧化镁含量(%)		≥65	≥60	≥55	≥60	≥55	≥50	T 0813
含水率(%)		≤4	≤4	≤4	≤4	≤4	≤4	T 0801
细度	0.60mm方孔筛的筛余(%)	0	≤1	≤1	0	≤1	≤1	T 0814
	0.15mm方孔筛的筛余(%)	≤13	≤20	—	≤13	≤20	—	T 0814
钙镁石灰的分类界限,氧化镁含量(%)		≤4			>4			T 0812

B. 粉煤灰中二氧化硅(SiO_2)、三氧化二铝(Al_2O_3)和三氧化二铁(Fe_2O_3)的总含量应大于70%;粉煤灰的烧失量不应超过20%;粉煤灰的比表面积宜大于$2500cm^2/g$。

C. 二灰级配集料混合料用作基层时,集料的最大粒径不应超过40mm;集料质量宜占80%以上,并应符合级配要求。

D. 用于高速公路和一级公路的二灰级配集料,除直接铺筑在土基上的二灰稳定基层的下层外,二灰稳定粒料用作底基层时,集料的最大粒径不应超过40mm,其颗粒组成应符合表4-4中1号级配的范围;二灰稳定级配集料用作基层时,混合料中集料的质量占80%~85%,集料的最大粒径不应超过30mm,其颗粒组成宜符合表4-5中2号级配的范围,小于0.075mm,颗粒含量宜接近0。

二灰级配集料混合料中集料的颗粒组成范围　　　　　　　　表4-5

编号		1	2(砂砾)	3(碎石)
通过右侧筛孔(mm)的质量百分比(%)	40	100	—	—
	30	90~100	100	100
	20	60~85	90~100	85~100
	10	50~70	55~80	60~80
	5	40~60	40~65	30~50
	2	27~47	28~50	15~30
	1	20~40	20~40	—
	0.5	10~30	10~20	10~20
	0.075	0~15	0~10	0~10

E. 碎石或砾石的抗压能力,对于二级和三级以下的公路,集料压碎值不大于35%;对于二级以下公路的底基层,其压碎值不大于40%;对于一级公路和高速公路,其压碎值不大于30%。

F. 人或牲畜饮用的水源,均可使用。

G. 二灰碎石的强度标准(MPa)应符合表4-6的规定。

二灰碎石的强度标准(MPa)　　　　　表4-6

使用层位	公路等级	
	二级及二级以下公路	高速公路、一级公路
基层	≥0.6	≥0.8
底基层	≥0.5	≥0.5

(3)部分路段排水系统。

局部路段修复时,应设置纵、横向排水系统,排水系统设置应按照相关规范执行。

(4)部分路段施工前准备工作。

混凝土施工前,应在路面基层上做沥青下封层,沥青用量为$1.0kg/m^2$。

(5)新旧混凝土板交界处应设传力杆。

①在新旧路面板交界处,旧面板1/2板厚位置,每隔30cm钻一直径为28mm,深度为22.5cm的水平孔。

②用压缩空气清除孔内混凝土碎屑。

③向孔内灌入高强砂浆。

④在旧混凝土板侧涂刷沥青,将直径为25mm、长度为45cm的光圆钢筋插入旧混凝土面板中。

⑤对损坏的拉杆要修复,可在原拉杆位置附近,打直径为18mm、深度为35cm的拉杆孔,用压缩空气清除碎屑,并灌入高强砂浆,将直径为14mm、长度为70cm的螺纹钢筋插入旧混凝土面板中35cm。

(6)水泥混凝土路面的材料要求。

①水泥应符合下列要求:

A. 应采用强度高、收缩性小、耐磨性强、抗冻性好的水泥。

B. 应采用硅酸盐水泥或普通硅酸盐水泥,其强度等级不应低于42.5级。

C. 高速公路必须采用强度等级不低于52.5级的硅酸盐水泥。

D. 水泥进场时,应有产品合格证及化验单,并应对品种、强度等级、包装数量、出厂日期等进行检查验收。

E. 不同强度等级、厂牌、品牌、出厂日期的水泥,不得混合堆放,严禁混合使用。出厂日期超过三个月或受潮的水泥,必须经过试验,按其试验结果决定正常使用或降级使用。已经结块变质的水泥不得使用。

②细集料应符合下列要求:

A. 细集料应使用质地坚硬、耐久、洁净的天然砂或机制砂,不宜使用再生细集料。

B. 极重、特重、重交通荷载等级公路面层水泥混凝土用天然砂的质量标准不应低于表4-7规定的Ⅱ级,中、轻交通荷载等级公路面层水泥混凝土可使用Ⅲ级天然砂。

天然砂的质量标准 表4-7

项次	项 目	技 术 要 求			试 验 方 法
		Ⅰ级	Ⅱ级	Ⅲ级	
1	坚固性(按质量损失计)(%)≤	6.0	8.0	10.0	JTG E42 T 0340
2	含泥量(按质量计)(%)≤	1.0	2.0	3.0	JTG E42 T 0333
3	泥块含量(按质量计)(%)≤	0	0.5	1.0	JTG E42 T 0335
4	氯离子含量ª(按质量计)(%)≤	0.02	0.03	0.06	GB/T 14684
5	云母含量(按质量计)(%)≤	1.0	1.0	2.0	JTG E42 T 0337
6	硫化物及硫酸盐含量①(按SO_3质量计)(%)≤	0.5	0.5	0.5	JTG E42 T 0341
7	海砂中的贝壳类物质含量(按质量计)(%)≤	3.0	5.0	8.0	JGJ 206
8	轻物质含量(按质量计)(%)≤	1.0			JTG E42 T 0338
9	吸水率(%)≤	2.0			JTG E42 T 0330
10	表观密度(kg/m³)≥	2500.0			JTG E42 T 0328
11	松散堆积密度(kg/m³)≥	1400.0			JTG E42 T 0331
12	空隙率(%)≤	45.0			JTG E42 T 0331
13	有机物含量(比色法)	合格			JTG E42 T 0336
14	碱活性反应①	不得有碱活性反应或疑似碱活性反应			JTG E42 T 0325
15	结晶态二氧化硅含量②(%)≥	25.0			JTG E42 T 0324

注:①碱活性反应、氯离子含量、硫化物及硫酸盐含量在天然砂使用前应至少检验一次。
②按现行《公路工程集料试验规程》(JTG E42) T 0324岩相法,测定除隐晶质、玻璃质二氧化硅以外的结晶态二氧化硅的含量。

C. 天然砂的级配范围宜符合表4-8的规定。面层水泥混凝土使用的天然砂细度模数宜在2.0~3.7之间。

天然砂的推荐级配范围 表4-8

砂分级	细度模数	方孔筛尺寸(mm)(试验方法 JTG E42 T 0327)						
		9.5	4.75	2.36	1.18	0.60	0.30	0.15	0.075
		通过各筛孔的质量百分率(%)						
粗砂	3.1~3.7	100	90~100	65~95	35~65	15~30	5~20	0~10	0~5
中砂	2.3~3.0	100	90~100	75~100	50~90	30~60	8~30	0~10	0~5
细砂	1.6~2.2	100	90~100	85~100	75~100	60~84	15~45	0~10	0~5

D. 机制砂宜采用碎石作为原料,并用专用设备生产。极重、特重、重交通荷载等级公路面层水泥混凝土用机制砂的质量标准不应低于表4-9规定的Ⅱ级,中、轻交通荷载等级公路面层水泥混凝土可使用Ⅲ级机制砂。

机制砂的质量标准 表4-9

项次	项 目	技 术 要 求			试 验 方 法
		Ⅰ级	Ⅱ级	Ⅲ级	
1	机制砂母岩的抗压强度(MPa)≥	80.0	60.0	30.0	JTG E41 T 0221
2	机制砂母岩的磨光值 ≥	38.0	35.0	30.0	JTG E42 T 0321
3	机制砂单粒级最大压碎指标(%)≤	20.0	25.0	30.0	JTG E42 T 0350
4	坚固性(按质量损失计)(%)≤	6.0	8.0	10.0	JTG E42 T 0340
5	氯离子含量*(按质量计)(%)≤	0.01	0.02	0.06	GB/T 14684
6	云母含量(按质量计)(%)≤	1.0	2.0	2.0	JTG E42 T 0337
7	硫化物及硫酸盐含量*(按SO_3质量计)(%)≤	0.5	0.5	0.5	JTG E42 T 0341

续上表

项次	项 目		技术要求			试验方法
			Ⅰ级	Ⅱ级	Ⅲ级	
8	泥块含量(按质量计)(%)≤		0	0.5	1.0	JTG E42 T 0335
9	石粉含量(%)<	MB值<1.40或合格	3.0	5.0	7.0	JTG E42 T 0349
		MB值≥1.40或不合格	1.0	3.0	5.0	
10	轻物质含量(按质量计)(%)≤		1.0			JTG E42 T 0338
11	吸水率(%)≤		2.0			JTG E42 T 0330
12	表观密度(kg/m³)≥		2500.0			JTG E42 T 0328
13	松散堆积密度(kg/m³)≥		1400.0			JTG E42 T 0331
14	空隙率(%)≤		45.0			JTG E42 T 0331
15	有机物含量(比色法)		合格			JTG E42 T 0336
16	碱活性反应*		不得有碱活性反应或疑似碱活性反应			JTG E42 T 0325

注:*碱活性反应、氯离子含量、硫化物及硫酸盐含量在机制砂使用前应至少检验一次。

E. 机制砂的级配范围宜符合表4-10的规定。面层水泥混凝土使用的机制砂细度模数宜在2.3~3.1之间。

机制砂的级配范围   表4-10

机制砂分级	细度模数	方孔筛尺寸(mm)(试验方法 JTG E42 T 0327)						
		9.5	4.75	2.36	1.18	0.60	0.30	0.15
		水洗法通过各筛孔的质量百分率(%)						
Ⅰ级砂	2.3~3.1	100	90~100	80~95	50~85	30~60	10~20	0~10
Ⅱ、Ⅲ级砂	2.8~3.9	100	90~100	50~95	30~65	15~29	5~20	0~10

③粗集料应符合下列要求:

A. 粗集料应使用质地坚硬、耐久、干净的碎石、破碎卵石或卵石。极重、特重、重交通荷载等级公路面层水泥混凝土用粗集料质量不应低于表4-11中Ⅱ级的要求;中、轻交通荷载等级公路面层水泥混凝土可使用Ⅲ级粗集料。

碎石、破碎卵石和卵石质量标准   表4-11

项次	项 目		技术要求			试验方法
			Ⅰ级	Ⅱ级	Ⅲ级	
1	碎石压碎值(%)≤		18.0	25.0	30.0	JTG E42 T 0316
2	卵石压碎值(%)≤		21.0	23.0	26.0	JTG E42 T 0316
3	坚固性(按质量损失计)(%)≤		5.0	8.0	12.0	JTG E42 T 0314
4	针片状颗粒含量(按质量计)(%)≤		8.0	15.0	20.0	JTG E42 T 0311
5	含泥量(按质量计)(%)≤		0.5	1.0	2.0	JTG E42 T 0310
6	泥块含量(按质量计)(%)≤		0.2	0.5	0.7	JTG E42 T 0310
7	吸水率①(按质量计)(%)≤		1.0	2.0	3.0	JTG E42 T 0307
8	硫化物及硫酸盐含量②(按SO_3质量计)(%)≤		0.5	1.0	1.0	GB/T 14685
9	洛杉矶磨耗损失③(%)≤		28.0	32.0	35.0	JTG E42 T 0317
10	有机物含量(比色法)		合格	合格	合格	JTG E42 T 0313
11	岩石抗压强度(MPa)②≥	岩浆岩	100			JTG E41 T 0221
		变质岩	80			
		沉积岩	60			

续上表

项次	项 目	技 术 要 求			试 验 方 法
		Ⅰ级	Ⅱ级	Ⅲ级	
12	表观密度(kg/m³)≥	2500			JTG E42 T 0308
13	松散堆积密度(kg/m³)≥	1350			JTG E42 T 0309
14	空隙率(%)≤	47			JTG E42 T 0309
15	磨光值③(%)≥	35.0			JTG E42 T 0321
16	碱活性反应②	不得有碱活性反应或疑似碱活性反应			JTG E42 T 0325

注：①有抗冰冻、抗盐冻要求时，应检验粗集料吸水率。
②硫化物及硫酸盐含量、碱活性反应、岩石抗压强度在粗集料使用前应至少检验一次。
③洛杉矶磨耗损失、磨光值仅在要求制作露石水泥混凝土面层时检测。

B. 中、轻交通荷载等级公路面层水泥混凝土可使用再生粗集料，其质量应符合表4-12的规定。再生粗集料可单独或掺配新集料后使用，但应通过配合比试验验证，确定混凝土性能满足设计要求，并符合下列规定：有抗冰冻、抗盐冻要求时，再生粗集料不应低于Ⅱ级；无抗冰冻、抗盐冻要求时，可使用Ⅲ级再生粗集料；再生粗集料不得用于裸露粗集料的水泥混凝土抗滑表层；不得使用出现碱活性反应的混凝土为原料破碎生产的再生粗集料。

再生粗集料的质量标准　　　　　　　　　　　　　　　　表4-12

项次	项 目	技 术 要 求			试 验 方 法
		Ⅰ级	Ⅱ级	Ⅲ级	
1	压碎值(%)≤	21.0	30.0	43.0	JTG E42 T 0316
2	坚固性(按质量损失计)(%)≤	5.0	10.0	15.0	JTG E42 T 0314
3	针片状颗粒含量(按质量计)(%)≤	10.0	10.0	10.0	JTG E42 T 0311
4	微粉含量(按质量计)(%)≤	1.0	2.0	3.0	JTG E42 T 0310
5	泥块含量(按质量计)(%)≤	0.5	0.7	1.0	JTG E42 T 0310
6	吸水率(按质量计)(%)≤	3.0	5.0	8.0	JTG E42 T 0307
7	硫化物及硫酸盐含量(按SO_3质量计)(%)≤	2.0	2.0	2.0	GB/T 14685
8	氯化物含量(以氯离子质量计)(%)≤	0.06	0.06	0.06	GB/T 14685
9	洛杉矶磨耗损失(%)≤	35	40	45	JTG E42 T 0317
10	杂物含量(按质量计)(%)≤	1.0	1.0	1.0	JTG E42 T 0313
11	表观密度(kg/m³)≥	2450	2350	2250	JTG E42 T 0308
12	空隙率(%)≤	47	50	53	JTG E42 T 0309

注：1. 当再生粗集料中碎石的岩石品种变化时，应重新检测上述指标。
2. 硫化物及硫酸盐含量、氯化物含量、洛杉矶磨耗损失在再生粗集料使用前应至少检验一次。

C. 粗集料与再生粗集料应根据混凝土配合比的公称最大粒径分为2~4个单粒级的集料，并掺配使用。粗集料与再生粗集料的合成级配及单粒级级配范围宜符合表4-13的要求。不得使用不分级的统料。

粗集料与再生粗集料的级配范围　　　　　　　　　　　　表4-13

方孔筛尺寸(mm)		2.36	4.75	9.50	16.0	19.0	26.5	31.5	37.5	试验方法
级配类型		累计筛余(以质量计)(%)								
合成级配	4.75~16.0	95~100	85~100	40~60	0~10	—	—	—	—	JTG E42 T 0302
	4.75~19.0	95~100	85~95	60~75	30~45	0~5	0	—	—	
	4.75~26.5	95~100	90~100	70~90	50~70	25~40	0~5	0	—	
	4.75~31.5	95~100	90~100	75~90	60~75	40~60	20~35	0~5	0	

续上表

方孔筛尺寸(mm)		2.36	4.75	9.50	16.0	19.0	26.5	31.5	37.5	试验方法
级配类型		累计筛余(以质量计)(%)								
单粒级级配	4.75~9.5	95~100	80~100	0~15	0	—	—	—	—	JTG E42 T0302
	9.5~16.0	—	95~100	80~100	0~15	0	—	—	—	
	9.5~19.0	—	95~100	85~100	40~60	0~15	0	—	—	
	16.0~26.5	—	—	95~100	55~70	25~40	0~10	0	—	
	16.0~31.5	—	—	95~100	85~100	55~70	25~40	0~10	0	

④水应符合下列要求：

A. 符合现行国家标准《生活饮用水卫生标准》(GB 5749)的饮用水可直接作为混凝土搅拌与养护用水。

B. 非饮用水应进行水质检验，并应符合表4-14的规定，还应与蒸馏水进行水泥凝结时间与水泥胶砂强度的对比试验；对比试验的水泥初凝与终凝时间差均不应大于30min，水泥胶砂3d和28d强度不应低于蒸馏水配制的水泥胶砂3d和28d强度的90%。

非饮用水质量标准　　　　表4-14

项次	项　目	钢筋混凝土及钢纤维混凝土	素混凝土	试验方法
1	pH值 ≥	5.0	4.5	JGJ 63
2	Cl^-含量(mg/L) ≤	1000	3500	
3	SO_4^{2-}含量(mg/L) ≤	2000	2700	
4	碱含量(mg/L) ≤	1500	1500	
5	可溶物含量(mg/L) ≤	5000	10000	
6	不溶物含量(mg/L) ≤	2000	5000	
7	其他杂质	不应有漂浮的油脂和泡沫；不应有明显的颜色和异味		

C. 养护用水可不检验不溶物含量和其他杂质，其他指标应符合表4-14的规定。

⑤外加剂应符合下列要求：

A. 应经配合比试验符合要求方可使用。

B. 为减少混凝土拌合物的用水量、改善和易性、节约水泥用量、提高混凝土强度，可掺入减水剂。

C. 夏季施工或需要延长作业时间，可掺入缓凝剂。

D. 冬季施工为提高早期强度或缩短养护时间，可掺入早强剂。

E. 严寒地区抗冻，可掺入引气剂。

⑥钢筋应符合下列要求：

A. 钢筋品种、规格，应符合设计要求。

B. 钢筋应顺直，不得有裂缝、断伤、刻痕，表面油污或颗粒状、片状锈蚀应清除。

(7)混凝土拌合物的浇筑。

①模板宜采用钢模板，模板的制作与立模应符合下列要求：

A. 钢模板的高度应与混凝土板厚度一致。

B. 钢模板的高度允许误差为±2mm，企口舌部或凹槽的长度允许误差为±1mm。

C. 立模的平面位置与高程应符合设计要求，并应支立准确、稳固，接头紧密平顺，不得有离缝、前后错茬和高低不平等现象。模板接头和模板与基层接触处均不得漏浆。模板与混凝土接触的表面应涂隔离剂。

②混凝土拌合物的摊铺,应符合下列要求:

A. 当混凝土板的厚度小于22cm时,可一次摊铺;大于22cm时,可分两次摊铺。下部厚度宜为总厚度的3/5。

B. 摊铺厚度应考虑振实预留高度。

C. 采用人工摊铺,应用锹反扣,严禁抛掷和搂耙,防止混凝土拌合物离析。

③混凝土拌合物的振捣,应符合下列要求:

A. 对厚度小于22cm的混凝土板,靠边部和板角应先用插入式振捣器顺序振捣,再用功率不小于2.2kW平板振捣器纵横交错全面振捣。振捣时应重叠10~20cm,然后用振捣梁振捣拖平。对有钢筋的部位,振捣时应防止钢筋变位。

B. 振捣器在每一位置振捣的持续时间,应以拌合物停止下沉,不再冒泡并泛出水泥浆为准,并不宜过振。用平板式振捣器振捣时,不宜少于15s;水灰比小于0.45时,不宜少于30s;用插入式振捣器振捣时,不宜少于20s。

C. 当采用插入式振捣器与平板式振捣器配合使用时,应先用插入式振捣器振捣,而后用平板式振捣器振捣。大于22cm的混凝土板,分两次摊铺。振捣上层混凝土拌合物时,插入式振捣器应插入下层混凝土5cm,上层混凝土的振捣必须在下层混凝土初凝以前完成。插入式振捣器的移动间距不宜大于其作用半径的1.5倍,其至模板的距离不应大于振捣器作用半径的0.5倍,并应避免碰撞模板和钢筋。

D. 振捣时应辅以人工找平,并应随时检查模板。如有下沉、变形或松动,应及时纠正。

(8)浇筑混凝土面板。

浇筑混凝土面板,采用真空吸水工艺时,应按下列要求操作:

①采用真空吸水的混凝土拌合物,按设计配合比适当增大用水量,水灰比可为0.48~0.55,其他材料用量维持原设计不变。

②混凝土拌合物经振捣、整平后进行真空吸水,真空吸水时间(min)宜为板厚(cm)的1.5倍,并应以剩余水灰比来检验真空吸水效果。

③真空吸水的作业深度不宜超过30cm。

④开机后真空度应逐渐增加,当达到要求的真空度(500~600mmHg[①])开始正常出水后,真空度要保持均匀;结束吸水工作前,真空度应逐渐减弱,防止在混凝土内部留下出水通路,影响混凝土的密实度。

⑤混凝土板完成真空吸水作业后,用抹光机抹面养护,并进行拉毛或压槽等工作。

(9)混凝土拌合物整平。

混凝土整平工艺,应符合下列要求:

①填补找平板面应选用混凝土拌合物的原浆,严禁用纯砂浆填补找平。

②混凝土拌合物经用振动梁整平后,可再用滚筒进一步整平。

③设有路拱时,应使用路拱成形板整平,整平时必须保持模板顶面平整。

(10)混凝土板做面。

水泥混凝土做面应符合下列要求:

---

① 1mmHg = 133.322Pa。

①混凝土做面时,应设置移动式遮阳棚,防止烈日暴晒或风吹。

②做面前应做好清边整缝,清除黏浆,修补掉边、缺角。做面时严禁在面板混凝土上洒水、撒水泥粉。

③做面宜分两次进行。先找平、抹平,待混凝土表面无泌水时,再做第二次抹平。混凝土板面应平整、密实。

④抹平后沿横坡方向拉毛或采用机具压槽,其拉毛或压槽深度应为 1~2mm。

(11)混凝土面板接缝施工(资源4-5)。

①胀缝的施工,应符合下列要求:

A. 胀缝应与路面中心线垂直,壁壁与板面必须垂直,缝隙宽度必须一致,缝中不得连浆,缝隙下部应设置胀缝板,上部应浇灌填缝料。

B. 胀缝传力杆的活动端,可设在缝的一边,或交错布置;固定后的传力杆必须平行于面板和路面中心线,其误差不得大于5mm。传力杆的固定,可采用支架固定安装的方法。

②缩缝的施工,应采用切缝法。

当受条件限制时,可采用压缝法,但是高速公路必须采用切缝法。切缝法和压缝法的施工,应符合下列要求:

A. 切缝法施工。当混凝土达到设计强度的25%~30%时,应采用切缝机进行切割。切缝前应调整刀片的进刀深度,宜为1/4板厚。切缝时,应随时调整刀片切割方向,停止切缝时,应先关闭开关,将刀片提升到板面以上,停止运转。切割时,刀片冷却用水,其压力不低于0.2MPa。碎石混凝土的最佳切割抗压强度为6.0~12.0MPa,砾石混凝土为9.0~12.0MPa。待缝槽干燥后,应尽快灌注填缝料。

B. 压缝法施工。当混凝土拌合物做面后,应立即用振动压缝刀压缝,当压至规定深度时,提出压缝刀,用原浆修平缝槽,严禁另外调浆;然后,放入铁制嵌条再次修平缝槽,待混凝土终凝前泌水后,取出嵌缝条,形成缝槽。

(12)纵缝施工。

①平缝纵缝。对已浇混凝土板的缝应涂刷沥青,并应避免涂在拉杆上。浇筑邻板时,缝的上部应压成规定深度的缝槽。

②企口缝纵缝。宜浇筑混凝土板凹榫的一边;缝壁应涂刷沥青,浇筑邻板时,应靠缝壁浇筑。

③整幅浇筑纵缝的切缝或压缝,应符合前面有关规定。

④纵缝设置拉杆应采用螺纹钢筋,并应设置在板厚中间。应预先根据拉杆的设计位置放样打眼。

(13)填缝施工。

接缝采用灌入式填缝,其施工应符合下列要求:

①填缝前必须保持缝内清洁,防止砂石等杂物进入缝内。

②灌注填缝料必须在缝槽干燥状态下进行,填缝料应与混凝土缝壁粘附紧密、不渗水。

③填缝料灌注深度宜为3~4cm。当缝槽大于3~4cm时,可填入多孔柔性衬底材料,填缝料的灌注高度,夏天宜与面板平,冬天宜稍低于面板。

④施工式填缝料加热时,应一边加热一边搅拌均匀,直至规定温度。

(14)混凝土板养护。

①湿法养护应符合下列要求:

A. 宜用草袋、草帘等在混凝土终凝后覆盖于面板表面,每天应均匀洒水,经常保持潮湿状态。

B. 昼夜温差大的地区,混凝土板浇筑 1 天内,应采取保温措施,防止混凝土板产生收缩裂缝。

C. 混凝土板在养护期间和填缝前,应禁止车辆通行,在达到设计强度的 40% 以后,方可允许行人通行。

②塑料薄膜养护应符合下要求:

A. 塑料薄膜溶液的配合比应经试验确定,并做好储运和安全工作。

B. 塑料薄膜施工,宜采用喷洒法。当混凝土表面不见浮土或用手指压无痕迹时,可进行喷洒。

C. 喷洒厚度以能形成薄膜为度,其用量宜控制在 350g/m² 以上。

D. 塑料薄膜喷洒后 3 天内禁止行人通行,养护期和填缝前禁止一切车辆通行,以确保薄膜的完整。

③模板的拆除,应符合下列要求:

A. 拆模时间应根据气温和混凝土强度增长情况确定,采用普通水泥时,一般允许拆模时间见表 4-15。

混凝土板允许拆模时间　　　　　　　　　　　　　表 4-15

昼夜平均气温(℃)	允许拆模时间(h)	昼夜平均气温(℃)	允许拆模时间(h)
5	72	10	48
15	36	20	30
25	24	30 以上	18

注:1. 允许拆模时间,自混凝土成形后开始拆模时计算。
　　2. 使用矿渣水泥,拆模时间延长 50%~100%。

B. 使用矿渣水泥,拆模时间延长 50%~100%。

C. 拆模时不得损坏混凝土板角、边,尽量保持完好。

④混凝土板达到设计强度后,方可开放交通。

三、旧水泥混凝土路面再生利用

(1)对水泥混凝土板的大面积破坏,可对旧混凝土进行再生利用。混凝土再生利用主要用作水泥混凝土面层粗集料、基层集料和碎块底基层。

(2)旧水泥混凝土板块强度达到石料二级标准时,可作为再生混凝土集料使用。

(3)旧水泥混凝土板再生利用时,应符合下列要求:

①在旧水泥混凝土板破碎前,应标明涵洞、地下管道、排水管位置。在有沥青罩面层处应先用铣刨机清除沥青层。在地下构造物、涵洞、地下管道位置,以及破碎板与保留板连接处的第一块旧混凝土板,应用液压镐破碎。全幅路面板破碎可用落锤式破碎机进行施工。

②将旧水泥混凝土碎块装运到料场进行加工。在旧混凝土板破碎、装运、输送的过程中应将钢筋剔除。旧混凝土集料的最大粒径应为 40mm,小于 20mm 的粒料不再作为集料。

③做水泥混凝土配合比设计时,粒径小于 20mm 的集料宜采用新的碎石。掺加减水剂和二级干粉煤灰。回收集料、新集料、水泥、粉煤灰最终级配要求应满足表 4-16 和表 4-17 的要求。

粗集料级配要求　　　　　　　　　　　　　表 4-16

筛孔尺寸(mm)	40	20	10	5
累计筛余(%)	0~5	30~65	70~90	95~100

细集料级配要求　　　　　表4-17

筛孔尺寸(mm)	5	2.5	1.25	0.63	0.315	0.16
累计筛余(%)	0	0~20	15~50	40~75	70~90	90~100

(4)旧水泥混凝土板块强度达到三级标准可作为基层集料。
①宜采用石灰、粉煤灰结旧混凝土集料基层。
②混凝土基层集料含量宜为80%~85%。
③石灰、粉煤灰比例宜为1:4。
(5)水泥混凝土路面破损状况属差级时,应将混凝土板破碎作为底基层使用。
①在水泥混凝土路面两侧挖纵横向排水沟,排除积水。
②旧水泥混凝土板破碎按相关规范执行。落锤落点间距为30cm,宜交错布置,混凝土板碎块最大尺寸不超过30cm。
③用灌浆设备将M5水泥砂浆灌入板块缝内。
④用25t振动压路机进行振碾,碾压速度为2.5km/h,往返碾压6次。要求基层稳定,灌浆饱满。
⑤对软弱松动碎块应予清除,并用C15贫混凝土填补。

 思考与练习

一、填空题

1.水泥混凝土路面整块面板翻修时,混凝土施工配合比及所用的材料,应根据路面通车时间的要求,选用_____材料。
2.水泥混凝土路面部分路段损坏,基层强度不足且损坏较为严重时,可采用水稳性较好的材料,如_____或_____等结构层进行补强。
3.水泥混凝土路面破损状况属差级时,应将混凝土板破碎作为_____使用。

二、问答题

1.简述水泥混凝土路面整块面板翻修方法。
2.简述水泥混凝土路面部分路段修复方法。
3.简述旧水泥混凝土路面再生利用的具体做法。

模块五　水泥混凝土预制块路面养护与维修

 知识目标

1.掌握水泥混凝土预制块路面常见病害类型;
2.掌握水泥混凝土预制块路面日常养护方法;
3.掌握水泥混凝土预制块路面局部损坏维修方法;
4.掌握水泥混凝土预制块路面翻修方法。

1. 能够判别水泥混凝土预制块路面常见病害类型;
2. 能够进行水泥混凝土预制块路面日常养护;
3. 能够进行水泥混凝土预制块路面局部损坏维修设计与施工;
4. 能够进行水泥混凝土预制块路面翻修设计与施工。

一、水泥混凝土预制块路面常见病害

(1)预制块路面的破损大多发生在春季和雨季,应加强巡回检查。对出现的各种病害,应及时进行保养、修复和改善。

(2)预制块路面通常发生下列病害:
①填缝料散失、损坏。
②个别预制块松动、破碎、错台、缺损、沉陷、隆起。
③路边部分砌块歪倒、横移和缝宽增大。

二、水泥混凝土预制块路面日常养护

(1)预制块路面的日常养护工作,主要是清除路面上的尘土、污泥和杂物,排除积水,保持路面清洁。

(2)预制块路面日常养护标准,应符合表4-18规定。

水泥混凝土预制块路面养护标准　　表4-18

项　目	允　许　值	说　明
平整度(mm)	10	用3m直尺量测
相邻块顶面高度差(mm)	5	用钢尺量测,取大值
最大缝宽(mm)	10	用楔形塞尺量测,取大值
横坡度(%)	±0.5	水准仪测量
破损率(‰)	≤10	量测每1000m²中破损块的面积

(3)预制块路面的缝隙应经常检查并及时添补嵌缝料。
①预制块与预制块之间用水泥砂浆作填缝的,如填缝发生破碎,应及时剔除杂物,然后用快硬早强砂浆重新灌缝。灌缝路段应半幅施工,并做好交通疏导工作,待砂浆达到设计强度后再开放交通。
②预制块与预制块之间用砂填缝的,由于行车作用,砂易被吸出,应及时添补,使预制块间的缝隙经常充满填缝料,防止砌块松动。

(4)个别预制块如有破碎,应按原材料和原尺寸补换。

三、水泥混凝土预制块路面局部损坏维修

(1)个别预制块发生错台、沉陷,应把这一部分砌块取出,整平夯实垫层,将预制块铺放在垫层上,且高出原砌块高程0.5cm,撒填缝料,并加以压实,使新铺的预制块下沉到与周围的预制块路面高度一致。

(2)对较大面积的沉陷或错台,应先清除污泥,处理路基,修整垫层,然后把挖出的预制块

铺放在垫层上,补块应高出原路面砌块 0.5cm,作为预留沉降。

(3)路面边缘损坏,应先修理好边部预制块和整理好路肩,并从路肩开始向边部预制块逐步压实。如预制块损坏范围较大,需要大面积整修或重新铺砌时,应注意整平压实处理基层,撒铺石屑、砂砾或粗砂,预垫层层厚为 1cm,其撒铺范围应覆盖修补面积以外 20cm,然后进行修理,并在修理后 2~3 周内,经常在缝隙处扫灌填缝料,保持缝隙内的填料密实、饱满。

四、水泥混凝土预制块路面翻修

(1)预制块路面必须翻修时,应对路基土、路面结构、排水、地下水以及交通量等进行详细调查,根据损坏原因,采取相应措施。

(2)挖出的预制块,尚可利用的与不能利用的应分开堆放,不得混杂。

(3)清除损坏的垫层,进行更换并补足应有的厚度。

①砂垫层厚度以 3cm 为宜,砂的含泥量不应大于 3%,粒径大于 5mm 的颗粒含量不应大于 10%。

②砂垫层摊铺时,应根据砂的含水率、铺砌方式确定砂的松铺厚度。摊铺后把砂刮平,其高程应符合设计要求。所有摊铺及刮平工作人员,均不得站在砂垫层上操作。

(4)预制块铺砌时,在混凝土预制块路面两侧,应预先设置坚固的边缘约束。边缘约束可采用路缘石侧石,其外侧必须用混凝土基座或背衬固定,如图 4-26 所示。

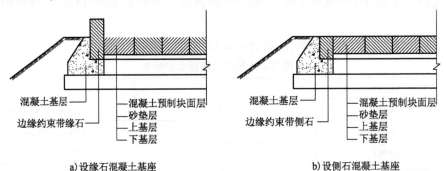

图 4-26 预制混凝土铺砌边缘约束装置

①预制块应按设计形式铺好第一排砌块,随后的铺砌应与第一排砌块稳固、紧密相靠,砌块间的缝隙宜为 2~3mm。

②镶嵌约束边缘与砌块间的空隙,应按设计将特制的块料或根据空隙的尺寸,将预制块切割成所需的形状,填砌在砌块与边缘约束带之间。不应采用小而薄的砌块填塞。

③边缘内孔隙镶嵌完毕,应采用平板振动器振压预制混凝土块表面。振动板的面积宜为 0.35~0.5m²;振动频率以 75~100Hz 为宜。初振时振动器应避开现支撑的边缘和端部。振压后应在铺砌块面上撒砂,用砂填充缝隙,并继续振动 2~3 遍,即可开放交通。

 思考与练习

一、填空题

1.预制块与预制块之间用水泥砂浆作填缝的,如填缝发生破碎,应及时剔除杂物,然后用 _____ 重新灌缝。

2. 路面边缘损坏,应先修理好边部预制块和整理好路肩,并从_____开始向_____预制块逐步压实。

3. 砂垫层厚度以_____cm 为宜,砂的含泥量不应大于____%,粒径大于____mm 的颗粒含量不应大于 10%。

二、问答题

1. 简述水泥混凝土预制块路面常见病害类型。
2. 简述水泥混凝土预制块路面日常养护方法。
3. 简述水泥混凝土预制块路面局部损坏维修方法。
4. 简述水泥混凝土预制块路面翻修方法。

项目五　公路养护安全作业

模块一　公路养护作业

1. 掌握公路养护作业类型；
2. 掌握公路养护作业基本要求。

1. 能够根据作业时间划分公路养护作业类型；
2. 能够根据养护作业类型制订相应的安全保通方案。

公路养护期间，为规范其养护安全作业，保障养护作业人员、设备和车辆运行的安全，应根据现行行业标准《公路养护安全作业规程》(JTG H30)相关内容开展养护工作。

公路养护作业控制区布置与作业管理应遵循布置合理、管控有效、安全可靠、便于实施的原则，根据作业时间划分公路养护作业类型，并进行相应的安全作业管理，保障养护安全作业，提高管控区域的通行效率。

一、公路养护作业类型

根据作业时间划分，公路养护作业可分为长期养护作业、短期养护作业、临时养护作业和移动养护作业，并应根据养护作业类型制订相应的安全保通方案。具体如下：

(1)长期养护作业应加强交通组织，必要时修建便道，宜采用稳固式安全设施并及时检查维护，加强现场养护安全作业管理。

(2)短期养护作业应按要求布置作业控制区，可采用易于安装拆除的安全设施。

(3)临时和移动养护作业控制区布置可在长期和短期养护作业控制区基础上，根据实际情况，在保障安全的前提下进行简化。

二、公路养护作业基本要求

公路养护作业应在保障养护作业人员、设备和车辆运行安全的前提下，充分考虑养护作业对交通安全保通状况的影响，保障交通通行。

公路养护作业应利用可变信息标志、交通广播、网络媒体、临时性交通标志等沿线设施、信息服务平台，及时发布前方公路或区域路网内的养护作业信息。公路长期养护作业应组织制订养护安全作业应急预案。当发生突发事件时，应及时启动应急预案。

养护作业前应了解埋设或架设在公路沿线、桥梁上和隧道内的各种设施，并与有关设施管理部门取得联系，采取必要的保护措施。当通航桥梁养护作业影响到航运安全时，应在养护作业前向有关部门通报。公路养护作业开始前应覆盖与养护安全设施相冲突的既有公路设施，结束后应及时恢复被覆盖的既有公路设施。公路养护作业未完成前，不得擅自改变作业控制区的范围和安全设施的布设位置。

养护作业人员应按有关规定穿着反光服，佩戴安全帽。交通引导人员尚应符合下列要求：

(1)交通引导人员应面向来车方向，站在可视性良好的非行车区域内。

(2)高速公路及一级公路养护作业时，交通引导人员宜站在警告区非行车区域内。

公路养护作业人员必须在作业控制区内进行养护作业。人员上下作业车辆或装卸物资必须在工作区内进行。

过渡区内不得堆放材料、设备或停放车辆。摆放的作业机械、车辆和堆放的施工材料不得侵占作业控制区外的空间，也不得危及桥梁、隧道等结构物的安全。

公路养护安全设施在使用期间应定期检查维护，保持设施完好并能正常使用。用于夜间养护作业的安全设施必须具有反光性或发光性。夜间进行养护作业应布设照明设施和警示频闪灯，并应加强养护作业的现场管理。公路养护作业控制区安全设施的布设与移除，应按移动养护作业要求进行。安全设施布设顺序应从警告区开始，向终止区推进，确保已摆放的安全设施清晰可见；移除顺序应与布设顺序相反，但警告区标志的移除顺序应与布设顺序相同。

公路检测宜根据作业时间按相应的养护作业类型布置作业控制区，并应加强现场检测作业管理。

思考与练习

一、填空题

1. 根据作业时间划分，公路养护作业可分为_____作业、_____作业、_____作业和_____作业。
2. 公路养护作业人员必须在_____区内进行养护作业。
3. 用于夜间养护作业的安全设施必须具有_____或_____。

二、问答题

1. 根据养护作业类型制订相应的安全保通方案的具体要求是什么？
2. 简述养护作业人员的要求。
3. 简述公路养护安全设施的要求。

模块二　公路养护作业控制区

1. 掌握公路养护作业控制区组成；
2. 掌握公路养护作业控制区布置要求。

能够进行公路养护作业控制区的组成、速度、区段长度等设计。

一、公路养护作业控制区组成

公路养护作业控制区应按警告区、上游过渡区、纵向缓冲区、工作区、下游过渡区和终止区的顺序依次布置,养护作业控制区示例如图5-1、图5-2所示。

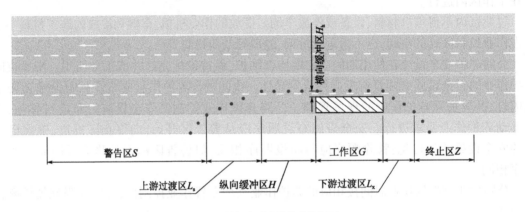

图 5-1　封闭车道养护作业控制区

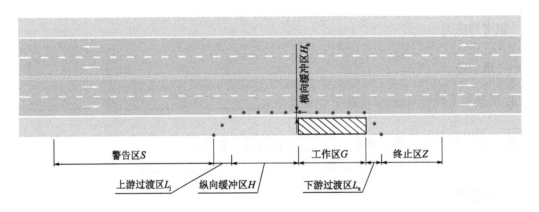

图 5-2　封闭路肩养护作业控制区

二、公路养护作业控制区布置要求

(1)长期和短期养护作业应布置警告、上游过渡、缓冲、工作、下游过渡、终止等区域;临时养护作业控制区布置可在长、短期养护作业基础上减小区段长度,有移动式标志车时也可不布置上游过渡区;移动养护作业控制区可仅布置警告区和工作区,警告区长度可减小。四级公路养护作业控制区布置可在二、三级公路养护作业基础上简化。

(2)养护作业控制区限速应符合下列要求:

①限速过程应在警告区内完成。

②限速应采用逐级限速或重复提示限速方法。逐级限速宜每100m降低10km/h。相邻限速标志间距不宜小于200m。

③最终限速值不应大于表 5-1 的规定。当最终限速值对应的预留行车宽度不符合要求时,应降低最终限速值。

公路养护作业限速值 表 5-1

设计速度(km/h)	限速值(km/h)	预留行车宽度(m)
120	80	3.75
100	60	3.50
80	40	3.50
60	30	3.25
40	30	3.25
30	20	3.00
20	20	3.00

④高速公路及一级公路封闭路肩养护作业,表 5-1 中的最终限速值可提高 10km/h 或 20km/h。

⑤不满足超车视距的二、三级公路弯道或纵坡路段养护作业,最终限速值宜取 20km/h。

⑥隧道养护作业,表 5-1 中的最终限速值可降低 10km/h 或 20km/h,但不宜小于 20km/h。

(3)警告区最小长度应符合表 5-2 和表 5-3 的规定。当交通量 Q 超出表中范围时,宜采取分流措施。

高速公路及一级公路警告区最小长度 表 5-2

公路等级	设计速度(km/h)	交通量 Q [pcu/(h·ln)]	警告区最小长度(m)
高速公路	120	$Q \leq 1400$	1600
		$1400 < Q \leq 1800$	2000
	100	$Q \leq 1400$	1500
		$1400 < Q \leq 1800$	1800
	80	$Q \leq 1400$	1200
		$1400 < Q \leq 1800$	1600
一级公路	100、80、60	$Q \leq 1400$	1000
		$1400 < Q \leq 1800$	1500

二、三、四级公路警告区最小长度 表 5-3

设计速度(km/h)	平曲线半径(m)	下坡坡度(%)	交通量 Q [pcu/(h·ln)]	警告区最小长度(m)	
				封闭路肩双向通行	封闭车道交替通行
80、60	≤200	0~3	$Q \leq 300$	600	800
			$300 < Q \leq 700$		1000
		>3	$Q \leq 300$	800	1000
			$300 < Q \leq 700$		1200
	>200	0~3	$Q \leq 300$	400	600
			$300 < Q \leq 700$		800
		>3	$Q \leq 300$	600	800
			$300 < Q \leq 700$		1000

续上表

设计速度 （km/h）	平曲线半径 （m）	下坡坡度 （%）	交通量 Q [pcu/(h·ln)]	警告区最小长度（m）	
				封闭路肩双向通行	封闭车道交替通行
40、30	≤100	0~4	Q≤300	400	500
			300<Q≤700		700
		>4	Q≤300	500	600
			300<Q≤700		800
	>100	0~4	Q≤300	300	400
			300<Q≤700		600
		>4	Q≤300	400	500
			300<Q≤700		700
20	—			200	

（4）封闭车道养护作业的上游过渡区最小长度值应符合表5-4的规定，封闭路肩养护作业的上游过渡区长度不应小于表5-4中数值的1/3。

封闭车道上游过渡区最小长度 表5-4

最终限速值 （km/h）	封闭车道宽度（m）			
	3.0	3.25	3.5	3.75
80	150	160	170	190
70	120	130	140	160
60	80	90	100	120
50	70	80	90	100
40	30	35	40	50
30	20	25	30	
20	20			

（5）缓冲区可分为纵向缓冲区和横向缓冲区，应符合下列要求：

①纵向缓冲区的最小长度应符合表5-5的规定。当工作区位于下坡路段时，纵向缓冲区的最小长度应适当延长。

纵向缓冲区最小长度 表5-5

最终限速值 （km/h）	不同下坡坡度的纵向缓冲区最小长度（m）	
	≤3%	>3%
80	120	150
70	100	120
60	80	100
50	60	80
40	50	
30、20	30	

②在保障行车道宽度的前提下，工作区和纵向缓冲区与非封闭车道之间宜布置横向缓冲区，其宽度不宜大于0.5m。

(6)工作区长度应符合下列要求:

①除借用对向车道通行的高速公路及一级公路养护作业外,工作区的最大长度不宜超过4km。

②借用对向车道通行的高速公路及一级公路养护作业,工作区的长度应根据中央分隔带开口间距和实际养护作业而定,工作区的最大长度不宜超过6km。当中央分隔带开口间距大于3km时,工作区的最大长度应为一个中央分隔带开口间距。

(7)下游过渡区的长度不宜小于30m。

(8)终止区的长度不宜小于30m。

思考与练习

一、填空题

1. 公路养护作业控制区应按_____区、_____区、_____区、_____区、_____区和_____区的顺序依次布置。

2. 移动养护作业控制区可仅布置_____区和_____区,_____区长度可减小。

3. 逐级限速宜每100m降低_____km/h。相邻限速标志间距不宜小于_____m。

4. 除借用对向车道通行的高速公路及一级公路养护作业外,工作区的最大长度不宜超过_____km。

5. 下游过渡区的长度不宜小于_____m,终止区的长度不宜小于_____m。

二、问答题

1. 公路养护作业控制区的组成有哪些?
2. 简述养护作业控制区的限速要求。
3. 简述缓冲区的要求。
4. 简述工作区的要求。

模块三 公路养护安全设施

知识目标

1. 掌握公路养护安全设施类型;
2. 掌握公路养护安全设施使用要求。

能力目标

能够进行公路养护安全设施的布置。

公路养护安全设施包括临时标志、临时标线和其他安全设施,各类安全设施应组合使用,典型安全设施示例见附录A。各类安全设施及交通引导人员示例符号见附录B。

一、临时标志

临时标志包括施工标志、限速标志等(附表 A-1),其使用应符合下列要求:
(1)施工标志宜布设在警告区起点。
(2)限速标志宜布设在警告区的不同断面处。
(3)解除限速标志宜布设在终止区末端。
(4)"重车靠右停靠区"标志应用于控制大型载货汽车在特大、大桥和特殊结构桥梁上的通行。

二、临时标线

临时标线包括渠化交通标线和导向交通标线(附表 A-2),应用于长期养护作业的渠化交通或导向交通标线,宜为易清除的临时反光标线。渠化交通标线应为橙色虚、实线;导向交通标线应为醒目的橙色实线。

三、其他安全设施

其他安全设施包括车道渠化设施、夜间照明设施、语音提示设施、闪光设施、临时交通控制信号设施、移动式标志车、移动式护栏和车载式防撞垫等。

(1)车道渠化设施包括交通锥、防撞桶、水马、防撞墙、隔离墩、附设警示灯的路栏等(附表 A-3),其使用应符合下列要求:

①交通锥形状、颜色和尺寸应符合现行国家标准《道路交通标志和标线》(GB 5768)的有关规定,布设在上游过渡区、缓冲区、工作区和下游过渡区。布设间距不宜大于 10m,其中上游过渡区和工作区布设间距不宜大于 4m。

②防撞桶颜色应为黄、黑相间,顶部可附设警示灯,可用于三级及三级以上公路下坡路段养护作业,宜布设在工作区或上游过渡区与缓冲区之间。使用前应灌水,灌水量不应小于其内部容积的 90%。在冰冻季节,可采用灌砂的方法,灌砂量不应小于其内部容积的 90%。

③水马颜色应为橙色或红色,高度不得小于 40cm,可用于三级及三级以上公路下坡路段养护作业,宜布设在工作区或上游过渡区与缓冲区之间。使用前应灌水,灌水量不应小于其内部容积的 90%。在冰冻季节,可采用灌砂的方法,灌砂量不应小于其内部容积的 90%。

④防撞墙和施工隔离墩颜色应为黄、黑相间,可用于三级及三级以上公路下坡路段养护作业,宜布设在工作区或上游过渡区与缓冲区之间,并宜组合使用。

⑤附设警示灯的路栏颜色应为黄、黑相间,宜布设在工作区或上游过渡区与缓冲区之间。

(2)照明设施和语音提示设施(附表 A-3)可用于夜间养护作业,其使用应符合下列要求:

①照明设施应布设在工作区侧面,照明方向应背对非封闭车道。
②语音提示设施宜根据需要布设在远离居民生活区的养护作业控制区。
③闪光设施可包括闪光箭头、警示频闪灯和车辆闪光灯(附表 A-3)。闪光箭头宜布设在上游过渡区;警示频闪灯宜布设在需加强警示的区域,宜为黄蓝相间的警示频闪灯;车辆闪光

灯应为360°旋转黄闪灯,可用于养护作业车辆或移动式标志车。

④临时交通控制信号设施灯光颜色应为红、绿两种(附表A-3),可交替发光,可用于双向交替通行的养护作业,宜布设在上游过渡区和下游过渡区。

⑤移动式标志车颜色应为黄色,顶部应安装黄色警示灯,后部应安装标志灯牌(附表A-3),可用于临时养护作业或移动养护作业。

⑥移动式护栏(附表A-3)应符合现行行业标准《公路交通安全设施设计规范》(JTG D81)中的有关防护等级规定,可用于三级及三级以上公路下坡路段养护作业。

⑦车载式防撞垫颜色应为黄、黑相间(附表A-3),可安装在养护作业车辆或移动式标志车尾部。

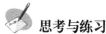

思考与练习

一、填空题

1. 公路养护安全设施包括_____、_____和其他安全设施。
2. 施工标志宜布设在_____区起点,限速标志宜布设在_____区的不同断面处,解除限速标志宜布设在_____区末端。
3. 应用于长期养护作业的_____或_____标线,宜为易清除的临时反光标线,前者应为_____色_____线;后者应为_____色_____线。
4. 其他安全设施包括_____、_____、语音提示设施、闪光设施、临时交通控制信号设施、移动式标志车、_____和_____等。
5. 交通锥布设在_____区、_____区、_____区和下游过渡区。布设间距不宜大于_____m,其中上游过渡区和工作区布设间距不宜大于_____m。

二、问答题

1. 简述临时标志的种类及使用要求。
2. 简述车道渠化设施的种类及使用要求。
3. 简述照明设施和语音提示设施的使用要求。
4. 简述闪光设施的种类及使用要求。

模块四 高速公路及一级公路养护作业控制区布置

掌握高速公路及一级公路养护作业控制区布置的基本要求。

能够进行高速公路及一级公路养护作业控制区布置。

一、基本要求

(1)养护作业控制区布置应考虑养护作业的内容与要求、时间和周期、交通量、经济效益等因素,控制区内交通标志的布设必须合理、前后协调,起到引导车流平稳变化的作用。

(2)养护作业控制区两侧应差异化布设安全设施,并应符合下列要求:

①车道养护作业时,在封闭车道一侧的警告区应布设施工标志和限速标志,在非封闭车道一侧的警告区应布设施工标志,并宜布设警示频闪灯。八车道及以上公路,在非封闭车道一侧的警告区尚应增设限速标志。

②路肩养护作业时,在封闭路肩一侧的警告区应布设施工标志和限速标志,在另一侧仅在警告区起点布设施工标志。

(3)同一行车方向不同断面同时进行养护作业时,相邻两个工作区净距不宜小于5km。

(4)封闭车道养护作业控制区与被借用车道上的养护作业控制区净距不宜小于10km。

(5)养护作业控制区应设置工程车辆专门的出、入口,并宜设在顺行车方向的下游过渡区内。当工程车辆需经上游过渡区或工作区进入时,应布设警告标志并配备交通引导人员。

二、养护作业控制区布置

1. 四车道高速公路及一级公路养护作业

四车道公路封闭车道或封闭路肩的养护作业,以设计速度100km/h为例,作业控制区布置示例如图5-3～图5-5所示。

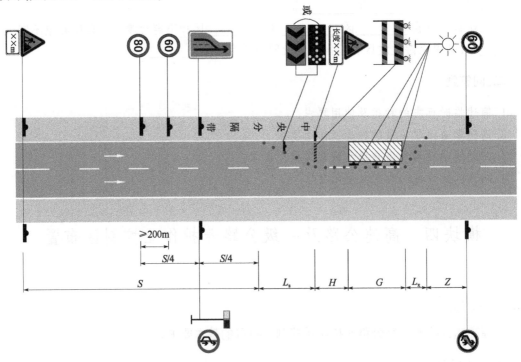

图5-3 四车道高速公路及一级公路封闭内侧车道养护作业

S-警告区长度;L_s-封闭车道上游过渡区长度;H-纵向缓冲区长度;G-工作区长度;L_x-下游过渡区长度;Z-终止区长度

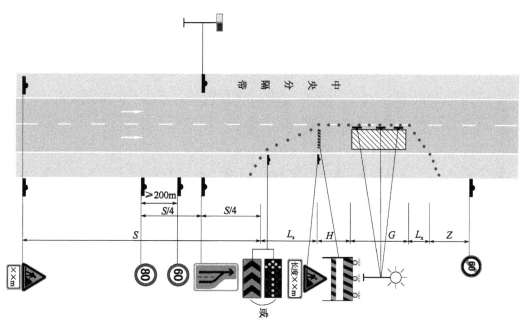

图 5-4 四车道高速公路及一级公路封闭外侧车道养护作业

S-警告区长度;L_s-封闭车道上游过渡区长度;H-纵向缓冲区长度;G-工作区长度;L_x-下游过渡区长度;Z-终止区长度

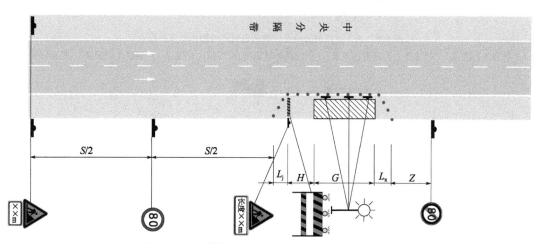

图 5-5 四车道高速公路及一级公路封闭路肩养护作业

S-警告区长度;L_j-封闭路肩上游过渡区长度;H-纵向缓冲区长度;G-工作区长度;L_x-下游过渡区长度;Z-终止区长度

2. 六车道及以上高速公路及一级公路养护作业

六车道及以上公路养护作业封闭中间车道时,宜同时封闭相邻一侧车道,并应布置两个上游过渡区,其最小间距不应小于200m。在交通量大的路段进行养护作业,不能同时封闭相邻车道时,宜采取必要措施加强现场交通管控。以设计速度120km/h为例,作业控制区布置示例如图5-6~图5-9所示。

3. 借用对向车道通行的高速公路及一级公路

借用对向车道通行的养护作业,应结合中央分隔带开口位置,利用靠近养护作业一侧的车道通行,双向车道都应布置作业控制区。借用车道双向通行分隔宜采用带有链接的车道渠化设施,并应在前一出口或平面交叉口布设长大车辆绕行标志。以设计速度100km/h为例,作业控制区布置示例如图5-10所示。

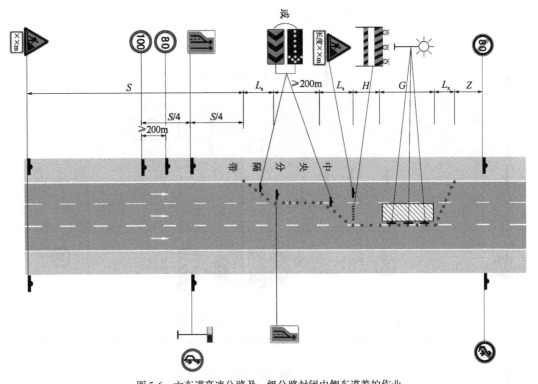

图 5-6 六车道高速公路及一级公路封闭内侧车道养护作业
S-警告区长度；L_s-封闭车道上游过渡区长度；H-纵向缓冲区长度；G-工作区长度；L_x-下游过渡区长度；Z-终止区长度

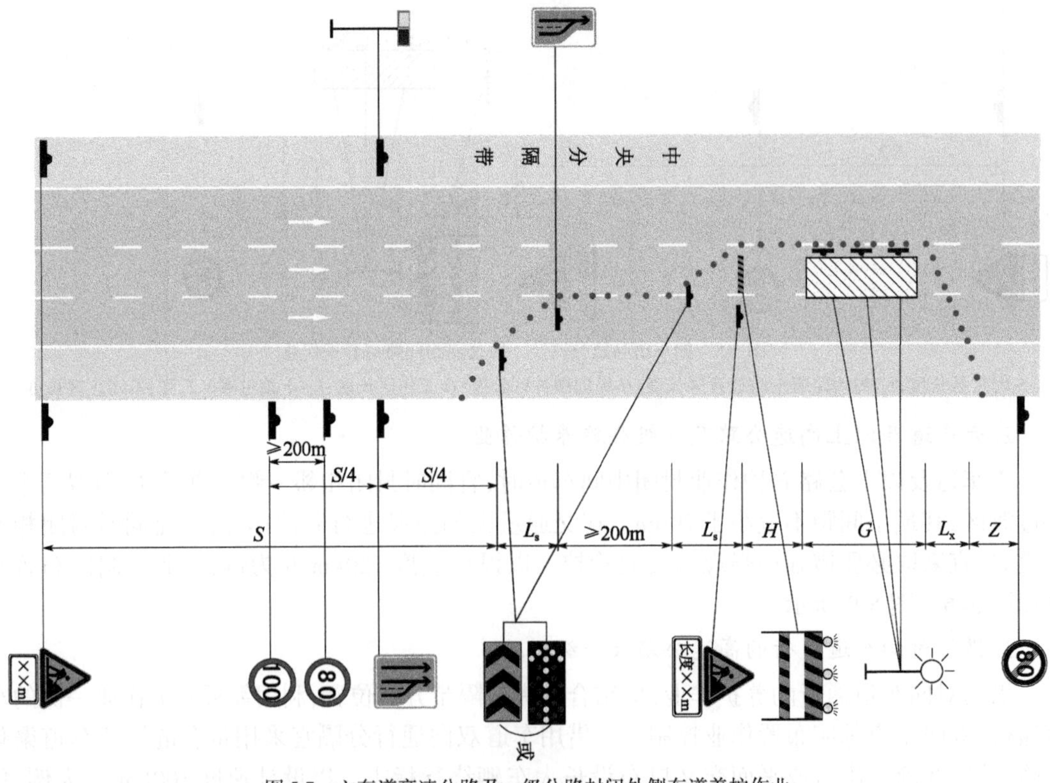

图 5-7 六车道高速公路及一级公路封闭外侧车道养护作业
S-警告区长度；L_s-封闭车道上游过渡区长度；H-纵向缓冲区长度；G-工作区长度；L_x-下游过渡区长度；Z-终止区长度

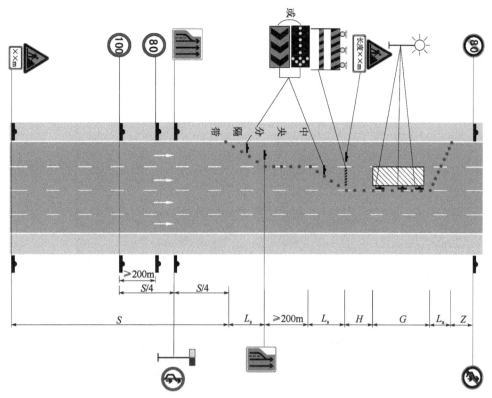

图 5-8 八车道高速公路及一级公路封闭内侧车道养护作业

S-警告区长度；L_s-封闭车道上游过渡区长度；H-纵向缓冲区长度；G-工作区长度；L_x-下游过渡区长度；Z-终止区长度

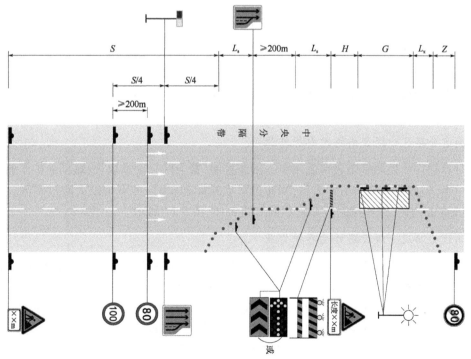

图 5-9 八车道高速公路及一级公路封闭外侧车道养护作业

S-警告区长度；L_s-封闭车道上游过渡区长度；H-纵向缓冲区长度；G-工作区长度；L_x-下游过渡区长度；Z-终止区长度

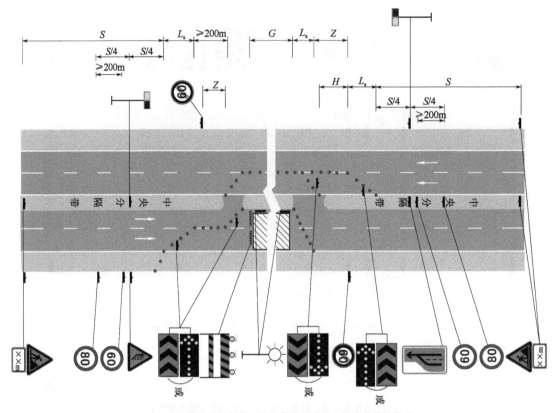

图 5-10　借用对向车道通行的高速公路及一级公路养护作业

S-警告区长度；L_s-封闭车道上游过渡区长度；H-纵向缓冲区长度；G-工作区长度；L_x-下游过渡区长度；Z-终止区长度

4. 立交出、入口匝道附近及匝道上养护作业

立交出、入口匝道附近及匝道上养护作业控制区布置，应根据工作区在匝道上的具体位置而定。匝道养护作业警告区长度不宜小于 300m。当匝道长度小于警告区最小长度时，作业控制区最前端的交通标志应布设在匝道入口处。以设计速度 100km/h 为例，作业控制区布置示例如图 5-11~图 5-15 所示。

5. 高速公路及一级公路临时养护作业

临时养护作业控制区布置可采用单一限速控制，警告区长度宜取长、短期养护作业警告区长度的一半，但应配备交通引导人员，当布设移动式标志车时，可不布设上游过渡区。以设计速度 100km/h 为例，作业控制区布置示例如图 5-16、图 5-17 所示。

6. 高速公路及一级公路移动养护作业

机械移动养护作业宜布设移动式标志车，当作业机械配备闪光箭头或车辆闪光灯时，可不布设移动式标志车。作业控制区布置示例如图 5-18 所示。

当占用路面进行人工移动养护作业时，宜封闭一定范围的养护作业区域，并按临时养护作业的有关规定执行。对于路肩清扫等人工移动养护作业，宜布设移动式标志或交通锥，其距人工移动养护作业起点不宜小于 150m。人工移动养护作业应避开高峰时段。路肩人工养护作业控制区布置示例如图 5-19 所示。

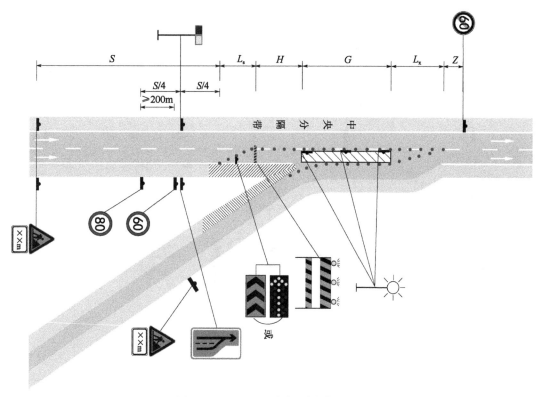

图 5-11 立交入口匝道附近养护作业(一)
S-警告区长度;L_s-封闭车道上游过渡区长度;H-纵向缓冲区长度;G-工作区长度;L_x-下游过渡区长度;Z-终止区长度

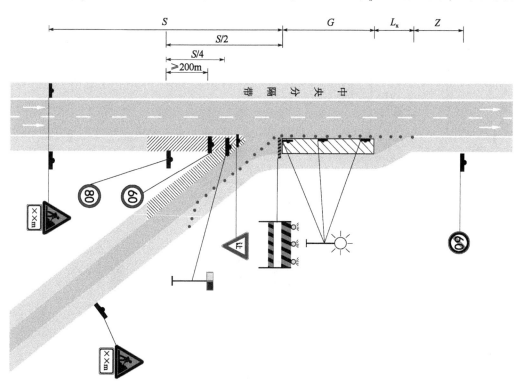

图 5-12 立交入口匝道附近养护作业(二)
S-警告区长度;G-工作区长度;L_x-下游过渡区长度;Z-终止区长度

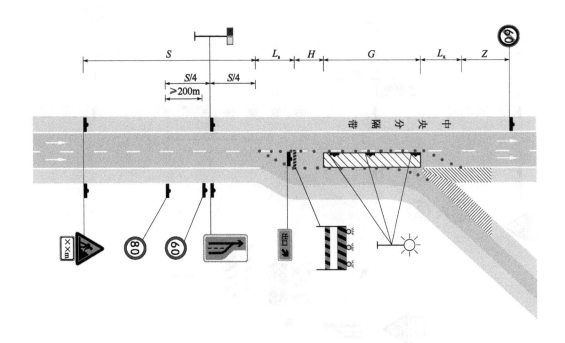

图 5-13 立交出口匝道附近养护作业(一)

S-警告区长度;L_s-封闭车道上游过渡区长度;H-纵向缓冲区长度;G-工作区长度;L_x-下游过渡区长度;Z-终止区长度

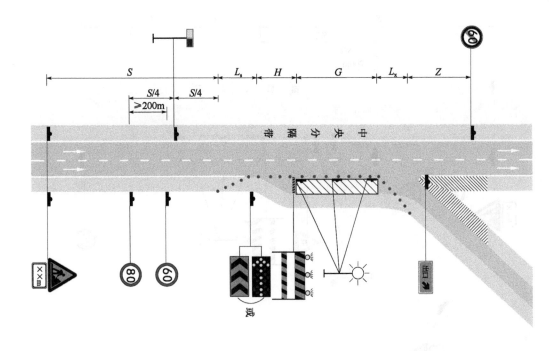

图 5-14 立交出口匝道附近养护作业(二)

S-警告区长度;L_s-封闭车道上游过渡区长度;H-纵向缓冲区长度;G-工作区长度;L_x-下游过渡区长度;Z-终止区长度

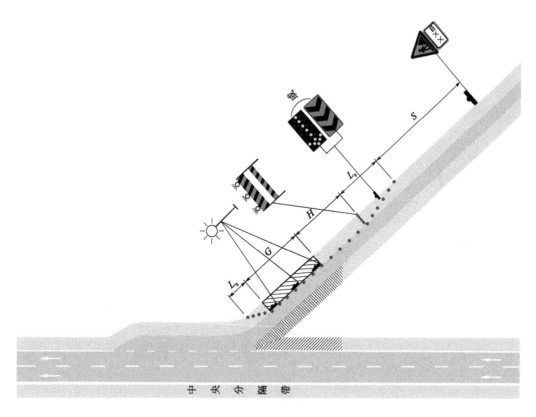

图 5-15 立交匝道单车道上封闭路肩养护作业
S-警告区长度；L_s-封闭车道上游过渡区长度；H-纵向缓冲区长度；G-工作区长度；L_x-下游过渡区长度

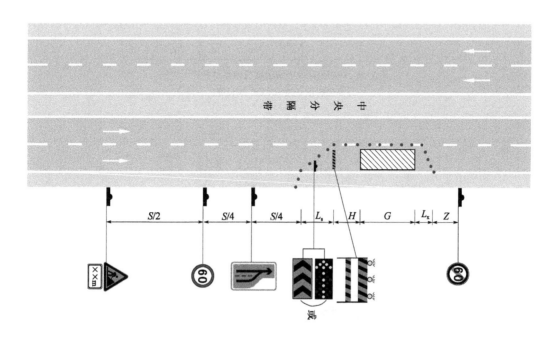

图 5-16 高速公路及一级公路临时养护作业
S-警告区长度；L_s-封闭车道上游过渡区长度；H-纵向缓冲区长度；G-工作区长度；L_x-下游过渡区长度；Z-终止区长度

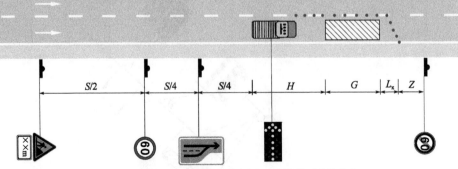

图 5-17　高速公路及一级公路布设移动式标志车的临时养护作业

S-警告区长度；H-纵向缓冲区长度；G-工作区长度；L_x-下游过渡区长度；Z-终止区长度

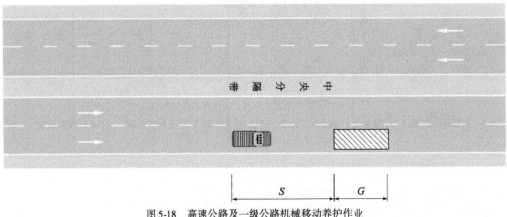

图 5-18　高速公路及一级公路机械移动养护作业

S-警告区长度；G-工作区长度

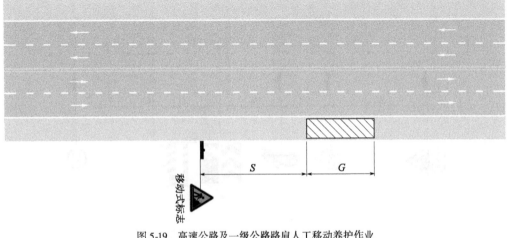

图 5-19　高速公路及一级公路路肩人工移动养护作业

S-警告区长度；G-工作区长度

7. 中央分隔带或边坡绿化内的植被灌溉养护作业

中央分隔带或边坡绿化内的植被灌溉养护作业,应在灌溉车辆上配备醒目的闪光箭头或车辆闪光灯,也可在灌溉车辆后布设移动式标志车。作业人员不得在中央分隔带内休息,且中央分隔带中不宜多人集中作业。

中央分隔带绿化内的植被修剪、垃圾清理等养护作业,应封闭靠近中央分隔带的内侧车道,并按临时养护作业控制区布置。

思考与练习

一、填空题

1. 高速公路及一级公路进行车道养护作业时,在封闭车道一侧的警告区应布设_____标志和_____标志,在非封闭车道一侧的警告区应布设_____标志,并宜布设警示频闪灯。八车道及以上公路,在非封闭车道一侧的警告区尚应增设_____标志。

2. 高速公路及一级公路进行路肩养护作业时,在封闭路肩一侧的警告区应布设_____标志和_____标志,在另一侧仅在警告区起点布设_____标志。

3. 高速公路及一级公路同一行车方向不同断面同时进行养护作业时,相邻两个工作区净距不宜小于_____km,封闭车道养护作业控制区与被借用车道上的养护作业控制区净距不宜小于_____km。

二、问答题

1. 四车道高速公路及一级公路养护作业控制区如何布置?
2. 六车道及以上高速公路及一级公路养护作业控制区如何布置?
3. 借用对向车道通行的高速公路及一级公路养护作业控制区如何布置?
4. 立交出、入口匝道附近及匝道上养护作业控制区如何布置?
5. 高速公路及一级公路临时养护作业控制区如何布置?
6. 高速公路及一级公路移动养护作业控制区如何布置?
7. 中央分隔带或边坡绿化内的植被灌溉养护作业控制区如何布置?

模块五　二、三级公路养护作业控制区布置

知识目标
掌握二、三级公路养护作业控制区布置的基本要求。

能力目标
能够进行二、三级公路养护作业控制区布置。

一、基本要求

养护作业控制区布置除应考虑养护作业的内容与要求、时间和周期、交通量、经济效益、控

制区内交通标志的布设等因素外,尚应兼顾养护作业控制区是否交替通行、线形特征等因素。

二、三级公路车道养护作业时,本向应布置警告区、上游过渡区、缓冲区、工作区、下游过渡区和终止区,对向应布置警告区和终止区。警告区应布设施工标志及限速标志,车道封闭养护作业尚应布设改道标志;上游过渡区应布设交通锥、闪光箭头、交通引导人员等;上游过渡区和缓冲区交界处应布设附设警示灯的路栏;终止区应布设解除限速标志。

同一方向不同断面同时养护作业时,相邻两个工作区净距不应小于3km。不满足超车视距的弯道或纵坡路段养护作业控制区布置,应提前布置警告区。

二、养护作业控制区布置

1. 二、三级公路双向交替通行的养护作业

双向交替通行路段养护作业,除布设必要的安全设施外,尚宜配备交通引导人员,也可布设临时交通控制信号设施。以设计速度80km/h为例,作业控制区布置示例如图5-20所示。

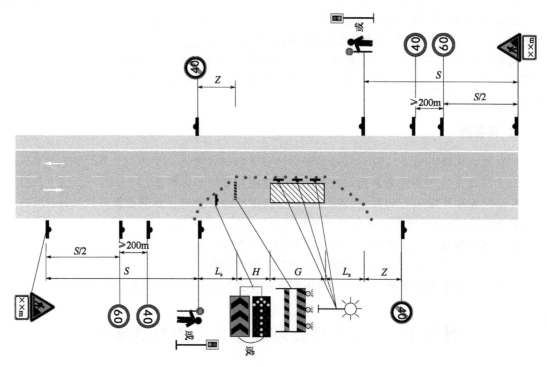

图5-20 二、三级公路双向交替通行的养护作业
S-警告区长度;L_s-封闭车道上游过渡区长度;H-纵向缓冲区长度;G-工作区长度;L_x-下游过渡区长度;Z-终止区长度

2. 二、三级公路双向通行的养护作业

路肩施工保持双向通行路段的养护作业控制区布置应符合下列要求:

(1)紧靠路肩的预留车道宽度应满足表5-1中的规定;当不满足规定时,应按封闭车道养护作业控制区布置。

(2)警告区可仅布设一块限速标志,工作区作业车辆上应配备警示频闪灯或反光标志。

(3)布设移动式标志车时,可不布置上游过渡区。

以设计速度80km/h为例,作业控制区布置示例如图5-21所示。

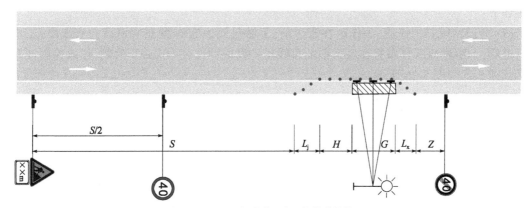

图 5-21　二、三级公路双向通行的养护作业

S-警告区长度；L_j-封闭路肩上游过渡区长度；H-纵向缓冲区长度；G-工作区长度；L_x-下游过渡区长度；Z-终止区长度

3. 二、三级公路便道双向通行的养护作业

全封闭路段养护作业，应采取分流措施成修筑临时交通便道。修筑临时交通便道的作业控制区布置应符合下列要求：

(1) 控制区内应布设附设警示灯的路栏。
(2) 作业车辆应配备警示灯或反光标志。
(3) 临时修建的交通便道，宜施划临时标线，可设置交通安全设施。

以设计速度 60km/h 为例，作业控制区布置示例如图 5-22 所示。

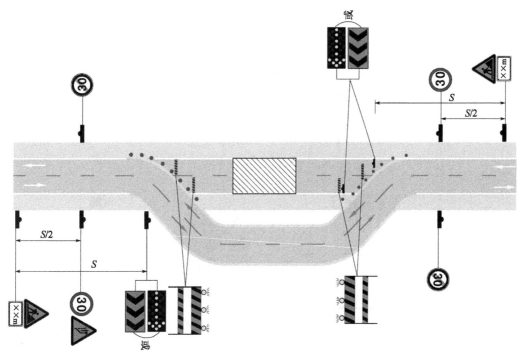

图 5-22　二、三级公路便道双向通行的养护作业

S-警告区长度

4. 二、三级公路弯道路段养护作业

弯道路段养护作业，应根据工作区与弯道的相对位置关系确定养护作业控制区布置方法，

具体如下:

(1)弯道路段养护作业,工作区在弯道前,下游过渡区宜布置在弯道后的直线段;工作区在弯道后,上游过渡区宜布置在弯道前的直线段。以设计速度60km/h为例,作业控制区布置示例如图5-23~图5-26所示。

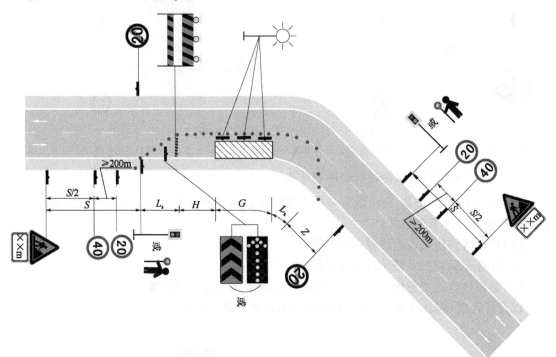

图5-23 二、三级公路双向交替通行的弯道路段弯道前养护作业
S-警告区长度;L_s-封闭车道上游过渡区长度;H-纵向缓冲区长度;G-工作区长度;L_x-下游过渡区长度;Z-终止区长度

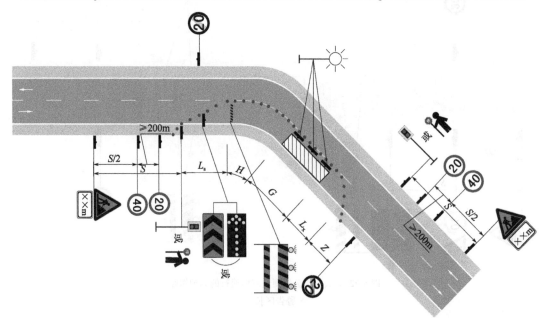

图5-24 二、三级公路双向交替通行的弯道路段弯道后养护作业
S-警告区长度;L_s-封闭车道上游过渡区长度;H-纵向缓冲区长度;G-工作区长度;L_x-下游过渡区长度;Z-终止区长度

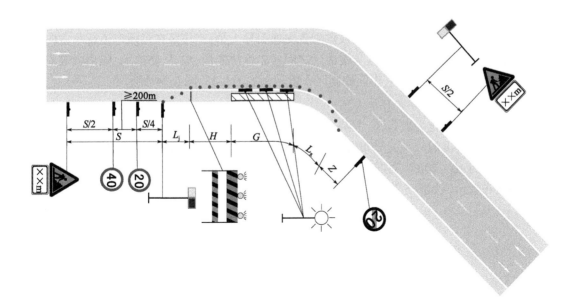

图 5-25　二、三级公路双向通行的弯道路段弯道前养护作业

S-警告区长度；L_j-封闭路肩上游过渡区长度；H-纵向缓冲区长度；G-工作区长度；L_x-下游过渡区长度；Z-终止区长度

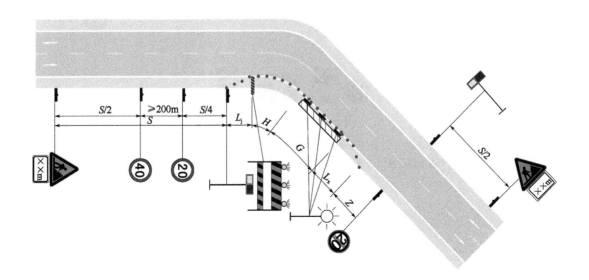

图 5-26　二、三级公路双向通行的弯道路段弯道后养护作业

S-警告区长度；L_j-封闭路肩上游过渡区长度；H-纵向缓冲区长度；G-工作区长度；L_x-下游过渡区长度；Z-终止区长度

（2）连续弯道路段养护作业，警告区起点宜在弯道起点上，且警告区长度不宜超出最小长度 200m。以设计速度 60km/h 为例，作业控制区布置示例如图 5-27、图 5-28 所示。

（3）反向弯道路段养护作业，上游过渡区应布置在反向弯道中间的平直路段；当警告区起点在弯道上时，应将其提前至该弯道起点。以设计速度 60km/h 为例，作业控制区布置示例如图 5-29、图 5-30 所示。

（4）回头弯道路段养护作业，回头曲线段的作业车道应作为缓冲区。以设计速度 60km/h 为例，作业控制区布置示例如图 5-31、图 5-32 所示。

5. 二、三级公路纵坡路段养护作业

纵坡路段养护作业,应在竖曲线顶点配备交通引导人员;工作区在封闭车道行车方向的下坡路段时,在工作区或上游过渡区与缓冲区之间应布设防撞桶、水马、防撞墙、隔离墩等安全设施。以设计速度60km/h为例,作业控制区布置示例如图5-33、图5-34所示。

6. 二、三级公路临时养护作业

作业控制区可简化为警告区、上游过渡区、工作区和下游过渡区,警告区长度宜取长、短期养护作业警告区长度的一半。当布设移动式标志车时,可不布置上游过渡区,移动式标志车与工作区净距宜为10～20m。对向车道可仅布置警告区。以设计速度60km/h和40km/h为例,作业控制区布置示例如图5-35～图5-37所示。

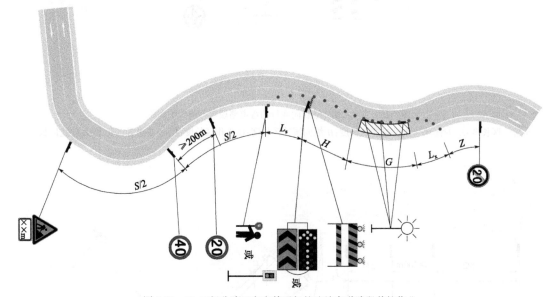

图 5-27 二、三级公路双向交替通行的连续弯道路段养护作业

S-警告区长度;L_s-封闭车道上游过渡区长度;H-纵向缓冲区长度;G-工作区长度;L_x-下游过渡区长度;Z-终止区长度

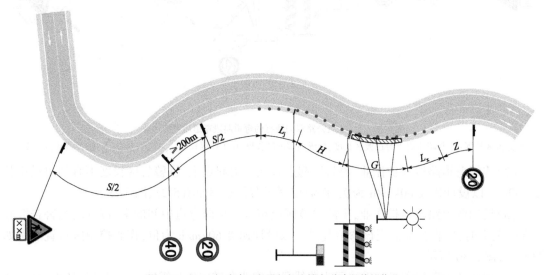

图 5-28 二、三级公路双向通行的连续弯道路段养护作业

S-警告区长度;L_j-封闭路肩上游过渡区长度;H-纵向缓冲区长度;G-工作区长度;L_x-下游过渡区长度;Z-终止区长度

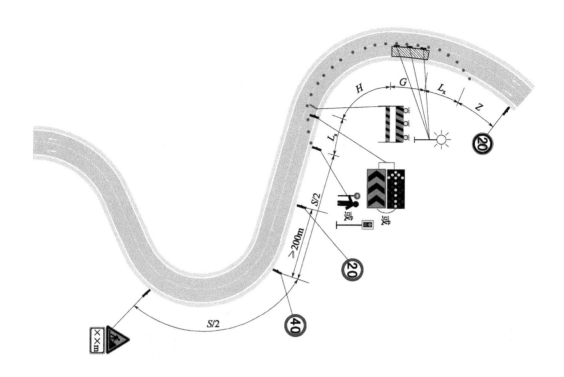

图 5-29 二、三级公路双向交替通行的反向弯道路段养护作业
S-警告区长度;L_s-封闭车道上游过渡区长度;H-纵向缓冲区长度;G-工作区长度;L_x-下游过渡区长度;Z-终止区长度

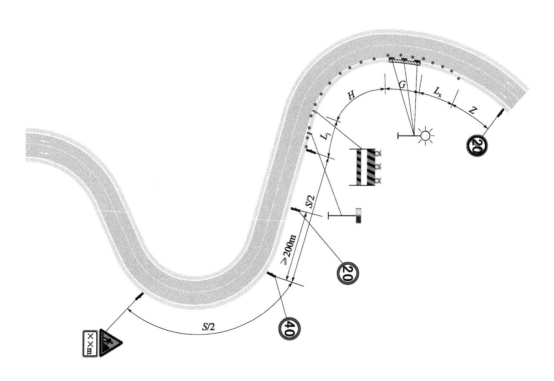

图 5-30 二、三级公路双向通行的反向弯道路段养护作业
S-警告区长度;L_j-封闭路肩上游过渡区长度;H-纵向缓冲区长度;G-工作区长度;L_x-下游过渡区长度;Z-终止区长度

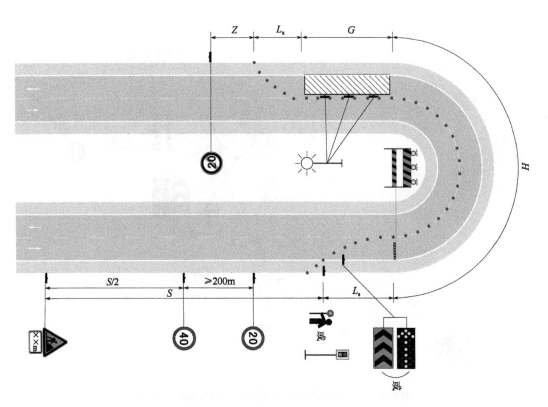

图 5-31 二、三级公路双向交替通行的回头弯道路段养护作业
S-警告区长度;L_s-封闭车道上游过渡区长度;H-纵向缓冲区长度;G-工作区长度;L_x-下游过渡区长度;Z-终止区长度

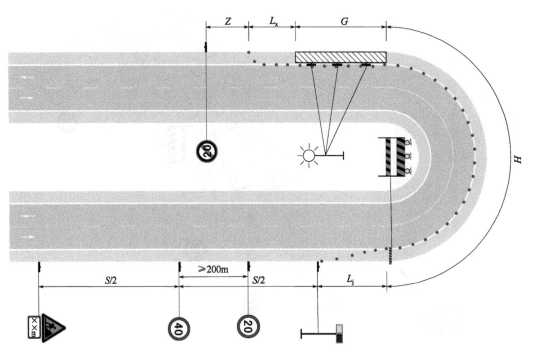

图 5-32 二、三级公路双向通行的回头弯道路段养护作业
S-警告区长度;L_j-封闭路肩上游过渡区长度;H-纵向缓冲区长度;G-工作区长度;L_x-下游过渡区长度;Z-终止区长度

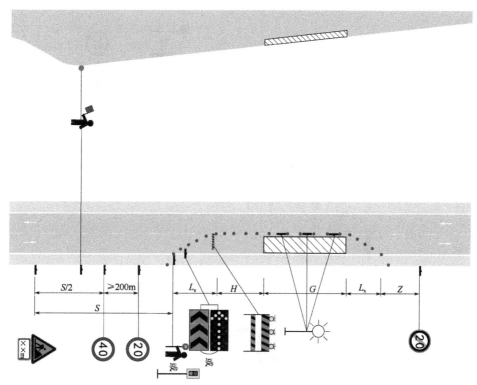

图 5-33 二、三级公路双向交替通行的纵坡路段养护作业

S-警告区长度;L_s-封闭车道上游过渡区长度;H-纵向缓冲区长度;G-工作区长度;L_x-下游过渡区长度;Z-终止区长度

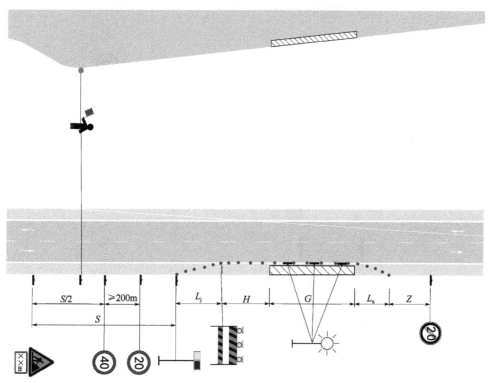

图 5-34 二、三级公路双向通行的纵坡路段养护作业

S-警告区长度;L_j-封闭路肩上游过渡区长度;H-纵向缓冲区长度;G-工作区长度;L_x-下游过渡区长度;Z-终止区长度

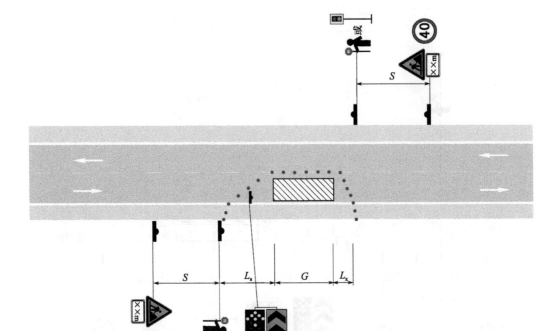

图 5-35 二、三级公路平直路段临时养护作业(一)
S-警告区长度;L_s-封闭车道上游过渡区长度;G-工作区长度;L_x-下游过渡区长度

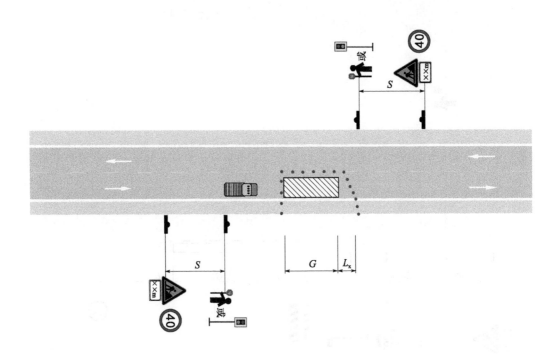

图 5-36 二、三级公路平直路段临时养护作业(二)
S-警告区长度;G-工作区长度;L_x-下游过渡区长度

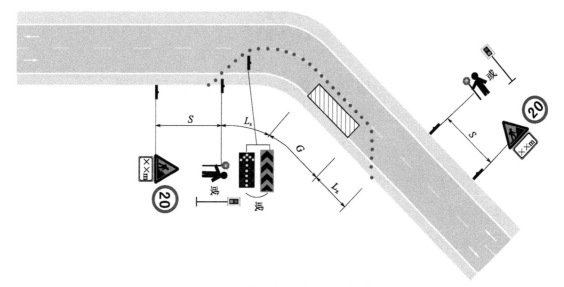

图 5-37 二、三级公路弯道路段临时养护作业
S-警告区长度;L_s-封闭车道上游过渡区长度;G-工作区长度;L_x-下游过渡区长度

7. 二、三级公路移动养护作业

(1)机械移动养护作业宜布设移动式标志车,弯道路段养护作业应将移动式标志车移至弯道前。作业控制区布置示例如图 5-18 所示。

(2)人工移动养护作业,宜封闭一定范围的养护作业区域,并按临时养护作业的有关规定执行。

 思考与练习

一、填空题

1. 二、三级公路车道养护作业时,本向应布置_____区、_____区、_____区、_____区、_____区和_____区,对向应布置_____区和_____区。

2. 二、三级公路车道养护作业时,警告区应布设_____标志及_____标志,车道封闭养护作业尚应布设_____标志;上游过渡区应布设_____、_____、交通引导人员等;上游过渡区和缓冲区交界处应布设附设_____的路栏;终止区应布设_____标志。

3. 二、三级公路同一方向不同断面同时养护作业时,相邻两个工作区净距不应小于_____ km。

二、问答题

1. 二、三级公路双向交替通行的养护作业控制区如何布置?
2. 二、三级公路双向通行的养护作业控制区如何布置?
3. 二、三级公路便道双向通行的养护作业控制区如何布置?
4. 二、三级公路弯道路段养护作业控制区如何布置?
5. 二、三级公路纵坡路段养护作业控制区如何布置?

6. 二、三级公路临时养护作业控制区如何布置？

7. 二、三级公路移动养护作业控制区如何布置？

模块六　四级公路养护作业控制区布置

掌握四级公路养护作业控制区布置的基本要求。

能够进行四级公路养护作业控制区布置。

一、基本要求

养护作业控制区布置除应考虑养护作业的内容与要求、时间和周期、交通量、经济效益、控制区内交通标志的布设等因素外，尚应兼顾养护作业控制区交通组成特殊性、线形特征等因素。

长期和短期养护作业控制区可仅布置警告区、上游过渡区、工作区和下游过渡区，临时和移动养护作业控制区可仅布置警告区和工作区。警告区内应布设施工标志、限速标志，上游过渡区、工作区、下游过渡区应布设交通锥，上游过渡区内应布设交通引导人员，视距不良路段养护作业时应增设一名交通引导人员。

二、养护作业控制区布置

1. 双车道四级公路封闭单车道养护作业

双车道四级公路封闭单车道的养护作业，以设计速度 30km/h 为例，养护作业控制区布置示例如图 5-38、图 5-39 所示。

2. 单车道四级公路通行状态下养护作业

单车道四级公路通行状态下的养护作业，应在工作区两端的错车台或平面交叉处各配备一名手持"停"标志的交通引导人员。以设计速度 20km/h 为例，作业控制区布置示例如图 5-40、图 5-41 所示。

3. 四级公路全封闭车道养护作业

四级公路全封闭车道养护作业，在作业控制区前后的交叉路口应布设道路封闭或改道标志；无法改道时，车辆等待时间不宜超过 2h。作业控制区布置示例如图 5-42 所示。

4. 四级公路临时养护作业

四级公路临时养护作业，应在工作区及前后两端布设标志及安全设施，可配备交通引导人员。作业控制区布置示例如图 5-43 所示。

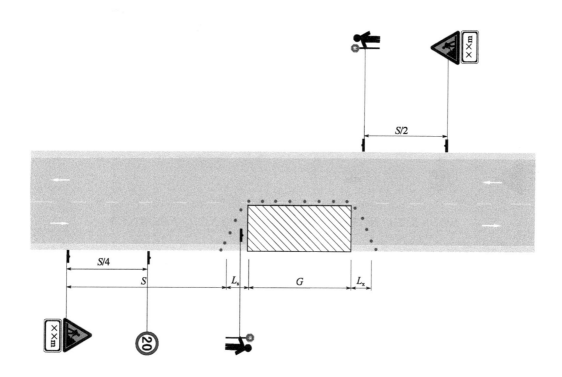

图 5-38 双车道四级公路封闭单车道养护作业
S-警告区长度；L_s-封闭车道上游过渡区长度；G-工作区长度；L_x-下游过渡区长度

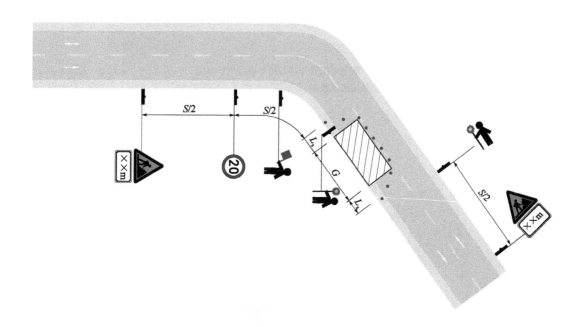

图 5-39 双车道四级公路弯道路段封闭单车道养护作业
S-警告区长度；L_s-封闭车道上游过渡区长度；G-工作区长度；L_x-下游过渡区长度

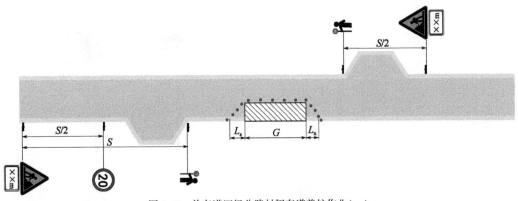

图 5-40　单车道四级公路封闭车道养护作业(一)
S-警告区长度;L_s-封闭车道上游过渡区长度;G-工作区长度;L_x-下游过渡区长度

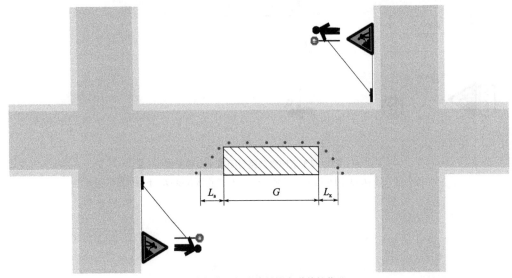

图 5-41　单车道四级公路封闭车道养护作业(二)
L_s-封闭车道上游过渡区长度;G-工作区长度;L_x-下游过渡区长度

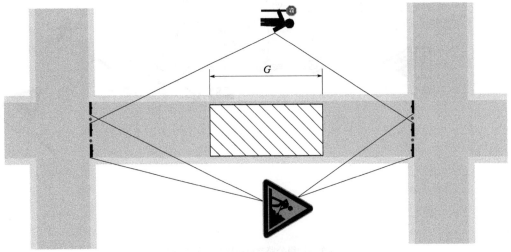

图 5-42　四级公路全封闭车道养护作业
G-工作区长度

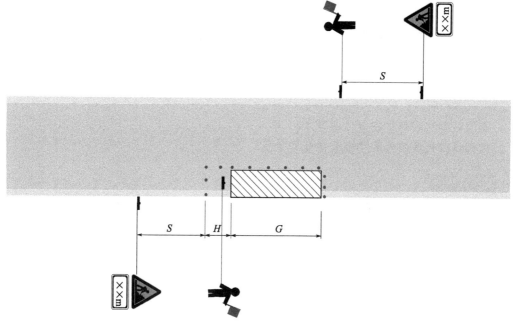

图 5-43 四级公路临时养护作业
S-警告区长度;H-纵向缓冲区长度;G-工作区长度

5. 四级公路移动养护作业

四级公路移动养护作业控制区布置应符合下列要求：

(1)机械移动养护作业宜布设移动式标志车,弯道路段养护作业应将移动式标志车移至弯道前。作业控制区布置示例如图 5-18 所示。

(2)人工移动养护作业,宜封闭一定范围的养护作业区域,并按临时养护作业的有关规定执行。

思考与练习

一、填空题

1. 四级公路长期和短期养护作业控制区可仅布置_____区、_____区、_____区和_____区,临时和移动养护作业控制区可仅布置_____区和_____区。

2. 四级公路车道养护作业时,警告区内应布设_____标志、_____标志,上游过渡区、工作区、下游过渡区应布设_____,上游过渡区内应布设交通引导人员,视距不良路段养护作业时应增设一名交通引导人员。

二、问答题

1. 双车道四级公路封闭单车道养护作业控制区如何布置?
2. 单车道四级公路通行状态下养护作业控制区如何布置?
3. 四级公路全封闭车道养护作业控制区如何布置?
4. 四级公路临时养护作业控制区如何布置?
5. 四级公路移动养护作业控制区如何布置?

模块七 特殊路段及特殊气象条件养护安全作业

1. 掌握特殊路段养护安全作业要求;
2. 掌握特殊气象条件养护安全作业要求。

1. 能够进行穿城区、村镇路段、易发生地质灾害的傍山路段、路侧险要路段等特殊路段养护安全作业;
2. 能够进行冬季、高温季节、雨季、雾天及沙尘天气、大风天气等特殊气象条件养护安全作业。

一、特殊路段养护安全作业要求

除应按相应的养护作业控制区布置外,穿城区、村镇路段养护安全作业,尚应布设车道渠化设施,并采取强制限速与行人控制措施;易发生地质灾害的傍山路段养护安全作业,尚应设专人观察边坡险情;路侧险要路段养护安全作业,尚应加强路侧安全防护。

二、特殊气象条件养护安全作业要求

1. 冬季

冬季除冰雪安全作业,除应按现行行业标准《公路养护安全作业规程》(JTG H30)有关规定执行外,作业人员及车辆尚应做好防滑措施,切实保障自身安全。对于人工除冰雪作业,尚应增设施工标志,且第一块施工标志与工作区净距应为50~100m。

2. 高温季节

高温季节养护安全作业,除应按现行行业标准《公路养护安全作业规程》(JTG H30)有关规定执行外,尚应采取防暑降温措施,并适当调整作息时间,尽量避开高温时段养护作业。

3. 雨季

雨季养护安全作业应符合下列要求:

(1) 应加强作业现场管理,及时排除作业现场积水。

(2) 应在人行道上下坡挖步梯或铺沙,脚手板、斜道板、跳板上应采取防滑措施,加强对临时设施和土方工程的检查,防止倾斜和坍塌。

(3) 应对处于洪水可能淹没地带的机械设备、施工材料等做好防范措施,作业人员应提前做好全面撤离的准备工作。

(4) 长时间在雨季中养护作业的工程,应根据条件搭设防雨棚,遇暴风雨时应立即停止养护作业。

(5) 暴雨台风前后,应检查工地临时设施、脚手架、机电设备、临时线路,发现倾斜、变形、下沉、漏电、漏雨等现象,应及时维修加固。暴雨台风天气除应急抢险、抢修作业外,严禁进行公路养护作业。

4. 雾天及沙尘天气

雾天及沙尘天气养护安全作业应符合下列要求：

(1)除应急抢险、抢修作业外,严禁进行公路养护作业。

(2)应急抢险、抢修作业时,应会同有关部门封闭交通,安全设施上应间隔布设黄色警示灯,相邻警示灯间距不应超过相邻交通锥间距的3倍。

5. 大风天气

大风天气养护安全作业应符合下列要求：

(1)除应急抢险、抢修作业外,严禁进行公路养护作业。

(2)应急抢险、抢修作业时,应防范沿线架设各类设施的高空坠落。

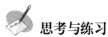

思考与练习

一、填空题

1. 除应按相应的养护作业控制区布置外,穿城区、村镇路段养护安全作业,尚应布设_____设施,并采取_____与_____措施。

2. 易发生地质灾害的傍山路段养护安全作业,尚应设专人观察_____险情;路侧险要路段养护安全作业,尚应加强_____防护。

二、问答题

1. 简述冬季养护安全作业要求。
2. 简述高温季节养护安全作业要求。
3. 简述雨季养护安全作业要求。
4. 简述雾天及沙尘天气养护安全作业要求。
5. 简述大风天气养护安全作业要求。

附录 A 公路养护安全设施图表

临时标志　　　　　　　　　　　　附表 A-1

标志名称	编码	标志图案	备注
施工标志	A-1-1		按国标的样式及尺寸
施工距离标志	A-1-2		尺寸参照 A-1-1，距离宜取警告区长度
施工长度标志	A-1-3		尺寸参照 A-1-1，长度宜取缓冲区长度与工作区长度之和
慢行标志	A-1-4		橙底黑图案，样式及尺寸按国标执行

续上表

标志名称	编码	标志图案	备注
车道数减少标志	A-1-5		橙底黑图案,样式及尺寸按国标执行
改道标志	A-1-6		尺寸参照 A-1-1
导向标志	A-1-7		橙底黑图案,样式及尺寸按国标执行
出口指示标志	A-1-8		按国标的样式及尺寸
重车靠右行驶标志	A-1-9	重车靠右行驶	长×宽 = 1200mm×400mm
重车靠右停靠区标志	A-1-10	重车靠右停靠区	长×宽 = 1200mm×400mm

续上表

标志名称	编码	标志图案	备注
限速标志	A-1-11	(80)	按国标的样式及尺寸
解除限速标志	A-1-12	(60)	按国标的样式及尺寸
禁止超车标志	A-1-13		按国标的样式及尺寸
解除禁止超车标志	A-1-14		按国标的样式及尺寸
减速让行标志	A-1-15	让	按国标的样式及尺寸

注：国标指现行《道路交通标志和标线》(GB 5768)。

临时标线　　　　　　　　　　　　　　　　附表 A-2

标线名称	编码	标线图案	备注
渠化交通标线	A-2-1		按国标的样式及尺寸
导向交通标线	A-2-2	→	按国标的样式及尺寸

注：国标指现行《道路交通标志和标线》(GB 5768)。

其他安全设施

附表 A-3

设施名称	编码	设施图案	备注
交通锥	A-3-1		按国标的样式及尺寸
带警示灯的交通锥	A-3-2		按国标的样式及尺寸
防撞桶	A-3-3		长×宽×高=900mm×540mm×900mm
防撞墙	A-3-4		长×宽×高=1500mm×548mm×900mm

续上表

设 施 名 称	编 码	设 施 图 案	备 注
隔离墩	A-3-5		长×宽×高＝500mm× 400mm×500mm，连接使用
附设警示灯的路栏	A-3-6		按国标的样式及尺寸
水马	A-3-7	或	红色或橙色等鲜明颜色，高度不低于40cm
夜间照明设施	A-3-8		灯光照射半径≥30m

续上表

设 施 名 称	编　码	设 施 图 案	备　注
夜间语音提示设施	A-3-9		录音喇叭
闪光箭头	A-3-10		长×宽=1200mm×400mm，蓝黑底，黄色箭头
警示频闪灯	A-3-11		黄色、蓝色相间闪光，可视距离≥150m
车辆闪光灯	A-3-12		360°旋转黄闪灯
临时交通控制信号设施	A-3-13		间隔放行使用
移动式标志车	A-3-14		闪光箭头为黄色或橘黄色

续上表

设 施 名 称	编 码	设 施 图 案	备 注
移动式护栏	A-3-15		空心钢结构 2m/组 或 4m/组
车载式防撞垫	A-3-16		依车型而定

附录 B 公路养护安全设施及交通引导人员符号

公路养护安全设施及交通引导人员符号　　　　　附表 B-1

符　号	符 号 名 称
	养护安全设施通用符号
	附设警示灯的路栏专用符号
	交通锥或其他车道渠化设施专用符号
	收费站栏杆
	工作区专用符号
	交通引导人员专用符号

参 考 文 献

[1] 中华人民共和国交通运输部.公路养护技术规范:JTG H10—2009[S].北京:人民交通出版社,2009.
[2] 中华人民共和国交通运输部.公路技术状况评定标准:JTG 5210—2018[S].北京:人民交通出版社股份有限公司,2018.
[3] 中华人民共和国交通运输部.公路路基养护技术规范:JTG 5150—2020[S].北京:人民交通出版社股份有限公司,2020.
[4] 中华人民共和国交通运输部.公路沥青路面养护设计规范:JTG 5421—2018[S].北京:人民交通出版社股份有限公司,2019.
[5] 中华人民共和国交通运输部.公路沥青路面养护技术规范:JTG 5142—2019[S].北京:人民交通出版社股份有限公司,2019.
[6] 中华人民共和国交通部.公路水泥混凝土路面养护技术规范:JTJ 073.1—2001[S].北京:人民交通出版社,2001.
[7] 中华人民共和国交通部.公路养护安全作业规程:JTG H30—2015[S].北京:人民交通出版社股份有限公司,2015.
[8] 彭富强.公路养护技术与管理[M].3版.北京:人民交通出版社股份有限公司,2015.
[9] 王进思,程海潜.路基路面病害处治[M].2版.北京:人民交通出版社股份有限公司,2015.